社会工作硕士专业丛书·实务系列

社会工作实务基础

专业服务技巧的综合与运用

（第2版）

BASIC PRACTICE ON SOCIAL WORK:
Integration and Application of Social Work Practice Skills

(Second Edition)

童敏 著

社会科学文献出版社
SOCIAL SCIENCES ACADEMIC PRESS (CHINA)

目 录
CONTENTS

第一章 社会工作专业服务的三个基本维度

本章要点 》

- 社会工作专业服务的实务场景
- 社会工作专业服务的三个基本问题
- 社会工作专业服务的策略
- 社会工作专业服务的三个基本维度及其相互关系

第一节 社会工作专业服务的实务场景

任何服务的开展都离不开一定的工作场景，都是特定场景中具体活动的实施过程，也是服务对象发生改变的过程，社会工作也不例外，它也需要一定的实务场景作为专业服务开展的先决条件。因此，社会工作者在开始着手为专业服务的提供做准备时，就需要首先了解社会工作专业服务的实务场景是什么、它有什么特征、这些特征与专业服务开展的关系是什么，特别是中国本土社会工作专业服务的实务场景与西方社会工作实务场景的区别在哪里。社会工作者只有对这些问题有了解，才能理解专业服务开展的现实基础，明了专业服务开展的依据和逻辑，把握专业服务的变化规律。

一 社会工作专业服务的实务场景是什么

社会工作专业服务的开展不是"纸上谈兵"，而是真实事情的发生过程，需要有一定的环境作为条件。这个环境条件就是我们说的社会工作专业服务的实务场景。只有在这样的实务场景中，社会工作者才能够见到服务对象，与服务对象进行接触，评估服务对象的需求，并且根据服务对象的需求设计专业服务活动，实施具体的专业服务。显然，脱离了实务场景，社会工作专业服务就会成为"空中楼阁"，哪怕有再好的想法，也只能是想法而已，无法对服务对象的生活产生积极的影响。我们来看一看下面这个案例。

案例 1.1　"社区心理咨询师"

小王喜欢微观服务，在大学期间参与了心理咨询师的培训和实践活动，毕业后来到一家社会工作服务机构，希望能够继续做自己喜欢的心理咨询工作。经过一段时间的岗前培训之后，机构根据工作要求把他派到附近街道的一家家庭综合服务中心。这个服务中心是由原来的老年活动中心改造而成的，内设棋牌室、图书室、健康小屋、谈心室、社区书院和舞蹈室等，具有多种功能，以满足附近社区居民的多样化生活需求。平时，小王和其他社会工作者一样每天上午8点上班，下午5：30下班，他们一起负责整个服务中心的各种课程和活动安排，包括内容设计、活动宣传、人员招募、服务提供和成效评估等。小王每天都要与来到服务中心参加活动的居民打交道，向他们介绍服务中心最近的课程和活动安排，引导他们选报适合自己的项目，测评课程和活动的成效，等等。此外，小王还主动承担了谈心室的心理咨询工作，因为有些居民趁着到服务中心参加活动的机会，主动找到小王和他的同事，咨询家庭教育、亲子关系和婚姻关系等方面的事情。小王觉得自己像是一名"社区心理咨询师"。

尽管像案例中这样的家庭综合服务中心有很多功能，能够满足附近居民很多方面的需求，但是这些功能明显受到场地条件的影响，是人们根据对居民需求的了解预先设计好的，包括活动的目标人群、主要内容、时间选择以及设备保障等，都是针对居民特定层面的需求开展服务。显然，这样的实务场景具有"人为"的特点，是根据一定的标准将人们生活中的某个方面或者某个层面的需求抽取出来，有重点地对服务活动进行组织安排。

实际上，社会工作者还有另一种常见的组织安排服务活动的方式，那就是主动走进服务对象的日常生活，在服务对象熟悉的"自然"生活场景中开展服务。我们来看一看下面这个案例，留意社会工作者的工作场景与上述案例中的家庭综合服务中心的工作场景有什么不同。

案例 1.2　"家庭小管家"

小刘已经在社会工作领域工作了 3 年，目前正在组织社区"家庭病房"的项目，这个项目要求社会工作者主动走进社区中那些有卧床不起的老人的家里，通过链接医疗和护理方面的资源帮助这样的家庭照顾好老人，同时协助照顾者学习照护方面的知识和技能，提高照顾者的照护能力。此外，小刘还需要负责家庭照顾安排的协调、家庭照顾困难者的补助申请以及案例的长期跟进等。小刘发现，尽管社区"家庭病房"项目设计了清晰的服务路线，但是实际上进入居民家庭之后就会发觉，每个家庭的情况是不同的，他们的需求表现也不一样（有的更关心医疗和照护资源的链接，有的更注重照顾困难者的补助申请，有的更强调照护技能的学习）；而且每个家庭的照护需求往往是多方面的，需要将这些不同的方面整合起来，才能设计有针对性的服务。因此，小刘有一种强烈的感觉，自己就像卧床不起老人的"家庭小管家"。

显然，在家庭中开展专业服务与在谈心室那样的办公场所开展专业服务不同。家庭是服务对象熟悉的生活环境，不是社会工作者的工作场所。社会工作者在进入这样的实务场景之前，是不知道服务对象具体有什么需求的，只有走进服务对象的家庭，结合具体的家庭生活场景才能察觉服务对象的需求是什么，而且服务对象在家庭生活场景中的需求往往是多方面的，需要社会工作者设计有针对性的综合服务，走个性化的服务路线。因此，可以简单地说，社会工作实务场景有两种常见的类型：一种是机构的办公室；另一种是服务对象的日常生活场景，前者注重需求的类型分析，后者侧重需求的场景分析。

需要注意的是，在社会工作专业化的发展过程中，这两种实务场景都曾出现过，只是出现在不同的时间段。在社会工作诞生之初，无论是由玛丽·里士满（Mary Richmond）创建的个案工作，还是由简·亚当斯（Jane Addams）倡导的社区工作，采取的都是一种在服务对象日常生活场景中开展专业服务的方式，只是里士满注重通过"友好访问"（home visit）的形式进入服务对象的家庭开展个案服务，而亚当斯强调借助社区服务中心（settlement house）的 24 小时全天候服务扎根服务对象的生活社区。到20世纪30年代，随着社会工作专业服务获得了政府的认可，成为政府的工作岗位，社会工作的主要服务场所就转变为机构的辅导室，脱离了服务对象所熟悉的日常生活场景。进入60年代之后，人们重新发现社区日常生活场景对服务对象的重要性，再次进入社区时，会把服务对象的日常生活场景作为专业服务开展的实务场景，特别是到20世纪八九十年代，随着国际竞争的加剧，社会福利服务经费被大幅削减，照顾者和非正式支持在专业服务中的作用受到人们的重视，社会工作开始走综合化服务的道路，它的日常生活场景也衍生出综合化的特征，将家庭、邻里和社区连成一体。

二　社会工作专业服务的实务场景特征

这两种不同的社会工作专业服务的实务场景有着各自不同的特征，就机构的工作场景来说，这样的实务场景主要是由机构的性质决定的，它本身就构成机构的一部分。不同的服务机构有不同的实务场景设计和布置要求。显然，机构的实务场景是机构根据专业服务的要求设计的，它除了需要符合机构的服务宗旨、愿景和规章制度等方面的要求之外，还需要考虑机构的人员素质、专业能力和资金来源等现实方面的情况，是机构对自身朝什么方向发展以及怎样发展的专业发展定位进行思考的体现。

这种机构实务场景的显著特点之一就是"人为"，它是根据机构所确定的特定服务人群的特定服务需求设计的，包括房间的地理位置、空间大小、功能设置和环境装饰等，除了容易识别、方便服务对象寻找外，还需要有一定的保密性，避免个人隐私的泄露以及服务过程中受到不必要的干扰，甚至房间的光线也需要精心设计，因为它不仅影响服务对象的心情，而且影响服务过程的开展，甚至对社会工作者与服务对象专业合作关系的建立有一定的影响。显然，这样的实务场景在服务对象所熟悉的日常生活环境中是很难找到的，与服务对象的日常生活场景根本不同，它有着自己的专门目标和要求，并与服务对象的日常生活场景保持着一定的距离。

机构实务场景还有另外一个重要特征——"专业"，即机构在实务场景的设计和布置上还需要体现服务的专业要求，它需要将专业服务的元素和要求融入实务场景安排的每个细节中，让服务对象在走进这样的实务场景后能够体会到专业服务的安排，对机构的专业服务产生必要的信心，从而能够提高服务对象的合作意愿。此外，为了体现专业服务的规范要求，机构还需要在实务场景中展示专门的工作守则、岗位职责、工作流程、档案记录等，使专业服务能够在机构的实务场景中"科学"、"规范"地体现出来。这样一来，机构的实务场景规划和设计就需要接受行业协会的检查和评估，以便保证能够达到专业服务所需要的标准。

与机构的"人为"、"专业"的实务场景不同，服务对象的日常生活场景不是"人为"的，是"自然"的。在这样的实务场景中，服务对象将每日生活的本来面貌直接呈现在社会工作者面前，包括生活环境的地理位置、房间安排、室内装饰、家具布置以及服务对象与周围他人的支持关系和互动方式等，让社会工作者不只是停留在对服务对象需求的考察上，而是能够看清服务对象需求背后的实际生活状况及其对服务对象需求的影响，从而能够更为真实地理解服务对象的发展要求。显然，在这种"自然"的实务场景中，社会工作者面临的挑战是非常大的，他需要走进服务对象的日常生活，将自己融入服务对象的日常生活场景。

与机构实务场景相对应，服务对象的日常生活场景除了具有"自然"的特征外，还有另一个重要特征——"生活化"，即这样的场景符合服务对象日常生活的安排，而不是专业服务的要求。因此，在日常生活场景中人们思考和感受的方式都与在强调"专业"的机构实务场景中的不同，日常生活场景注重生活中的实用性，看专业服务是否对日常生活安排有帮助，只有专业服务对日常生活安排有帮助，才能在这样的场景中发展起来。如果只是注重"专业"，就很容易出现忽视日常生活场景的限制和要求的现象，导致过度"专业"。

简单来说，社会工作者在开展专业服务的过程中有两种常见的实务场景——机构实务场景和日常生活场景，前者是围绕社会工作专业服务的要求而"人为"设计的，关注服务对象特定方面的需求；后者则围绕服务对象的日常生活安排而"自然"地融入日常生活环境中，注重服务对象在特定生活场景中的需求。

三　社会工作专业服务的基本类型

正是根据专业服务中常见的两种实务场景，人们把社会工作专业服务简单地划分为两大类——机构服务和场景服务。机构服务对应的是机构实务场景中开展的专业服务，场景服务对应的是服务对象日常生活场景中开展的专业服务。由于机构服务是在机构中围绕社会工作专业服务要求开展的，因此，它首先要求服务对象知晓机构专业服务的内容，学会主动到机构寻求帮助，是一种"你找我"的服务形式。场景服务就不同了，它要求社会工作者主动走出机构的办公室，走进服务对象的日常生活场景，在服务对象熟悉的环境中开展专业服务，是一种典型的"我找你"的服务形式。显然，这两种社会工作专业服务有着完全不同的服务路线，前者站在专业服务的立场上，关注服务对象遇到的问题；后者处在服务对象的位置上，注重服务对象的日常生活如何改变。可以说，前者是问题导向的，后者是改变导向的。

就社会工作者来说，在机构服务中，他需要学会承担的第一项工作，就是如何根据机构专业服务的标准正确筛查出符合机构服务要求的服务对象，准确评估服务对象的服务需求，以便制订有针对性的服务介入计划。因此，开展机构服务的社会工作者需要清晰了解机构专业服务的相关标准、筛查要求和评估方式。在场景服务中，社会工作者需要承担的第一项任务不是筛查服务对象，而是学会放下自己的"专业"架子，走进服务对象的日常生活场景，与服务对象建立一种朋友式的服务关系：一方面能够让服务对象把自己的心里话说出来，以便了解服务对象的真实需求；另一方面能够让社会工作者站在服务对象的位置，设身处地了解服务对象在日常生活中遭遇的困扰，准确把握服务对象在现实生活中的改变愿望和改变能力。

一旦社会工作者了解了服务对象的需求开始设计专业服务方案时，机构服务与场景服务的不同就体现出来了。机构服务关注的是如何根据服务对象的需求有针对性地设计专业的服务方案，以满足服务对象的需求，采用的是"需求满足"或"问题修补"的服务逻辑。而场景服务注重的是如何根据服务对象在特定生活场景中的改变愿望和改变能力设计有实用性的专业服务方案，通过这样的服务方案促进服务对象改变愿望和改变能力的提升，以协助服务对象更好地安排自己的日常生活。显然，场景服务采用的是能力挖掘或资源运用的服务逻辑。

正是因为机构服务与场景服务的服务逻辑不同，在具体的服务方案实施过程中就有不同的要求。机构服务强调服务方案是否严格按照设计要求的切入点、时间安排、操作步骤等标准化、规范化的流程执行，是否满足服务对象的需求。它对服务安排和服务进程有比较高的把控性。这样，与服务对象建立信任的专业合作关系就成为社会工作专业服务开展的条件和手段。场景服务则不同，它侧重如何根据特定日常生活场景的要求挖掘和调动服务对象的改变愿望和改变能力，无论切入点、时间安排还是操作步骤都需要根据当时的日常生活场景做适当的调整，既需要面对日常生活场景中的条件限制，也需要利用生活场景中的有利因素，把握日常生活场景给予的改变机会，并由此带动专业合作关系的改善。这样，在场景服务中专业合作关系本身就成为专业服务不可或缺的一部分。因此，在日常生活场景中开展专业服务，它的变动性要大得多，对场景的融入度也要高一些，但是它对日常生活的改变更为直接。

就专业服务的成效而言，机构服务依据的标准主要是服务对象的需求是否得到满足，这样，服务对象的满意度以及改变的程度就成为重要的成效评估标准。场景服务则更为注重对服务对象改变愿望和改变能力的考核，包括服务对象能否清晰地了解自己在特定日常生活场景中的改变要求、能否准确界定和呈现这样的改变要求、能否找到有效的应对方法克服在特定日常生活场景中面临的困难以及能否充分运用环境中的资源与周围他人建立协同合作的关系等。两者之间的差别见表 1-1。

表 1-1　机构服务与场景服务的比较

	机构服务	场景服务
服务方式	你找我（被动）	我找你（主动）
服务起点	筛查评估（抽离）	场景融入（融入）
服务焦点	需求满足（修补）	能力挖掘（改变）
服务过程	规范化、标准化（普遍）	场景化、个性化（个别）
服务关系	信任合作（条件）	改变参与（过程）
服务成效	满意度（内在）	掌控程度（内在、外在）

可见，机构服务与场景服务是两种完全不同的服务类型，各自都有自己的理论逻辑和服务要求。机构服务注重的是以满足抽离日常生活场景的需求为目标的标准化服务，其核心是帮助服务对象修补生活中的不足；场景服务关注的是以促进生活场景的融入为目标的个别化服务，其重点是协助服务对象增强生活改变能力。

四　中国本土社会工作的实务场景及其基本特征

我国社会工作的发展是在市场化改革浪潮中出现的，伴随着 20 世纪八九十年代"政企"、"政社"分开以及基层管理制度从"单位制"向"街居制"转变，社会中的弱势群体需要由社会来提供专业的服务。一方面，社区在人们生活中的重要作用越来越突出，成为人们日常生活中不可或缺的部分，无论在个人生活的安排方面还是在社会生活的参与方面，社区都有着不可替代的作用，逐渐成为我国向现代社会转型过程中的现实基础；另一方面，社区生活中的福利保障系统和社会支持系统还在不断建设和完善过程中，与"单位制"相比，社区福利服务系统的建设相对要落后一些，不完善的地方也多一些。可以说，在现代化进程中，我国社区生活的福利保障系统和社会支持系统的建设将是重点，也是社会"兜底"服务的落实之处。因此，人们的社区日常生活场景就成为我国本土社会工作发展最重要的实务场景。

值得注意的是，我国社会工作的发展是在民政部门的推动下实现的，包括社会工作服务机构的登记、社会工作人才队伍的建设以及社会工作职业水平考试等，都是由民政部门来指导、组织和落实的。因此，在社会工作专业服务的推进和发展过程中，作为民政部门管理的社区就成为社会工作专业服务的重要发展阵地，服务项目的设计、服务活动的安排常常与社区联系在一起，是基层社区治理和创新的重要组成部分。正因如此，由社区、社工和社会组织联手形成的"三社联动"被视为社会工作者在社区开展专业服务的重要服务框架，而由社会工作者与志愿者（义工）结合形成的"两工联动"就成为社会工作者在社区开展专业服务的重要手段。可见，社区的日常生活场景是中国本土社会工作的重要实务场景之一，特别是在社会工作专业服务发展的初期，社区成为承载我国社会工作发展的主要地方，是目前社会工作者开展专业服务最重要的实务场景。

另一个值得关注的现象是，与西方社会工作发展的历史不同，西方社会工作虽然出现在社区的日常生活场景中，但真正的专业化是在机构的实务场景中，到 20 世纪六七十年代才在机构服务的基础上延伸到社区的场景服务，到八九十年代，又逐渐将机构服务与场景服务整合起来形成完整的服务系统。而我国本土社会工作的专业化显然需要建立在场景服务的基础之上，是从场景服务出发并在此基础上建立专业化服务系统的发展路线。因此，这也决定了我国本土社会工作的基本特征是一种"我找你"式的主动走进服务对象日常生活的场景服务，其专业化基础是服务对象日常生活的改变。

第二节　社会工作专业服务的三个基本问题

当社会工作者走进服务对象的日常生活中开展社会工作专业服务时，内心一定会产生好奇和疑问：在社会工作专业服务中会遇到哪些基本的问题？怎样帮助服务对象快速有效地摆脱困扰？社会工作专业服务与一般的志愿者服务以及其他专业服务有什么不同？对这些问题的思考其实涉及对社会工作专业服务中一些常见问题——如社会工作专业服务的基本问题、社会工作专业服务的策略以及社会工作专业服务的基本维度等——的考察，社会工作者只有充分了解这些基本的问题，才能把握社会工作专业服务的核心，才能体会到社会工作自身所具有的独特的魅力和生命力。因此，在具体讲解社会工作专业服务的方法和技巧之前，我们先来考察一下这些社会工作专业服务的基本问题。我们先从对第一个方面的问题——社会工作者在开展社会工作专业服务过程中会遇到哪些基本的问题——的思考开始。

一　服务对象的需要是什么

从见到服务对象开始，一直到社会工作专业服务结束，有一个问题一定会缠绕社会工作者：服务对象为什么愿意见社会工作者，或者社会工作者为什么要见服务对象？其实，社会工作专业服务的开展过程就是社会工作者寻找这个问题的答案的过程。通常情况下，这个问题的答案似乎很明显，就是服务对象在日常生活中面临的困扰。很多服务对象在见到社会工作者时，会明确地告诉社会工作者，他什么方面感到不舒服、什么方面觉得不对头。但是，服务对象所说的"问题"是不是真的是问题的本质所在，就需要社会工作者仔细地观察、分析和理解。我们来看一看下面这个案例，注意体会服务对象在寻求社会工作者的帮助时有哪些方面的需要。

案例1.3　"我想让老师表扬我"

服务对象是小学一年级的男生，8岁，身体较为虚弱，经常生病。服务对象的父母是双职工，都在一家公司当职员，家庭的经济条件一般。目前，服务对象与父母一起生活，平时的生活起居主要由母亲照顾。因为父母平时工作比较忙，请了保姆负责接送服务对象上学和放学。据服务对象的母亲和老师反映，服务对象比较内向，个性很强，而且想法较同龄人来说明显更成熟。促使母亲寻求社会工作者帮助的原因，是服务对象在开学时生病了，错过了一个星期的课，因此跟不上班级的学习进度，特别是语文课的拼音，服务对象明显感到吃力，怎么也学不好。服务对象的母亲希望服务对象除了学习能够赶上去之外，还希望服务对象能够平安健康地成长，性格外向开朗一些。服务对象的母亲说，服务对象很敏感，当别人说他的缺点的时候，服务对象就会显得很烦躁，会用各种办法竭力制止别人说话。例如，在幼儿园的时候，因为老师的一句话（"你呀，不是很喜欢画画吗，这次怎么画得不好呀？"），服务对象就再也不去上美术课了。

平时，服务对象喜欢数学、美术、音乐和体育，此外，服务对象自己说，他还喜欢玩电脑游戏、跳棋和打球。喜欢数学的一个重要原因，是服务对象的数学成绩比开学初进步了许多，受到老师的表扬。服务对象告诉社会工作者，他也希望自己的学习成绩能够提高，可以经常得到老师的表扬。由于父母白天工作比较忙，从周一到周五，服务对象放学后就待在保姆家里，到晚上由父亲或者母亲接他回家。回家后，服务对象有时会帮父母做家务。从晚上 7 点半开始，母亲负责辅导服务对象做功课。周末的时候，父母会送服务对象上英语辅导班。周日下午，一般会由母亲或者父亲带着服务对象爬山，锻炼身体。

通过分析上面的案例就会发现，服务对象的母亲寻求社会工作者帮助的原因，是希望社会工作者能够帮助服务对象提高学习成绩，调适服务对象的性格，让服务对象变得外向开朗一些。而服务对象自己只希望提高学习成绩，以便获得老师的表扬。在这里，服务对象要求与服务对象母亲的要求之间出现了差异。显然，如果社会工作者希望真正了解服务对象的要求，就需要走进服务对象的日常生活中，从服务对象的角度理解他所面临的困扰。如果从服务对象的角度理解服务对象的困扰，服务对象的"问题"只是服务对象面对外部环境或者他人的要求时无法有效处理的表现，"问题"的消除就是提高服务对象的应对能力，解决服务对象原来无法面对或者无法解决的"问题"。这样，所谓服务对象的需求就是怎样增强服务对象的应对能力，解决面临的困扰——能力建设。

在日常生活中，服务对象除了需要解决面临的困扰外，还喜欢数学、美术、音乐、体育以及电脑游戏等，在这些兴趣爱好方面，虽然服务对象及其母亲没有要求社会工作者予以帮助，但这显然是服务对象能力建设的一部分。如果服务对象的兴趣爱好和优势能够充分发挥出来，不仅能够在某种程度上减轻服务对象困扰，而且能够改善服务对象目前的生活状况。因此，如果社会工作者也像服务对象或者服务对象的母亲那样只关注服务对象生活中的"问题"部分，就会忽视服务对象"问题"以外的生活内容。这些内容也是服务对象需要的一部分，而且与服务对象"问题"的消除密切相关。仔细观察生活的社会工作者就会发现，从能力建设的角度理解服务对象面临的困扰，不是简单地转换一个角度来看待服务对象的"问题"，而是转换观察视角，要求社会工作者把自己转换到服务对象的位置，从服务对象生活的整体出发来理解服务对象在日常生活中面临的困扰和挑战。这样，服务对象的需要不仅包括困扰消除的能力建设部分，还包括困扰之外的改善，是服务对象整个日常生活中能力的发挥和调动。

通过以上的分析我们可以得出，在社会工作专业服务过程中社会工作者首先面临的一个基本问题是：怎样转换到服务对象的角度全面理解服务对象在日常生活中的需要，即怎样充分发掘和调动服务对象的应对能力？简单地说，就是服务对象的能力建设。

二 怎样影响服务对象

经过与服务对象及其周围他人的接触，社会工作者就能在某种程度上了解服务对象的需要了。这个时候，社会工作专业服务中的另一个基本问题就会逐渐凸显出来：怎样影响服务对象？了解了服务对象的需要并不等于社会工作者知道怎样影响服务对象、怎样让服务对象发生有效的改变。社会工作者怎样运用有效的手段影响服务对象，其实就是社会工作者如何采用不同的方法调适服务对象的心理状况，让服务对象感觉到或者认识到怎样改变自己的生活方式的过程。我们来看一看下面这个案例，注意分析社会工作者怎样影响服务对象。

案例1.4 "我太笨了"

服务对象是小学六年级的男生，12岁，学习成绩比较差，考试常常不及格。服务对象的父母已离婚多年，服务对象由父亲抚养，父子之间的感情比较好。服务对象的父亲由于没有什么文化，靠打零工维持生活，家中生活一直比较困难。服务对象的父亲每天早上9点半离开家去上班，直到晚上10点左右才回家。由于工作不固定，而且比较忙，服务对象的父亲一直没有时间管教孩子。服务对象的父亲对服务对象非常关心，希望服务对象的学习成绩能够提高，但从来不打孩子，不要求他做家务，有时还询问其他家长怎样提高孩子的学习成绩。在家里，服务对象与奶奶接触比较多，经常跟奶奶顶嘴，不怕奶奶。家务一般由奶奶负责，有时服务对象也会帮忙，如扫地、擦桌子等。周末，服务对象会与社区里的小朋友一起踢足球或者打篮球。服务对象比较好动，喜欢体育活动，在校运会的跳绳比赛中得过第一名。

据服务对象的班主任反映，服务对象经常完成不了作业，学习不够主动，学习习惯也不好，上课经常讲话，如果没人跟他说话，就会自言自语。服务对象在班上有两个比较要好的同学，这两个同学学习都比较好，但其中一个同学因为经常借别人的东西不还，班上其他同学都不喜欢他；另外一个同学近来由于沉迷于电子游戏，学习成绩有所下降，放学后服务对象经常与他一起留下来做作业。

服务对象的各门功课都很差，相比之下语文稍微好一点。服务对象觉得语文老师比较关心他，所以他对语文比较感兴趣。服务对象不喜欢数学，除了因为不会做、经常完不成作业外，主要是因为他觉得数学老师没耐心。至于英语，他几乎什么都听不懂。三年级以前，服务对象的学习成绩一直比较好。那时，他对学习比较感兴趣，学习也比较自觉。后来发现与同学一起玩游戏很有意思，就渐渐不喜欢学习了。去年，有一段时间，服务对象的学习成绩有所进步，还评上了"学习进步奖"。那段时间，老师经常在班上表扬他，服务对象开始对学习充满热情。但是因为缺乏家长的监督和指导，服务对象后来逐渐对学习失去信心，觉得自己无法学好。

面对这样的案例，当社会工作者了解了服务对象的基本情况和需要之后，就要采取一定的方法和手段影响服务对象，推动服务对象发生积极的改变。社会工作者可以在动机上影响服务对象，增强服务对象的改变动力，例如，肯定服务对象已经取得的进步、欣赏服务对象好的方面等；社会工作者也可以在认知上影响服务对象，例如，帮助服务对象总结取得进步的成功经验，分析面临的主要困难，寻找合理的解决办法，等等；社会工作者也可以在行为上改变服务对象，例如，帮助服务对象养成良好的学习习惯，克服学习不主动、上课经常讲话的行为方式等。不管社会工作者采取什么方式影响服务对象，都是希望通过调适服务对象的心理状况推动服务对象发生积极的改变。当然，有时候，社会工作者会采取间接的方式影响服务对象，例如，通过改善服务对象的外部生活环境从而为服务对象创造有利的发展空间。这个时候，发展空间对服务对象来说是外部环境，对周围他人来说就是心理状况。因此，可以说，调适服务对象的心理状况就是为周围他人创造良好的环境；调适周围他人的心理状况就是为服务对象提供良好的发展空间。总之，社会工作者如果希望推动服务对象发生改变，就需要调适服务对象或者周围他人的心理状况。

通过仔细分析上面的案例就会发现，服务对象的动机、认知和行为是紧密联系在一起的。如果社会工作者在动机上影响了服务对象，就会同时影响服务对象的认知和行为。同样，如果社会工作者在认知上或者行为上影响了服务对象，就会同时在其他两个方面影响服务对象。服务对象的心理状况是一个有机整体，不能割裂开来。也就是说，如果社会工作者希望有效地影响服务对象，就不能仅仅从某个心理方面或者某个心理因素着手影响服务对象，而需要把服务对象的整个心理状况视为一个整体，从整体的视角调适服务对象不同的心理方面，让服务对象不同的心理方面相互影响、相互促进。

显然，在社会工作专业服务活动中社会工作者面临的另一个基本问题是：怎样影响服务对象？即把服务对象的心理状况视为一个整体，调适服务对象的心理状况。简而言之，就是服务对象的心理调适。

三 怎样维持服务对象的改变

如果服务对象在社会工作者的帮助下开始发生积极的改变，这个时候，社会工作专业服务活动中的另一个问题就会自然而然地进入社会工作者的视野：怎样维持服务对象的改变？虽然服务对象目前发生了某些改变，但并不意味着服务对象以后也会这样，而要真正改善服务对象的生活状况，通常需要一定时间的积累。尤其让社会工作者担心的是：社会工作专业服务总是有时间限制的，服务对象是否能够在没有社会工作者的帮助下继续改善自己的生活状况？这样，社会工作专业服务就不仅包括怎样影响服务对象，还包括怎样维持服务对象的改变。我们来分析下面这个案例，注意体会怎样让服务对象的改变维持下去。

案例1.5　"一起去吃肯德基"

服务对象是小学六年级的女生，13 岁，与父母生活在一起。服务对象的父母均受过高等教育，文化水平比较高，但平时工作比较忙，很少有时间监督孩子的学习。服务对象从小时候开始就偷拿母亲的钱，当时母亲对此关注不够，缺乏相应的教育措施，逐渐使服务对象形成一种不好的行为习惯。上学后，服务对象开始在学校偷拿同学的东西，被发现后，在班级做检讨也没有什么效果。服务对象偷钱的频率很高，主要用于买一些漫画书、吃东西，或者请同学玩。最近服务对象的母亲发生了一些明显的改变，辞去工作在家监督和照顾服务对象，辅导服务对象做功课。服务对象的母亲说：前几年为了赚钱忽视了孩子的成长，现在需要花时间培养孩子。服务对象的母亲怀疑服务对象是因为小时候没有和父母生活在一起（由爷爷和奶奶带大）影响了智力发展。服务对象的母亲认为，服务对象比较幼稚，与她的年龄很不相符。这个学期服务对象也发生了一些明显的改变，逐渐改掉了偷拿同学钱的习惯。服务对象的父亲对服务对象很失望，不愿意辅导服务对象，认为服务对象太笨。如果父亲知道服务对象偷拿了别人的东西，就会直接打骂服务对象。

服务对象的学习成绩不好，在班级属中等偏下。但服务对象的自尊心很强，只肯让社会工作者看她成绩考得最好的试卷。由于服务对象有偷拿别人东西的习惯，所以在班级中没有人愿意理她。服务对象比较喜欢英语和作文，平时没事的时候，就与母亲一起跑跑步，或者打羽毛球。在社会工作专业服务介入过程中，服务对象告诉社会工作者，她最大的愿望是父母不吵架，一家三口一起去吃肯德基。

通过分析上面的案例就会发现，自从服务对象的母亲开始花时间和精力监督和照顾服务对象，服务对象的行为习惯就发生了明显的改变，逐渐改掉了偷拿别人钱的行为习惯。显然，在目前的情况下，服务对象的改变还面临很多不利的影响因素，例如，服务对象的学习成绩不好，同伴之间缺乏交往；服务对象的父亲认为服务对象太笨，不愿意辅导服务对象；服务对象的母亲花了不少时间和精力在服务对象身上，但认为服务对象的智力有问题，比较幼稚。也就是说，服务对象虽然发生了明显的改变，但要让这些改变继续维持下去，就需要进一步改善服务对象与同伴之间的交往，让服务对象的父母加强对服务对象的支持，让服务对象的改变能够及时得到周围他人的肯定。

因此，服务对象的改变就不仅仅是服务对象自身的事情，同时也与周围他人的改善联结在一起，也就是说，需要一种社会支持。如果想让服务对象的改变维持下去，就需要将服务对象的改变与周围他人的改变联结起来。通过服务对象的改变促进周围他人的改变，通过周围他人的改变促进服务对象的改变，让两者相互支持。这样，服务对象的改变才有动力，即使社会工作专业服务活动结束、服务对象离开社会工作者，他也能维持积极的改变。显然，怎样维持服务对象的改变是社会工作专业服务活动过程中的基本问题，它要求社会工作者不仅仅关注服务对象自身的改变，同时还要把服务对象的改变与周围他人的改变联结起来，使其相互促进，从而建立必要的社会支持关系，概括来说，这就是服务对象的社会支持。

四　社会工作专业服务的三个基本问题

因此，当社会工作者走近服务对象、围绕在服务对象的日常生活开展社会工作专业服务时，必然需要面对三个无法回避的问题：如何评估服务对象的需要、怎样影响服务对象以及怎样维持服务对象的改变（童敏，2007：121～122）。思考如何评估服务对象的需要这个问题，是为了保证社会工作者能够准确认识服务对象目前的生活状况，了解服务对象所具备的能力，知道其哪些方面仍旧在发挥功能，哪些方面存在不足，它是社会工作专业服务的能力建设部分；思考怎样影响服务对象这个问题，是为了让社会工作者能够快速、有效地发挥自己的作用、走进服务对象的内心，在服务对象内部心理的各个层面上影响服务对象，促使服务对象发生某种改变，它是社会工作专业服务的心理调适部分；思考怎样维持服务对象的改变这个问题，是为了帮助社会工作者快速、灵活地启动服务对象的改变，并让服务对象的改变与周围他人的改变联结起来，使之相互促进，从而维持服务对象持久的改变，保证社会工作专业服务介入的效果，这是社会工作专业服务的社会支持部分。显然，每一次社会工作专业服务都涉及服务对象的能力建设、心理调适和社会支持三个方面。我们来看一看下面这个案例。

案例1.6 "为了女儿"

服务对象，女，48 岁，被医院诊断为抑郁症患者。服务对象从小生活在管教严厉的家庭中，服务对象的父母都是中学教师，平时对孩子的要求非常严格，除了要求孩子学习成绩优秀之外，还非常注重孩子独立性的培养，要求孩子做事认真、负责。中学毕业后，正好遇到恢复高考。服务对象经过自己的努力在高考恢复后的第一年就顺利考上了大学。毕业后，服务对象成了一名中学教师。为了当好一名教师、赢得学生的爱戴，服务对象工作非常认真，经常加班加点。经过几年的努力，服务对象不仅出色地完成了教学任务，还赢得了同事的尊重和学生的爱戴。后来，服务对象被调到一所重点中学任教。服务对象对自己的要求也越来越高，逐渐发现自己总是担心上不好课，害怕辜负了领导和学生的期望。这个时候正值服务对象的父亲去世，服务对象的母亲情绪比较低落、不稳定，经常无故发火。当服务对象向母亲讲述自己内心的紧张和不安时，服务对象的母亲不是训斥她，就是嘲笑他。服务对象自己说，那段时间是她生活中最困难的时期，工作中面对巨大的压力，但是无法向任何人倾诉，还要不断面对母亲无故的发火和训斥。因为担心自己无法完全胜任工作，服务对象最后不得不放弃自己心爱的工作岗位，成为学校的一般工作人员。这是服务对象第一次面对生活中的失败，再加上时常与母亲发生冲突，情绪非常低落，第一次想到了死。之后，服务对象就像变了一个人，原来工作起来非常有信心、认真负责；现在遇到事情就担心自己是否能够胜任，做事犹豫不决。服务对象的婚姻也不顺利，由于服务对象把大部分精力放在了工作上，很少与别人交往，她的婚姻是由别人介绍的。服务对象自己说，他们两个人结婚之前不了解，结婚之后发现性格差异非常大，丈夫不爱说话，不爱表达自己的感受，而服务对象自己总希望丈夫能够主动关心自己，倾听自己的心声。服务对象认为，丈夫平时不体谅自己。于是，服务对象渐渐不喜欢待在家里。情绪低落时，她就上街疯狂购物。服务对象的夫妻关系逐渐变得越来越紧张。1999 年，服务对象唯一的好朋友因患癌症去世。从此之后，服务对象的情绪极度低落，加上常年失眠，对未来感到绝望，经常想到自杀，因为担心自己的女儿（服务对象的女儿非常懂事，是她陪服务对象就诊的，现在正在上大学），才放弃死的念头。服务对象目前的状况让其母亲很担心，母亲希望自己能够做点什么来弥补以前的过失。

　　面对上面这个案例，社会工作者发现，社会工作专业服务介入活动既涉及能力建设、心理调适，也涉及社会支持。如果从能力建设角度来看，服务对象需要面对很多生活中的挑战，如工作中的失败、婚姻中的不幸、母亲的训斥、朋友的去世、常年失眠以及内心的孤独等。除了这些挑战之外，社会工作者还发现，服务对象同时也有自身的能力和资源，例如，对女儿的牵挂和担心、自己能够胜任学校一般的工作以及母亲的支持等。在心理调适方面：服务对象常年失眠、情绪低落、对生活悲观、对丈夫失望、对母亲不满以及她疯狂的购物方式与对女儿的牵挂和担心等。在社会支持方面：服务对象与丈夫的关系紧张、与母亲的关系缓和以及朋友的去世、对女儿的牵挂和担心等。社会工作专业服务的三个方面同时出现在一个案例中并不是一个特例，事实上，每一个案例都会呈现社会工作专业服务的三个方面。因为服务对象在与周围他人交流的过程中，一定会涉及三个方面的关系：与自己的关系、与内部心理的关系以及与周围他人的关系。与自己的关系是指在与周围他人交流的过程中哪些沟通交流方式是有效的、哪些沟通交流方式是无效的，这是社会工作专业服务的能力建设部分；与内部心理的关系是指在与周围他人的交流过程中哪些心理层面受到影响、相互之间怎样相互作用，这是社会工作专业服务的心理调适部分；与周围他人的关系是指在与周围他人交流的过程中哪些人受到了影响、相互之间怎样进行沟通交流，这是社会工作专业服务的社会支持部分。显然，任何一个案例都会涉及社会工作专业服务的三个方面——能力建设、心理调适和社会支持。

　　通过仔细分析上面这个案例就会发现，社会工作专业服务的能力建设、心理调适和社会支持三个方面是紧密联系在一起的，很难割裂开来。例如，我们在分析服务对象的能力建设时，就会涉及婚姻中的不幸、母亲的训斥、朋友的过世以及对女儿的牵挂和担心等，这些因素显然与服务对象的社会支持紧密相联。能力建设中的常年失眠、内心的孤独以及工作中的失败等因素一定与服务对象的心理调适相关。同样，在体会服务对象心理调适的内容时，像情绪低落、对生活的悲观和失望以及疯狂的购物方式等因素必定与服务对象的能力建设相联系；而对丈夫的失望、对母亲的不满以及对女儿的牵挂和担心等因素又与服务对象的社会支持有关系。如果对服务对象的社会支持进行分析，也会得到类似的结果。因此，我们可以得出这样的结论：能力建设、心理调适和社会支持是服务对象与周围他人在互动交流过程中相互影响、密切相关的三个方面，当然也是社会工作专业服务活动中相互影响、紧密关联的三个方面。

在以后的章节中，我们将分别介绍服务对象能力的发掘和运用、服务对象心理的调适和整合以及服务对象社会支持关系的建立和扩展，其实这些就是社会工作专业服务的三个方面——能力建设、心理调适和社会支持。需要注意的是，虽然我们把它们分为三个章节分别介绍各自的方法和技巧，但并不意味着这三部分的内容可以截然分开。事实上，在实际的社会工作专业服务活动中，社会工作者只有将这三个方面的方法和技巧有机整合起来，才能为服务对象提供简洁、快速、灵活、有效的社会工作服务。

游戏活动：改变才是中心

目标：在实际生活中观察和理解社会工作专业服务活动中面临的三个基本问题。

步骤：

（1）回想自己解决某个困扰的经历；

（2）注意体会自己在解决困扰过程中面临的问题；

（3）记录自己在解决困扰的过程中面临的问题；

（4）将这些问题进行分类，总结在解决实际困扰的过程中面临的基本问题。

课 外 案 例 练 习

请根据社会工作专业服务三个基本问题的视角指出下面案例中能力建设、心理调适和社会支持三个方面的内容及其相互关系。

课外案例练习

服务对象 17 岁，女，被诊断患有焦虑症，现在正在进行第二次住院治疗。服务对象平时性格比较内向，好学上进，学习成绩优异。服务对象的病情首次发生在高二，当时服务对象感到读书很难集中注意力，经常头疼、胃疼，四肢无力。经医生检查，被诊断为焦虑症，进行住院治疗。服务对象的家人为此感到很震惊，不知道她为什么会得这样的精神疾病。在住院期间，母亲每天陪护，总是劝服务对象想开点。经过一个多月的住院治疗，服务对象病愈出院，继续读书。为了避免服务对象受到伤害，家人和老师隐瞒了服务对象的病情和住院治疗的情况。服务对象出院后，从学校搬回家里居住，每天由母亲监督孩子服药。服务对象的父母受教育程度不高，不了解精神疾病的情况，认为只要按照医生的嘱咐按时服药，服务对象的病就能完全治愈。因此，平时很少观察服务对象的情绪变化、体会服务对象的内心感受，也很少给服务对象必要的情感支持。

服务对象出院后，发现自己很难像以前那样跟上老师讲课的进度，对自己的学习逐渐缺乏信心，害怕自己被老师点名回答不上问题。有一次在课堂上，服务对象被老师点名，她当时脑子里一片空白，不知道怎样回答问题，结果服务对象的病情复发，被迫进行第二次住院治疗。服务对象的父母希望服务对象能够早些出院继续读书，以免耽误学业，但同时父母对服务对象的病情复发感到很无奈，担心再次复发。

第三节　社会工作专业服务的策略

在了解了社会工作专业服务活动中的基本问题之后，我们接着继续探讨怎样帮助服务对象快速、有效地消除困扰，提高社会工作专业服务的水平。我们先从总结西方社会工作专业服务的基本策略着手，以便为中国本土的社会工作专业服务策略的选择提供有益的借鉴，然后我们的讨论重点将集中在怎样在中国本土的处境中构建一种简洁、快速、灵活、有效的社会工作专业服务的策略。

一　社会工作专业服务的基本策略

社会工作的发展经历了一百多年的历史，在社会工作发展的初始阶段，由于受到实证主义科学观的影响，社会工作专业服务与宗教活动逐渐分离开来，走上了专业化的发展道路（Canda & Furman，1999：24）。一些社会工作者把实证主义哲学的基本原则运用于社会工作专业服务中，强调社会工作专业服务应该以可观察、可测量的科学研究结论为依据，社会工作服务的中心是有效地帮助服务对象消除或者减轻困扰（阮曾媛琪，2000，115）。而为了有效解决服务对象的问题，就需要把服务对象的问题从他的日常生活中抽离出来，运用因果分析方法针对服务对象的问题展开分析，并且根据分析的结果制订和执行科学的帮助计划，以消除或减轻服务对象的困扰，让服务对象的生活恢复到正常的轨道上来。显然，这样的社会工作专业服务策略是以解决服务对象的问题为中心，注重对服务对象生活中的不足进行修补，目标是使服务对象恢复正常生活，是一种治疗修补的专业化策略（见图1-1）。①

图1-1　治疗修补的专业化策略的基本逻辑

从图1-1中可以发现，治疗修补的社会工作专业服务策略以服务对象的问题为中心，注重对服务对象生活中的不足进行修补，让服务对象恢复正常的生活。其理论假设基础是把人视为物质、机械的人。

人本主义和存在主义哲学思潮的兴起让社会工作者看到生活意义对服务对象的作用，不再简单地把服务对象视为物质、机械的人，强调服务对象是生命有机体，追求生命的成长和意义是服务对象的内在要求。这样，社会工作专业服务的策略就从关注服务对象的问题方面转向关注服务对象本身的发展和成长，从关注服务对象问题的消除转向关注服务对象自身发展资源和能力的发掘。服务介入的目标也从关注对服务对象生活中不足部分的修补转向充分发掘服务对象自身的各种潜能（Payne，1997：174-197）。显然，与治疗修补的社会工作专业服务的策略相比，以人本主义和存在主义为哲学基础的社会工作专业服务更为积极，关注的是服务对象积极、健康的生活方面，采取的是一种自我发展的专业化策略。自我发展的专业化策略的基本逻辑如图1-2所示。

从图1-2中可以看到，自我发展的社会工作专业服务的策略注重服

①　西方社会工作专业服务的策略可以参阅童敏，2007：137~138。

图 1 - 2　自我发展的专业化策略的基本逻辑

务对象自身拥有的能力，强调服务对象自身的发展，认为服务对象是一个整体的人。其理论建立在独立、理性的人性假设基础之上。①

后现代主义思潮认识到人本主义和存在主义的不足之处，认为人本主义和存在主义过分注重服务对象个人的发展，忽视个人与周围他人之间的互动交流过程。为了弥补人本主义和存在主义的不足，后现代主义思潮在强调个人生活意义的重要性的同时，注重个人意义本身的生产过程，把服务对象与周围他人紧密联系起来。这样，服务对象自身能力的发掘和运用就不仅仅是服务对象自我发展的问题，同时涉及与周围他人的互动交流，包含相互之间的影响和作用的过程（Gergen，1999：168 - 175）。因此，以后现代主义思潮为哲学基础的社会工作专业服务不再把服务对象的能力和资源视为服务对象自身拥有的东西，而视之为服务对象与周围他人相互影响、相互作用的产物，采用的是一种互动建构的策略，专业服务的核心是帮助服务对象扩展社会发展的空间。互动建构的专业化策略的基本逻辑如图 1 - 3 所示。

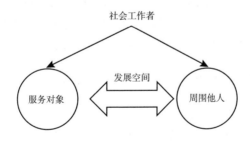

图 1 - 3　互动建构的专业化策略的基本逻辑

从图 1 - 3 可以发现，互动建构的社会工作专业服务的策略关注服务对象与周围他人之间的互动交流过程，强调服务对象社会发展空间的扩

---

① 需要注意的是，优势视角（the Strengths Perspective）也是以人本主义为哲学基础。

展。其理论假设基础是人与人之间的相互影响、相互建构。①

显然，自我发展的专业化策略为社会工作专业服务提供了新的发展方向，从关注服务对象的问题转向关注服务对象的能力，从关注对服务对象生活中不足部分的修补转向关注服务对象自我的发展，强调服务对象的内部心理是一个整体。而互动建构的专业化策略在自我发展的专业化策略基础上为社会工作专业服务扩展了新的发展空间，增加服务对象与周围他人之间社会支持的内容。可见，社会工作专业服务的策略本身有一个不断发展的过程，在互动建构的专业化策略中已经明显涉及社会工作专业服务三个方面的内容——能力建设、心理调适和社会支持，只不过互动建构的专业化策略更为强调服务对象与周围他人之间互动建构的关系。

如果能够将社会工作专业服务中的能力建设、心理调适和社会支持三者结合起来，均衡彼此的发展，保证三者之间的动态平衡，这样的专业化策略就能为服务对象提供简洁、快速、灵活、有效的社会工作专业服务。这是一种综合发展的专业化策略，在服务对象与周围他人互动交流的日常生活中理解和体会服务对象在能力建设、心理调适和社会支持三个方面的状况，强调三者是相互影响、紧密关联的，社会工作专业服务的核心是帮助服务对象建立一种和谐的沟通交流方式。② 综合发展的专业化策略的基本逻辑如图 1－4 所示。

从图 1－4 可以得出，综合发展的专业化策略注重服务介入过程中能力建设、心理调适和社会支持三个方面及其相互之间的动态平衡，关注服务对象与周围他人之间进行和谐的沟通交流。它以服务对象在日常生活中总是与周围他人进行对话交流作为理论假设的基础。

二　如何提高社会工作专业服务的水平

通过对社会工作专业服务不同策略的比较我们可以发现，在社会工作专业服务活动中包含三个方面的内容——能力建设、心理调适和社会支

① 激进社会工作（Radical Social Work）、结构社会工作（Structural Social Work）等强调社会制度和社会结构对个人影响的社会工作理论流派，在后现代主义思潮的影响下，在 20世纪八九十年代也开始注重日常生活中的人际互动，他们相信社会制度和社会结构是通过人际互动相互建构的过程。另外，沟通理论和生态系统理论等也注重人与人之间的沟通与互动，它们对社会工作专业服务策略的影响十分明显。

② 服务对象和谐关系的构建可以参阅 Karasu（1999：143－162）和 Rowan（2003：295－306）。

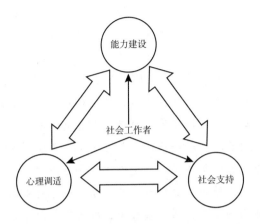

图 1 - 4　综合发展的专业化策略的基本逻辑

持，只有将这三个方面的内容有机地整合起来，保持动态平衡，才能提高社会工作专业服务的水平。也就是说，要提高社会工作专业服务的水平，需要采用综合发展的专业化策略。怎样实施综合发展的专业化策略？我们先来看一看下面这个案例。

案例 1.7　"大学生活怎么样?"

服务对象 32 岁，男，独生子，在 18 岁上高中时被诊断患有抑郁症。在此之前，服务对象一直被认为是性格腼腆、学习非常认真、成绩非常优异的好学生，是父母和老师的骄傲。此后，服务对象被迫中止学业进行住院治疗，病情时好时坏一直到现在。服务对象患抑郁症已 14 年，既没有朋友，也无法上班；病情严重时进行住院治疗，病情稳定时待在家里由家人照顾。服务对象的母亲是服务对象的主要照顾者。在服务对象得病的头几年里，服务对象的母亲以为孩子的病能够很快治愈，就放弃了自己的工作全身心照顾孩子。随着服务对象的病情不断恶化和反复，服务对象的母亲逐渐失去信心，求过风水先生，开始信佛，吃素食，每天在家诵经、听佛教音乐。两年前，服务对象的母亲从农村带来了孩子的未婚妻，帮助照顾服务对象。从此之后，服务对象的母亲才有时间放松自己。服务对象的父亲是某单位的干部，自从服务对象得病之后，与同事的关系逐渐疏远，不愿意听到别人谈起自己的孩子。

社会工作者在服务对象的家中见到了服务对象、服务对象的未婚妻和服务对象的母亲。服务对象躲在自己的房间里不愿意与社会工作者直接见面。据服务对象的母亲和未婚妻反映，服务对象目前一直吃药，病情比较稳定，但状况比较糟糕，一周只刷一两次牙，经常出现反复洗手的强迫行为，每周要到附近的书店看书，但出门从不看人，低着头；有时情绪不好，还会对着窗户或者大门大声喊叫，甚至打骂自己的母亲和未婚妻。服务对象有一个习惯，喜欢躺在床上看书，对历史和地理方面的书籍特别感兴趣，但看的时间长一些就会头疼。服务对象还喜欢别人听他讲看了书之后的感想。服务对象的母亲说，这是孩子从小养成的学习习惯。服务对象的母亲还发现，如果给服务对象做一些按摩，服务对象的情绪就会平稳一些。在与服务对象的母亲谈话的过程中，社会工作者了解到，服务对象的父母一直为自己的孩子惋惜，认为要不是得了这样的病，服务对象一定能够考上大学，找到一份稳定的工作。服务对象的母亲强调，上大学一直是孩子的梦想。

　　面对上面这个案例，社会工作者采取了综合发展的专业化策略。在服务对象的能力建设方面，服务对象面临很多挑战，像14年抑郁症的折磨、没有朋友、没有工作、上大学的愿望无法实现、反复洗手的强迫行为、一周只刷一两次牙、出门低着头不看人、有时打骂自己的亲人等。如果仅仅看到这些方面，社会工作者一定会感到服务对象需要解决的"问题"太多、太复杂。如果社会工作者能够同时看到服务对象生活中的另一面（服务对象仍旧刷牙、仍旧出门、仍旧喜欢读书、仍旧希望别人听他讲读书的感想、仍旧与周围亲人有情感上的交流等），心情就会放松一些，就能体会到服务对象所具有的能力以及为改善自己生活所做的努力。显然，社会工作者可以借助增强服务对象所拥有的这些能力改善服务对象目前的生活状况。

　　在这个案例中，社会工作者无法直接影响服务对象，至少在社会工作专业服务介入的初始阶段无法直接与服务对象进行面对面的交流，但这并不意味着社会工作者无法影响服务对象。仔细阅读上面这个案例就会发现，服务对象每天都与自己的母亲、未婚妻以及其他一些人交流。社会工作者通过服务对象的母亲和未婚妻就能影响服务对象。例如，鼓励与服务对象进行情感交流、肯定服务对象读书的习惯、与服务对象分享读书的感受、肯定服务对象与别人交流的愿望以及为此所做的努力等。显然，面对这个案例中的服务对象，开始的时候，社会工作专业服务介入的重点最好集中在感受和行动方面，并且通过感受和行动的调整逐渐扩展到心理的其他不同层面。

在服务对象的社会支持方面，虽然服务对象没有朋友、没有工作，大部分时间待在家里，但是服务对象身边有两个非常重要的社会支持者——服务对象的母亲和未婚妻。社会工作者可以首先以服务对象的母亲和未婚妻作为社会支持的基础，随着服务对象生活状况的改变，逐渐拓展服务对象其他的社会支持关系，例如，服务对象的父亲、服务对象的同学等，逐渐拓展服务对象的社会发展空间。

社会工作者在整个社会工作专业服务介入过程中始终把能力建设、心理调适和社会支持三个方面结合在一起考虑。首先，从服务对象的母亲和未婚妻着手，通过服务对象的母亲和未婚妻发掘和调动服务对象所拥有的能力。服务介入的焦点开始集中在服务对象的感受和行动层面，然后逐渐扩展到其他心理层面。在服务对象生活状况改善的同时，逐渐拓展服务对象的社会支持关系，如与小学同学的交流、与大学生志愿者的交流等，通过社会支持关系的拓展，反过来带动服务对象能力的提高以及内部心理的调适。通过社会工作者的 6 次服务介入，服务对象的生活状况得到了明显改善，能够比较轻松地和社会工作者以及陌生人（大学生志愿者）直接交流，服务对象的强迫行为也明显减少。

通过对上面这个案例的分析我们可以看到，综合发展的专业化策略的运用，首先要求社会工作者在能力建设方面从关注服务对象的"问题"转变为关注服务对象的整个生活状况，尤其需要关注发掘和调动服务对象的能力；在心理调适方面，从关注服务对象的某个心理层面或某个心理因素转变为关注服务对象的整个心理状况，把服务对象的内部心理视为变化的整体；在社会支持方面，从关注服务对象个人的发展转变为关注服务对象与周围他人社会支持关系的建立和扩展，特别是服务对象周围的重要他人在服务对象的改变中起着非常重要的作用。综合发展的专业化策略还要求社会工作者把自己置身于服务对象以及周围他人的日常生活处境中，体会和理解服务对象与周围他人的沟通交流状况，把社会工作专业服务的能力建设、心理调适和社会支持三个方面有机地整合起来，在动态变化的过程中保持三者之间的平衡。

三　综合发展的专业化策略的基本原则

了解了综合发展的专业化策略的基本内容之后，我们接着看一看这种专业化策略所依据的基本原则，以便在实际的社会工作专业服务活动中灵活运用社会工作的各种专业服务方法和技巧。能力建设是综合发展的专业化策略中的第一个方面，它要求社会工作者不仅要看到服务对象的"问题"，同时也要看到服务对象的能力。能力是服务对象日常生活中不可缺少的部分。更为重要的是，能力建设要求社会工作者转变观察的视角，从服务对象发展的角度理解服务对象的能力。这样，服务对象的能力就是服务对象面对外部环境挑战时的改变基础、一些有效的沟通交流方式；而服务对象的"问题"则是服务对象面对外部环境挑战时无效的沟通交流方式。显然，无论能力还是"问题"，都是服务对象面对外部环境挑战时的沟通交流状况，都是促使服务对象改变的不可忽视的因素。因此，综合发展的专业化策略的能力建设所依据的基本原则就是，服务对象是有能力的，即能力的原则（Saleebey，1997）。不过，值得注意的是，能力的概念有两层含义：第一层，服务对象面对外部环境挑战时的改变基础、一些有效的沟通交流方式；第二层，从发展的角度理解服务对象与外部环境的互动状况。

综合发展的专业化策略的第二个方面是心理调适，它要求社会工作者把服务对象不同层面的心理状况视为一个整体，在相互影响、相互关联的整体视角下调适服务对象的心理状况。需要特别关注的是，综合发展的专业化策略的心理调适要求社会工作者把服务对象放到与周围他人互动交流的日常生活中，在互动交流中理解和调适服务对象的心理状况。这样，服务对象的心理状况作为一个整体，就不仅仅与服务对象个人的心理状况相关，同时还与外部环境的要求密切相联，是在回应外部环境要求过程中的一种动态的整体状况，涉及服务对象的和谐和外部和谐的要求。因此，综合发展的专业化策略的心理调适所依据的基本原则是，服务对象的心理状况是一个整体，即全人的原则（罗杰斯，1990：87～127）。

社会支持是综合发展的专业化策略的第三个方面，它要求社会工作者不要把服务对象从他自己的日常生活中抽离出来，仅仅观察服务对象个人的发展；而要把服务对象的改变与周围他人的改变联结起来，在服务对象与周围他人之间建立和扩展相互支持的社会关系。当然，一种有效的社会支持关系对互动双方都是有利的。如果仅仅关注服务对象的发展而忽视周围他人的要求，这样的社会支持关系很难维持，也不利于服务对象和周围他人的发展。因此，综合发展的专业化策略的社会支持所坚持的基本原则是，服务对象是社会的人，与周围他人密切相联，即社会人原则（高刘宝慈、黄陈碧苑等，1988：7）。

简单地说，综合发展的专业化策略所依据的基本原则是，服务对象是有能力的人、服务对象的心理状况是一个整体以及服务对象是社会的人，即社会工作的能力的原则、全人的原则和社会人原则。综合发展的专业化策略所依据的基本原则如图1-5所示。

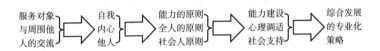

图1-5 综合发展的专业化策略所依据的基本原则

分析到这里，我们可以看到，社会工作专业服务的水平取决于能力建设、心理调适和社会支持三个方面的整合情况。也就是说，社会工作有三个方面的"法宝"——能力建设、心理调适和社会支持。如何将这三个方面的"宝藏"充分挖掘出来并且将它们整合成有机的整体，这是社会工作的魅力所在，也是社会工作的生命力所在。社会工作不需要放弃自己的优势，跟随心理咨询，只关注服务对象的心理调适，也不需要跟随社会学，只注重服务对象的社会支持，社会工作有它自己的优势：能力建设、心理调适和社会支持的整合。

四 综合发展的专业化策略运用过程中容易出现的错误

讲了综合发展的专业化策略的基本原则之后，我们再来看一看在实际的社会工作专业服务活动中，如何运用综合发展的专业化策略，以提高社会工作专业服务的水平。由于综合发展的专业化策略强调服务介入三个方面的整合，社会工作者在运用这种综合发展的专业化策略时需要特别关注能力建设、心理调适和社会支持三者之间的平衡。我们来看一看下面这段服务介入对话。

　　社会工作者拿着服务对象的"成长记录"，把服务对象叫到身边，让他把老师的评语自己读了一下。

　　社会工作者：来，你对比一下，老师给你指出的当时的一些不足，你自己认为是否真实？

　　（学期评语中老师写的服务对象的不足表现为：上课会时不时地找同学说话，作业没办法按时完成，时间观念不是很强，有点随性。）

　　服务对象：（笑了一下）差不多。

　　社会工作者：那你和自己现在的情况对比一下，这几个方面有哪些做得比以前好了、哪些方面现在还有一些不足？

　　服务对象：我现在上课不会和同学说话了，时间观念也有了，该学习就学习，该玩就玩啊！

　　社会工作者：很好！你在这一年中有很大进步嘛！那交作业这一项呢？

　　服务对象：（笑了一下）这个，还是有时没有按时交！可是比以前也好一点了。

　　社会工作者：是吗？有进步。是不是还要继续努力啊？争取以后作业都能按时完成。

　　（服务对象点了点头）

　　通过分析上面这段社会工作服务介入对话就会发现，社会工作者非常注意服务对象的能力建设和心理调适。例如，让服务对象自己读一下老师在"成长记录"中的评语，这是通过具体的行动强化服务对象的改变意愿；社会工作者还让服务对象自己对比过去和现在，看一看"这几个方面有哪些做得比以前好了、哪些方面现在还有一些不足"。在这段服务介入对话的结尾，社会工作者还运用了肯定服务对象成功经验的方法推动服务对象继续进步。可惜，社会工作者忽视了社会工作专业服务介入中的社会支持，没有把握机会建立和扩展服务对象的社会支持关系。例如，没有把服务对象的进步经验与老师或父母联系起来。服务对象在谈到自己的进步时，提到了上课不会和同学说话了，"该学习

就学习，该玩就玩"。这里提示服务对象的同学关系也发生了某种变化，可惜社会工作者没有发现。

社会工作者如果忽视社会工作专业服务介入中的社会支持，就无法把能力建设和心理调适带来的改变维持下去，无法借助周围他人或者外部环境的变化为服务对象的改变提供更多的机会。这样，不仅直接影响能力建设和心理调适的效果，还会限制社会工作者的视野，使社会工作者的服务介入活动仅仅集中在服务对象身上。如果服务对象的改变受到阻碍，就会破坏整个社会工作专业服务介入活动。

我们接着来看一看下面这段服务介入对话，如果社会工作者只关注社会工作专业服务介入中的社会支持会有什么样的结果。

社会工作者：期末考快到了，你上次不是答应妈妈说语文要考 80 分以上吗？接下来这两个星期你打算怎么做呢？

服务对象：不知道。

社会工作者：你不是让妈妈给你听写和背诵吗？那都要背诵哪些呢？老师上课讲了吗？

服务对象：讲了，我知道。

社会工作者：嗯，真好！能不能把要背的做个记号，让妈妈也知道要背哪里。

服务对象：好啊！

（于是服务对象把书上要背的部分大大地打了个钩）

在上面这段服务介入对话中，很显然，社会工作者非常关注服务对象社会支持关系的建设和扩展。社会工作者希望服务对象能够与母亲建立比较好的社会支持关系，像"你上次不是答应妈妈说语文要考 80 分以上吗"、"你不是让妈妈给你听写和背诵吗"、"能不能把要背的做个记号，让妈妈也知道要背哪里"等，都是建立和扩展服务对象与母亲之间社会支持关系的尝试。但是，由于社会工作者急于建立和扩展服务对象的社会支持关系，忽视了服务对象的能力建设。例如，当社会工作者问服务对象："接下来这两个星期你打算怎么做呢？"服务对象的回答是"不知道"。此时，社会工作者没有继续提问下去以发掘服务对象的能力。例

如，社会工作者可以这样问服务对象：你平时怎样复习的？现在需不需要调整一下学习计划？然后，根据服务对象提出的学习计划和方式，加强其与母亲之间的社会支持。这样，社会支持关系的建立和扩展才能促进服务对象发展，否则如果忽视服务对象的能力建设，这样的社会支持只会增加服务对象的压力以及服务对象与周围他人之间的冲突。

显然，忽视社会工作中的能力建设，就会使社会支持缺乏发展的内在动力，最终无法使服务对象真正受益，甚至可能造成相反的结果，增加服务对象与周围他人之间的冲突，妨碍服务对象发展。

我们再来看下面这段社会工作服务介入对话，分析一下，如果社会工作者仅仅关注服务对象的心理调适会出现什么样的困难。

---

5 年前，服务对象驾车出了车祸，孩子意外身亡。从此之后，服务对象无法开车、坐车，甚至看到车就紧张。孩子死后，服务对象把孩子的照片放在自己的床边，每天都要仔细看几遍。

服务对象：我现在很苦恼，看到车就紧张，头疼，上街也不敢上。

社会工作者：那件事对你伤害很深，是吗？

服务对象：是啊，我每天不看孩子的照片都无法入睡。

社会工作者：一直都这样吗？

服务对象：是啊，从那件事之后，我总觉得对不起孩子。虽然我也知道这是意外，但要是那天我不开车就好了，唉！

社会工作者：你现在的困难是对车敏感。这样吧，我们采取脱敏的方法，先从看开始，逐渐让你摆脱对车过敏的状况。

从上面这段社会工作服务介入对话中可以发现，社会工作者非常关注服务对象的内部心理调适，运用行为治疗中系统脱敏的方法帮助服务对象摆脱车祸后出现的困难。可惜，社会工作者没有注意倾听服务对象的描述中所蕴藏的能力，如"我每天不看孩子的照片都无法入睡"。对孩子的关心既是服务对象问题的一部分，也是服务对象改变动力的一部分。社会工作者不仅要看到服务对象面临的"问题"的挑战，同时也要看到其中所蕴藏的能力。另外，社会工作者也没有提问和了解服务对象与周围他人之

间的社会支持状况。例如，服务对象出现困扰时，周围他人给予了什么样的帮助和支持。显然，如果在行为治疗中增加服务对象的能力建设和社会支持的内容，可以维持和增强服务介入的效果。

总之，社会工作专业服务的水平取决于社会工作专业服务介入的能力建设、心理调适和社会支持三个方面的发挥和整合，一项好的社会工作服务介入不仅需要充分发挥能力建设、心理调适和社会支持三个方面的功能，还需要将这三个方面整合成一个有机的整体。

游戏活动：生活是一个整体

目标：在实际生活中理解社会工作专业服务介入的能力建设、心理调适和社会支持三个方面之间的紧密关系。

步骤：

（1）回想自己解决某个"问题"的经历；

（2）从经历中整理自己解决某个"问题"的办法；

（3）把解决办法分为三个栏目——能力建设、心理调适和社会支持；

（4）分析一下三者之间的内在关系。

课外案例练习

请根据社会工作专业服务中综合发展的专业化策略指出下面案例中需要改进的方面以及改进的具体方法。

课外案例练习 1

社会工作者开始引导服务对象做练习，当看到有关月球的字眼时，服务对象开始变得很兴奋，因为课文中介绍了月球及其他行星的知识，服务对象对此特别感兴趣，并且向社会工作者询问了许多有关九大行星和太阳的知识。社会工作者与服务对象聊了许多天文学的知识之后，试图引导服务对象回到作业上。

社会工作者：我们先把这些作业写完吧，然后我给你讲更多的有关太阳和月亮的故事，好不好？

服务对象：这个作业不用这周完成。

社会工作者：你是不是比较喜欢伯伯辅导你写作业？

服务对象：是啊！

社会工作者：为什么？

服务对象：因为伯伯不会老是叫我写作业，我可以写一会儿，玩一会儿。

社会工作者：玩什么呢？

服务对象：游戏啊，有时还出去玩。

课外案例练习 2

服务对象的母亲：这孩子其实不笨，就是懒，他自己也这么说。可是说归说，他上课照样不认真听。很多东西都是老师上课讲过的，他不听，结果回来就不会做了。

社会工作者：小孩子的天性就是喜欢玩，特别是低年级的小朋友，上课认真听讲的也不多。

服务对象的母亲：（笑了一下）是啊，想想我小的时候也不爱读书，我爸爸怎么骂我、管我，我就是不爱念。

社会工作者：我上小学的时候也不喜欢读书，学习习惯也不好，喜欢边看电视边写作业。四年级的时候来了一个新班主任，让我当了小组长，我当时可兴奋了，觉得小组长应该把书读好。从那时开始，我就非常有动力读书了。所以，找到孩子学习的动力，才能帮助他更好地学习。

服务对象的母亲：是啊，可是他们老师只关注那些学习好的学生。因为他都不抄语文作业，我也不知道他们布置了什么作业，也不知道是不是骗我。有时候打电话给老师，她都不接；有一次打通了，她说上课不方便接电话，有事给她发短信就好了。

社会工作者：嗯，老师可能真的很忙，在学校要管好五十几个孩子，压力也是挺大的。

课外案例练习 3

社会工作者：不好意思，这会儿还打扰您。我想了解一下他（服务对象）最近在学校的表现怎么样？

　　服务对象的老师：还好，作业完成是比以前好一些了，但还是不能完全按时、按量完成。

　　社会工作者：主要是哪些作业没有完成呢？

　　服务对象的老师：就像好词、好句的抄写，他昨天就没有抄完，我今天又叫他回去继续抄。

　　社会工作者：哦，主要是生字的抄写那一部分。那他的丛书呢？最近完成得怎么样？

　　服务对象的老师：完成得还可以，可是订正得很慢。

　　社会工作者：他妈妈也和我们说过，他订正得有一点慢。这可能与丛书的难度和他父母的知识水平有点关系。我们在辅导他学习的过程中发现，丛书有一些题目是挺不好做的，比我们上学那会儿难多了。虽然他爸妈都很用心教孩子，可是他们的知识水平不够，有一些题他们自己都不会，更不用说辅导孩子了，有点力不从心。

　　服务对象的老师：是啊，丛书的一些题目的确不容易做，我们老师有一些也要一起讨论。辅导的问题实际上很多家长都有，他们自己的知识水平不够。

　　社会工作者：是啊，我们在这几次的辅导中也发现，服务对象的父母都很用心教孩子，可就是力不从心。对了，他最近上课的表现怎么样？

　　服务对象的老师：他原本就是那种上课不捣蛋、不说话，只会自己开小差的那种。变化倒是一下子没办法看出来。

　　社会工作者：因为我们在最近一两次辅导时发现他有点进步，所以就想了解一下，他在学校的表现会不会也有一些变化。

　　服务对象的老师：变化不是很大，作业是完成好一点了。

　　社会工作者：我们在和他接触的过程中发现，他其实挺在乎妈妈和老师对他的看法的，他也挺希望自己能得到你们的肯定和鼓励。

第四节　社会工作专业服务的三个基本维度及其相互关系

　　通过前面章节的学习我们了解到，社会工作专业服务涉及三个方面——能力建设、心理调适和社会支持——的发挥和整合。将社会工作专业服务的三个基本维度整合起来，这是社会工作专业化发展的要求，也是社会工作自身所拥有的"宝藏"所在。接下来，我们将沿着这个思路，进一步分析社会工作专业服务包括哪些基本的维度，它与一般的志愿者服务以及其他专业服务有什么不同。对这个问题的考察对于中国本土社会工作的发展非常重要，它能帮助中国本土的社会工作者明确自己的专业位置以及专业的发展方向。

一 能力建设——社会工作专业服务的服务宽度

社会工作专业服务中的能力建设涉及如何评估服务对象的需要，它能帮助社会工作者决定针对什么内容开展社会工作专业服务，是服务对象的"问题"，还是服务对象生活中的其他方面。显然，能力建设规定了社会工作专业服务的范围，决定了社会工作者选择服务对象生活中的什么方面作为服务内容，它是社会工作专业服务的服务宽度。当然，选择服务对象生活中的不同方面作为服务介入的内容，意味着社会工作专业服务的服务宽度不同，从而服务介入效果也不相同。就社会工作专业服务的服务宽度而言，有三种常见的方式：以"问题"作为服务的内容、以能力作为服务的内容以及以服务对象的整个日常生活作为服务的内容。

以"问题"作为服务的内容要求社会工作者把服务对象的日常生活区分为有"问题"的部分和没有"问题"的部分，并且把有"问题"的部分从服务对象的日常生活中单独抽离出来作为服务介入的内容。整个社会工作专业服务只关注服务对象有"问题"的方面，而没有"问题"的部分作为正常、健康的生活被排除在服务介入的考察范围之外。显然，这样的社会工作专业服务的服务范围比较窄，仅仅限制在服务对象有"问题"的方面。正是由于服务范围限定在有"问题"的方面，那些有"问题"的人才能成为服务对象，才需要社会工作专业服务的介入。这样划定服务的范围，不仅把社会工作专业服务限定为对服务对象困扰的处理和不足部分的修补、局限于有"问题"的服务对象，而且与社会工作所秉持的基本原则（人是有能力的）不符。

以能力作为服务的内容，即社会工作者把服务对象生活中仍旧发挥功能的部分挑选出来作为社会工作专业服务的内容。至于那些与能力无关的生活方面，则被剔除在服务范围之外。与以"问题"作为服务的内容不同，这种以能力作为服务内容的方式非常注重服务对象日常生活中仍旧有效的行为、成功的经验等能够促进服务对象发展的方面。但同时，以能力作为服务的内容也像以"问题"作为服务的内容一样，只把服务对象日常生活中的一部分作为社会工作服务介入的内容，忽视对服务对象的整个日常生活状况进行考察。因此，以能力作为服务的内容关注服务对象的日常生活中仍旧发挥作用的部分，把注重自身发展的社会成员也作为服务介入的对象，扩展了社会工作专业服务的范围，并与社会工作所坚持的基本原则相一致，但是它缺乏对服务对象日常生活的整体考察。

以服务对象的整个日常生活作为服务的内容是指把服务对象的日常生活视为一个整体，无论是"问题"还是其他生活部分，都是社会工作专业服务的内容。具体来说，可以根据与"问题"的关联方式，把服务对象的日常生活分为有"问题"的生活方面以及"问题"之外的生活方面。这两个方面有着密切的联系，相互影响、相互促进。如果删除其中的任何一个方面，都会妨碍对另一个方面的理解和介入。例如，如果社会工作者仅仅关注服务对象"问题"中的能力，就会忽视服务对象其他生活方面所蕴藏的能力，像服务对象的兴趣爱好、长处以及对日常生活的基本安排等；如果社会工作者仅仅关注服务对象其他生活方面的能力，就很难与服务对象建立必要的信任关系，开展社会工作专业服务。以服务对象的整个日常生活作为服务的内容可以扩展社会工作专业服务的范围，延伸社会工作专业服务的服务宽度；同时，也可以改变服务介入的方式，以改变作为服务介入的中心直接带动服务对象发生积极的改变，而不需要借助对问题原因的分析，然后再根据原因分析制订服务介入的计划，绕一个圈来影响服务对象，让社会工作专业服务变得更为简洁——什么可以带动服务对象发生改变，就介入什么。由以服务对象的"问题"或者能力作为服务的内容转变为以服务对象的整个日常生活作为服务的内容（见图 1 - 6）。

从图 1 - 6 中可以发现，以"问题"或能力作为服务的内容，这样的专业服务只关注服务对象日常生活的某个方面，以服务对象的整

图 1 - 6 以服务对象的整个日常生活作为服务内容的服务宽度

个日常生活作为服务的内容，这样的专业服务就能涉及服务对象日常生活中的所有内容，扩展社会工作专业服务的服务宽度，在整体上发掘和调动服务对象的能力。

二　心理调适——社会工作专业服务的服务深度

社会工作专业服务中的心理调适涉及社会工作者如何影响服务对象，即社会工作者选择服务对象的什么心理层面作为服务介入的焦点开展社会工作专业服务，推动服务对象发生改变。社会工作者既可以选择意识层面作为服务介入的焦点，也可以选择无意识层面作为服务介入的焦点，还可以选择其他心理层面作为服务介入的焦点。选择不同的心理层面作为服务介入的焦点，意味着社会工作者在不同的深度上开展社会工作专业服务。当然，服务介入的效果也就不同。因此，心理调适属于社会工作专业服务的服务深度，决定社会工作者在服务对象的什么心理层面上开展专业社会工作服务。就社会工作专业服务的服务深度而言，通常有两种常见的方式：一种是以服务对象的某一个心理层面作为社会工作专业服务介入的焦点；另一种是以服务对象的整个心理层面作为社会工作专业服务介入的焦点。

以服务对象的某一个心理层面作为社会工作专业服务介入的焦点，这样的方式比较常见，有以无意识层面作为服务介入焦点的，有以意识层面作为服务介入焦点的，也有以其他心理层面作为服务介入焦点的。不管是以哪一个心理层面作为服务介入的焦点，这样的方式都有一个共同的特点：只注重服务对象某个心理层面的变化，忽视其他心理层面的作用。这样，社会工作者只有在遇到对应服务对象某一心理层面的现象时，才能开展社会工作专业服务活动，限制了社会工作专业服务活动的介入空间。当然，同时也忽视了服务对象其他心理层面的变化和作用。

以服务对象的整个心理层面作为社会工作专业服务介入的焦点，这样的方式要求社会工作者把服务对象的心理状况分为不同的心理层面，并将这些不同的心理层面联结起来，使它们相互影响、相互作用，形成有机的整体，以整体作为社会工作专业服务的介入焦点。这样，社会工作者就可以对应服务对象不同的心理层面采取不同的社会工作专业服务的介入方法和技巧，随时影响服务对象，推动服务对象发生积极的改变。显然，这样

的方式不仅拓展了社会工作专业服务的服务
深度，也使社会工作专业服务具有更大的
灵活性，能够让社会工作专业服务快速地
发挥作用影响服务对象。以服务对象的整
个心理层面作为服务介入的焦点，这样的
服务深度如图1-7所示。

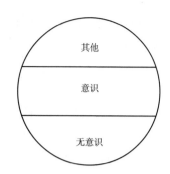

**图 1-7　以服务对象的整个
心理层面作为服务
介入焦点的服务深度**

从图1-7中可以看到，社会工作专业
服务在服务深度上涉及不同的心理层面，这
些不同的心理层面相互影响、相互作用，共
同影响服务对象的变化。作为社会工作者，
需要同时关注服务对象不同心理层面的变
化，从整体上把握服务对象不同心理层面之间的平衡。

三　社会支持——社会工作专业服务的服务广度

社会工作专业服务中的社会支持与如何启动和维持服务对象的改变相
关联，其目的是希望考察社会工作者在社会工作专业服务活动中怎样使服
务对象发生持久的改变，甚至在社会工作专业服务结束之后，服务介入的
效果仍旧发挥作用。无论社会工作者选择什么样的服务介入方式让服务对
象与周围他人建立一种相互支持的关系，都涉及服务对象与周围他人之间
的关联方式。因此，社会支持决定了服务对象与周围他人之间的互动交流
方式，是社会工作专业服务的服务广度。当然，社会工作者可以采取不同
的服务方式，让服务对象与周围他人建立不同的支持关系，以维持服务对
象的改变。不同的服务方式会导致不同的服务介入效果。就社会工作专业
服务的服务广度而言，通常有两种常见的服务方式：单中心的服务方式和
多元服务方式。

所谓单中心的服务方式是指社会工作者只把服务对象或者服务对象与
周围他人之间的平衡关系作为服务介入的焦点，在整个社会工作专业服务
介入活动中只有一个服务介入的焦点，周围他人或者外部环境只是作为改
变的外部条件。显然，这样的服务方式会导致服务资源随着服务介入活动
的开展逐渐集中在服务介入的焦点上。对周围他人或外部环境而言，社会
工作专业服务过程就是逐渐让周围他人或者外部环境失去资源的过程。可
以理解，这样的服务方式对于处于服务中心的服务对象来说，虽然能够借

助资源的投入改善自己目前的生活状况，但从长远来看，不仅妨碍服务对象对自身能力的发掘和运用，同时也会让周围他人逐渐失去帮助的动力，阻碍周围他人的发展。

多元服务方式要求社会工作者不仅把服务对象视为像社会工作者一样具有自身能力的社会成员，还要求把周围他人也视为拥有自身能力的社会成员，帮助服务对象和周围他人在发掘和调动自身能力的同时建立和扩展相互之间的社会支持关系。在多元服务方式下，无论服务对象还是周围他人，都是在注重个人发展的过程中建立和扩展相互之间的社会支持关系，在关注相互之间的社会支持的过程中拓展个人的发展空间。显然，这样的服务方式不仅关注服务对象对自身能力的发掘和运用，也关注周围他人能力的发掘和运用，让两者在相互支持中寻求发展，在发展中寻求社会支持，拓展了社会工作专业服务的服务广度。这样的服务方式为社会工作者提供了更为宽广的服务介入视角，社会工作者既可以从服务对象入手开展社会工作专业服务，也可以从周围他人入手开展社会工作专业服务，增强了社会工作专业服务的灵活性。多元服务方式的服务广度如图1-8所示。

图1-8　多元服务方式的服务广度

通过分析图1-8可以发现，多元服务方式的社会工作专业服务广度同时涉及服务对象和周围他人，把服务对象和周围他人视为相互影响、相互作用的整体。社会工作者在社会工作专业服务活动中只有从整体的视角理解服务对象与周围他人之间的互动交流关系，让两者在相互支持中寻求发展，在发展中增强相互支持，才能真正拓展社会工作专业服务的服务广度。

四　社会工作专业服务的三个基本维度——服务的宽度、服务的深度以及服务的广度

通过上面的分析我们可以得出，社会工作专业服务不同于一般的志愿者服务，非常注重服务的专业化，有三个基本维度——能力建设的服务宽度、心理调适的服务深度和社会支持的服务广度。[①] 只有这三个基本维度

---

① 有关三个基本维度整合的层面可以参阅童敏（2007：140～141）。

的功能得到充分发挥才能提高社会工作专业服务的水平。显然，评价社会工作专业服务开展的状况，需要同时以三个基本维度作为标准，不能仅仅集中在某一个或者某两个维度上；否则，不仅无法发挥社会工作自身所拥有的特长，而且可能与其他专业服务混淆起来。例如，如果社会工作者在开展社会工作专业服务时只注重服务对象内部心理的调适，就很难与心理辅导区分开来，无法确立社会工作专业服务自身的优势；如果社会工作者只关注服务对象社会支持关系的建立和扩展，就会与社会学的研究混淆在一起，无法践行社会工作所注重的能力的原则和全人的原则。借助社会工作专业服务的三个基本维度，社会工作者就能从整体的视角入手，充分发掘和调动服务对象的能力、调适和整合服务对象内部不同层面的心理状况、建立和扩展服务对象的社会支持关系。我们来看一看下面这个案例，注意从社会工作专业服务三个基本维度的视角分析社会工作专业服务介入计划的设计。

案例1.8　"不想读书了"

　　服务对象，17岁，男，住院前是某市重点高中的高二学生。服务对象平时学习刻苦努力，成绩优异，在同年级中学习成绩始终排在前三位。据班主任反映，服务对象除了学习认真之外，还非常懂事、听话，做事认真负责，被同学选为班级的学习委员。服务对象的父母都是中学老师，非常关注服务对象的学习，对服务对象要求非常严格。服务对象还有一个弟弟，上小学六年级，成绩也非常优异。两个月前，服务对象的父母到外地出差。出差期间，服务对象在同学的邀请下开始玩电子游戏，很快沉迷其中，荒废了学业。结果，期末考试成绩大幅下滑，受到老师的批评。父母知道服务对象的变化后，非常吃惊，开始责骂服务对象，不让服务对象出门。在老师和父母批评的压力下，服务对象开始出现烦躁不安的现象，学习时很难集中注意力，学习的效率也远远不如以前。服务对象对自己的学习逐渐失去信心，变得不爱说话，不愿意与人交往，沉默寡言，有时会出现自言自语、发呆的现象。父母担心服务对象心理压力过大出现心理疾病，带服务对象到医院就诊，进行住院治疗。

　　为了配合服务对象治疗，父母在家特意安装了电脑，但限制服务对象上网的时间。因为怕刺激服务对象，父母尽可能满足服务对象的要求。父母希望服务对象出院后能够继续上学，但对服务对象改善目前的生活状况仍有很大的担心，因为发觉服务对象的性格似乎与以前有很大的不同，变得敏感多疑、缺乏自信、不愿意面对困难、消极被动。服务对象告诉社会工作者，他感到压力太大，不想读书了，但也不知道做什么好。

面对上面的案例，社会工作者首先需要从社会工作专业服务的三个基本维度入手，分析和整理有关的资料。例如，在能力建设的服务宽度方面，虽然服务对象面临很多困难和挑战，如成绩下滑、老师的批评、父母的责备、注意力很难集中、自信心缺乏等，但同时也不可忽视服务对象拥有的能力，如良好的学习基础、父母的指导和支持等。只有同时关注服务对象面临的困难和所具有的能力，才能从整体的视角发掘和调动服务对象的能力。在心理调适的服务深度方面，服务对象的困扰不仅表现为不爱说话、不愿意与人交往、沉默寡言，同时还表现为缺乏信心、不愿意面对困难等，涉及心理的不同层面，需要从整体的视角来调适服务对象内部不同的心理层面。在社会支持的服务广度方面，虽然服务对象受到老师的批评，不愿意与同学交往，但父母非常关心服务对象，是服务对象重要的社会支持。显然，从社会工作专业服务的三个基本维度的视角设计安排社会工作专业服务介入活动，这样的方式能够充分考虑服务对象日常生活中的不同方面，并将这些不同的方面有机地整合起来，提高社会工作专业服务的水平。

非常有趣的是，社会工作专业服务的三个基本维度是紧密关联在一起的。也就是说，当社会工作者考察社会工作专业服务能力建设的服务宽度时，就会涉及心理调适的服务深度和社会支持的服务广度。像案例1.8中，老师的批评、父母的责备就与服务对象的社会支持联系在一起，而注意力很难集中、自信心缺乏就与服务对象的心理调适有关。对其他两个社会工作专业服务基本维度的分析也会得到类似的结果。因此，社会工作专业服务的三个基本维度是紧密关联在一起、密不可分的，它是一种三维空间的立体服务方式，同时涉及能力建设、心理调适和社会支持三个方面，三个方面的有机结合才能保证社会工作专业服务的水平。

简单地说，在社会工作专业服务过程中社会工作者通常会面临三个基本问题：如何评估服务对象的需要、如何影响服务对象以及如何维持服务对象的改变。在解决这三个基本问题的过程中，社会工作专业服务形成了不同的、专业化的基本策略：治疗修补的专业化策略、自我发展的专业化策略、互动建构的专业化策略以及综合发展的专业化策略。综合发展的专业化策略注重服务对象的能力建设、心理调适和社会支持三个方面的平衡发展，其目的是提高社会工作专业服务的水平。社会工作专业服务是一种三维空间的立体服务方式，涉及三个基本维度——能力建设的服务宽度、心理调适的服务深度和社会支持的服务广度。

本章关键概念

◇ 社会工作专业服务的实务场景

◇ 机构服务和场景服务

◇ 社会工作专业服务的三个基本问题

◇ 治疗修补的专业化策略

◇ 自我发展的专业化策略

◇ 互动建构的专业化策略

◇ 综合发展的专业化策略

◇ 能力的原则

◇ 全人的原则

◇ 社会人原则

◇ 社会工作专业服务的三个基本维度

◇ 能力建设的服务宽度

◇ 心理调适的服务深度

◇ 社会支持的服务广度

　　游戏活动：社会工作的"宝藏"

　　目标：了解社会工作专业服务的基本要求，体会社会工作专业服务自身所拥有的魅力。

　　步骤：

　　(1) 每位同学寻找一个志愿者服务的案例、一个心理辅导的案例；

　　(2) 分析和总结志愿者服务和心理辅导的基本要求；

　　(3) 与社会工作专业服务的基本要求（三个基本维度）进行比较；

　　(4) 体会社会工作专业服务自身所拥有的魅力。

课 外 案 例 练 习

请根据社会工作专业服务三个基本维度设计社会工作专业服务介入计划。

课外案例练习 1

服务对象是小学三年级的男生，10岁。服务对象的学习成绩不错，但学习态度和习惯不好，做事拖拉，待人处事敏感、偏激，而且和同学相处得不好，尤其和同龄的男同学经常发生冲突。服务对象要好的同伴都是女同学，他不喜欢和男同学交往。据服务对象的班主任反映，服务对象有点早熟。服务对象的父母都受过高等教育，比较关心孩子的学习和生活。服务对象从很小开始就由母亲照顾，养成了看书的好习惯。为了让孩子健康地发展，服务对象的母亲阅读了不少心理学书籍，还参加了一些心理学培训班，经常与同事和朋友交流培养孩子的经验。服务对象与母亲的关系比较好，但和父亲的关系不是很融洽。服务对象的家庭经济条件不错，父母开了一家店。

平时，服务对象喜欢玩电脑，特别是QQ宠物和一些电脑游戏，还喜欢和别人进行网上聊天。服务对象特别喜欢画漫画，课间活动时经常一个人画画（画自己喜欢的卡通人物等）。在学习方面，服务对象最喜欢的是电脑课，对一些操作性试验的课程很有兴趣。服务对象希望老师不要下课或放学后留他订正作业，或者补做没有完成的作业，希望自己在班上有更多的好朋友。服务对象的母亲希望服务对象在学校能够外向一点，能够多和同学交往，特别是学会和同龄男同学融洽相处；改变不良的生活习惯和学习习惯。

课外案例练习 2

服务对象是小学四年级的女生，11岁，学习成绩很不好，在班里几乎是倒数。据服务对象的班主任反映，服务对象几乎没有一门科目相对来讲是比较突出的，老师要求概括一篇很长的文章的大意，服务对象只能用一句很短的话来表达，要求她再多说一点，她都答不出来。老师认为，服务对象的学习接受能力比较弱。服务对象在学校表现很乖、很听话，从来不给老师惹事。上课从来不主动举手发言，即使被老师叫起来回答问题，声音也非常小。在老师眼里，服务对象是一位性格文静内向、学习基础比较差的学生，与社会工作者在学校所见到的服务对象截然相反。社会工作者第一次到服务对象的家里进行家访时，服务对象表现得非常活泼、好动，毫不拘束，说话的声音也很大。服务对象与同学的关系不是很融洽，同学们都不是很喜欢她。服务对象母亲的受教育程度比较低，在家操持家务，负责照顾服务对象的日常生活起居，督促服务对象学习。但由于母亲自己的能力有限，无法指导服务对象学习。服务对象的父亲是家里的顶梁柱，赚钱养活家里，文化水平比较高。服务对象的父母希望服务对象的学习成绩能够提高，请了几个家教为服务对象辅导功课，但发现服务对象对学习没有兴趣，仍旧学不进去，没有什么效果，服务对象的父母对服务对象的学习逐渐失去了信心。当社会工作者与服务对象的父母交流时，他们只是强调服务对象还小，等大一点自然就会"开窍"，就会主动学习了。

自从去年买了电脑，服务对象就迷上了网络游戏，不过母亲看得很严，只有在周末的时候才允许服务对象玩。服务对象很喜欢看《西游记》，看了很多遍也不厌烦，现在迷上了动画片《宠物小精灵》，特别喜欢里面的皮卡丘，她还把一个皮卡丘的钥匙链拿给社会工作者看。平时服务对象还喜欢看漫画、听音乐。

‖ 推荐阅读文献

Fook, J. (2002). *Social work: Critical theory and practice.* London: Sage.

Healy, K. (2015). *Social work theories in contexts: Creative frameworks for practice* (2nd ed.). Basingstoke: Plagrave Macmillan.

Dominelli, L. (2002). Anti-oppressive practice in context. In R. Adams, L. Dominelli and M. Payne, *Themes, issues and critical debates* (2nd eds.) (pp. 1–19). New York: Palgrave.

Schon, D. (1983). *The reflective practitioner: How professionals think in action.* New York: Basic Books.

第二章 服务对象能力的发掘和运用

本章要点 ≫

- 如何全面评估服务对象的需要
- 以能力为中心的服务对象需要评估的方法和技巧
- "问题"中能力寻找的方法和技巧
- 优势中能力发挥的方法和技巧
- 日常生活安排中能力发掘的方法和技巧
- 三种能力整合的方法和技巧

第一节 如何全面评估服务对象的需要

设想一下，当你在社区或机构中见到满脸紧张和不安的服务对象的时候，或者你主动去找服务对象的时候，你的脑海里闪过什么念头？"他为什么看上去那么紧张和不安？""他遇到了什么麻烦？""他想告诉我什么？"……不管是什么念头，社会工作者在最初接触服务对象的时候都需要走进服务对象的日常生活，对服务对象的生活状况进行评估，这是开展社会工作实务的第一步——评估服务对象的需要。

一　两种评估需要的方式

不同的念头意味着不同的探问方向。"他为什么看上去那么紧张和不安"关心的是服务对象目前的状况；"他遇到了什么麻烦"是想寻找问题；"他想告诉我什么"是想理解对方的处境。这些不同的探问方向通常让社会工作者不知所措：哪一个更好？怎样才能全面评估服务对象的需要？让我们先来看一个案例。

服务对象：平时也还好，生病的时候就想得很多，觉得做人没什么意思。不是我特别想读书、喜欢读书才考上大学的。总觉得自己盲目地跟人走，不知道这到底是不是我要的生活？真不想念了！

社会工作者：想想你父母吧！他们培养一个大学生很不容易。

服务对象：他们？哼！他们有弟弟就好了。

社会工作者：弟弟是他们的孩子，你也是嘛！哪有父母不爱自己孩子的？

当服务对象讲了自己在大学生活中不愉快的感受和困惑时，社会工作者应该怎样反应？"想想你父母吧！他们培养一个大学生很不容易。"社会工作者在劝说，不希望看到服务对象放弃学业。对社会工作者来说，放弃学业不是一个好的选择。当服务对象谈到对家庭的不满时，社会工作者仍旧采用劝说的方式："弟弟是他们的孩子，你也是嘛！哪有父母不爱自己孩子的？"很显然，社会工作者在两次劝说中依据的是自己的经验，而服务对象的感受和理解的方式却被忽视和遗漏了，社会工作者没有走进服务对象的生活，没有留给服务对象足够的空间和时间，让他谈谈自己想要的生活是什么以及家庭关系带给他什么压力。自然，这样的询问很难深入了解服务对象的真实感受和需要。

事实上，社会工作者在每一次观察和提问中都会让服务对象体会到，社会工作者是真正理解他还是自说自话。这就涉及两种基本的需要评估方式——以社会工作者为中心和以服务对象为中心。前者依据自己的好坏标准或者被社会认可的一般标准界定服务对象生活中的问题，了解问题背后的原因，并且设法解决问题，问题成了整个需要评估的中心，是联结所有社会工作服务的关键；后者不同，以服务对象为中心，"问题"只是帮助社会工作者找到服务对象日常生活中的冲突事件，由此了解服务对象怎样理解的自己生活、怎样处理自己生活中的困难，这样，冲突事件中的应对能力成了整个需要评估的焦点，是贯穿整个社会工作服务活动的核心（de Shazer，1994：66－67）。

简单地说，社会工作有两种需要评估方式：以问题为中心的服务对象需要评估方式和以能力为中心的服务对象需要评估方式。前者关注服务对象生活中不愉快的方面，以问题为中心开展各种社会工作服务活动；后者注重服务对象自身对生活的理解和处理方式，以能力为中心组织各种社会工作服务活动。

二 两种需要评估方式的基本逻辑

这两种社会工作的需要评估方式有什么特点？是怎样展开的？它们的基本逻辑是什么？我们来看看下面的案例。

服务对象：最近奖学金的事弄得很不开心，还有身体不好，经常胃痛。

社会工作者：奖学金对你来说很重要吗？你胃疼是不是因为压力太大？其实我个人认为是否得到奖学金并不重要，只要自己已经努力了就好。

......

社会工作者：我就简要分析一下你的症状吧！你小时候父母对你的要求很严格，而在心理上又不会支持、安慰你，使你的心理平衡机制被打破，开始出现无意识的引导状况……

显然，案例中的社会工作者运用的是以问题为中心的服务对象需要评估方式。在与服务对象的对话交流过程中社会工作者始终关注的焦点是服务对象的问题："你胃疼是不是压力太大？""我就简要分析一下你的症状吧！……"仔细观察和分析就会发现，社会工作者就像捕猎者，在服务对象的谈话中和各种行为表现中寻找与捕获各种与问题有关的信息，并将这些信息组合起来，从而明确问题背后的真正原因，并且根据问题的原因制订科学的服务计划以消除或者减轻服务对象的各种困扰。如果用图来表示，可以将上文简化为图 2-1。

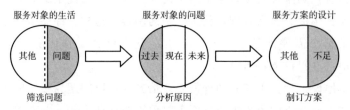

图 2-1 以问题为中心的服务对象需要评估方式

从图 2 - 1 中我们可以发现，在运用以问题为中心的方式评估服务对象的需要时，有一些基本的原则需要遵循。

（1）判定问题的标准。社会工作者在开展社会工作服务活动之前就需要了解和掌握哪些是健康的、哪些是非健康的、哪些是正常的、哪些是非正常的。有了这些标准，社会工作者才有可能像医生或者律师那样"客观"地判定服务对象的问题。

（2）问题的筛选。消除生活中的困扰是服务对象前来寻求帮助的目标，当然也是社会工作者评估的焦点。所谓评估就是社会工作者寻找和确定服务对象的问题，把那些与问题无关的信息剔除出去。

（3）原因分析。显然，了解问题还不足够，还需要把服务对象以往经历中与问题有关的因素找出来，真正掌握问题的根源和本质。

（4）方案制订。在了解问题原因的基础上就可以设计专门的服务计划，针对服务对象的不足部分进行修补或者治疗。当然，在问题还没有出现时，也可以采取预防的策略。

因此，以问题为中心的服务对象需要评估方式的基本逻辑可以简要概括为：

明确判定问题的标准——→筛选生活中的问题——→从过去经历中寻找原因——→制订修补不足部分的方案

接下来，我们分析一下以能力为中心的服务对象需要评估方式（见图 2 - 2），看一看它有什么特点以及它所依据的基本逻辑是什么。

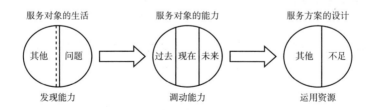

图 2 - 2　以能力为中心的服务对象需要评估方式

如图 2 - 2 所示，以能力为中心的服务对象需要评估方式与以问题为中心的服务对象需要评估方式很不一样，它有一些自己所要遵循的基本原则。

（1）服务对象的生活。服务对象虽然遇到了"问题"，但它并不是"问题"本身。他和社会工作者一样，有自己对生活的理解和要求。要了解服务对象，只有理解他的生活。如果社会工作者执着于自己的专业标准，就会听不到服务对象的声音，感受不到服务对象的内心体会。

（2）能力的发现。对社会工作者来说，最重要的不是寻找问题，而是发现"问题"中的能力，当然还包括发现"问题"之外服务对象在其他生活方面的能力。需要特别注意的是，服务对象的"问题"和其他方面是紧密相关的，只有放在一起，才能比较准确地了解服务对象的生活状况，把服务对象的生活视为一个整体。

（3）能力的调动。就服务对象而言，最重要的是改善目前的生活状况，与问题有没有关系并不重要，只要能够给服务对象的生活带来改善就是必要的。这样的动力既可以在服务对象过去的经历中寻找，也可以在现在的生活中或者对未来生活的期望和规划中寻找。

（4）资源的运用。从服务对象能够做的开始，才比较容易和他原有的生活联结起来。改变不仅需要从不足部分着手，也需要从其他部分着手。仅仅从服务对象的不足部分着手，很容易给他造成过度的压力。

我们总结一下以能力为中心的服务对象需要评估方式，它的基本逻辑可以概括为：

投入服务对象的生活——→发现生活中的能力——→调动整体的能力——→制订运用整体资源的方案

分析至此，我们可以把两种服务对象需要评估方式做一简要的比较，以便更清晰地了解它们之间的差异（见表2-1）。

表2-1　两种服务对象需要评估方式的比较

需要评估方式	依据的标准	关注的中心	分析的焦点	方案的设计
以问题为中心	社会工作者	问题	过去	不足部分的修补
以能力为中心	服务对象	能力（问题和其他）	过去、现在、未来	资源的运用（不足和其他）

三　如何全面评估服务对象的需要

相比较而言，以能力为中心的服务对象需要评估方式要比以问题为中心的服务对象需要评估方式更为全面、更为准确。但要真正做到以能力为中心评估服务对象的需要，可不是一件容易的事。我们平时都有这样的体会：遇到困难或者冲突的时候，首先想到的是"出了什么问题"，思路总是不自觉地围绕着"问题"打转。那么我们怎样在"问题"的束缚中放松一些，走出来看一看服务对象的能力呢？我们先来看一看下面这段服务介入过程中的对话。

社会工作者：他爸爸上午会不会回来？

服务对象的母亲：不知道，应该不会吧。

社会工作者：哦，我们本来是想今天能和他聊一聊，上次主要都是和你谈嘛，今天想听听他对孩子教育的想法。

服务对象的母亲：我们两个的教育方法根本就是相反的，他就是一点耐心都没有，全部都是我一个人在管，我真的觉得很累。（开始哭泣）

社会工作者：（注视着对方，没有说话。）

服务对象的母亲：不好意思。

社会工作者：我们知道，你的压力很大，希望孩子有一个好的未来。

社会工作者在服务对象母亲哭泣的时候只是关注着对方，没有说话，没有急着询问：为什么感到累？你们的夫妻关系出现了什么问题？而是让自己转到服务对象母亲的角度理解她的压力："我们知道，你的压力很大，希望孩子有一个好的未来。"可以看到，以能力为中心的服务对象需要评估方式要让服务对象感受到社会工作者和他站在一起，能够理解他的内心感受及状况。这就是我们经常说的社会工作的"同理心"（罗杰斯，1990：37～38）。这种同在的感受非常重要，是信任和谐的专业关系建立的基础，也是服务对象发生积极改变的必要前提。将自身置于服务对象的生活处境，体会服务对象的内心感受，与服务对象一起面对生活中的压力和挑战，这是以能力为中心的服务对象需要评估方式的核心。

从关注问题转换到关注服务对象的感受方式，看起来容易，但事实上这是最难的，也是最关键的一步。社会工作者尤其初学者经常会感受到"问题"（"他这样做就是不对的"、"没有对错不就没有标准了吗"、"了解问题才能解决问题"等）的吸引力。因此，不要把它看成一蹴而就的事情，这需要经常练习和提醒。在练习中最重要的是以下三点。

（1）学会不要评价服务对象，把服务对象视为与自己和其他人一样具有独特观察视角理解生活的人；

（2）学会愿意与服务对象一起面对生活中的困难和挑战，当然同时也是学会愿意面对自己生活中的困难和挑战；

（3）在感受上回应服务对象，让服务对象体会到同在的感受（具体的回应方式我们会在下一节中详细介绍）（参见林孟平，1993：114～115）。

将自身置于服务对象的处境中体会服务对象的观察视角的时候，社会工作者接着面临第二个转换：从关注问题转换到关注"问题"中的能力以及其他生活方面的能力，并且把这些能力作为一个整体来考察。这个转换的关键是社会工作者学会从整体的视角理解服务对象的生活状况。服务对象生活的整体如图2-3所示。

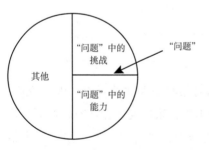

虽然服务对象经常和社会工作者谈论他的"问题"，但社会工作者应当清楚，"问题"只是服务对象日常生活中的一部分，它包括"问题"中的挑战和"问题"中的能力两个部分。除了"问题"之外，服务对象的日常生活还包括与"问题"没有密切关系的其他部分。这样理解服务对象的"问题"，才能做到全面、科学、

图2-3　服务对象生活的整体

准确，既不夸大"问题"，也不忽视"问题"，让"问题"回到它原来的位置。对服务对象来说，让"问题"回到它原来的位置，是让服务对象学会合理面对自己"问题"的第一步。

明确了服务对象的能力之后，社会工作者接着就需要面对第三个转换，即从关注服务对象过去经历的原因分析转换到关注服务对象过去、现

在和未来能力的调动上。在这个转换过程中，社会工作者需要牢记：与服务对象"问题"有关的因素可以影响服务对象，与服务对象"问题"没有关系的因素也可以影响服务对象，社会工作专业服务的关键是改善服务对象的生活，而不是对"问题"进行原因分析（O'Hanlon & Weiner-Davis，1989：40）。因此，只要是对服务对象生活有影响的因素，都可以作为改变的因素加以运用。另外，过去、现在和未来的因素并不是按直线方式排开的，而是以现在为联结点，服务对象怎样理解过去发生的事情以及怎样期盼未来才是关键。例如，父母的忽视和冷漠对孩子的成长有很大的影响，这些影响必须借助孩子现在对这件事情的记忆和感受方式表现出来。孩子怎样记忆和感受，意味着过去怎样影响孩子。同样，未来对孩子的影响也必须借助孩子期盼未来的方式来了解。

接着，社会工作者就面临第四个转换，从关注对服务对象不足部分的修补转换到关注服务对象整体资源的运用，既关注对服务对象不足部分的修补，同时也关注其他生活方面能力的运用，从服务对象能做的开始，增强服务对象整体的能力。要做到这种转换，社会工作者需要记住以下三点。

（1）学会从服务对象能做的开始。要让服务对象改变，除了提供明确的改变目标和方法之外，还有一项很重要的内容——改变要与服务对象原有的生活相适应。没有人能够脱离自己原来的生活经验学习新的东西。

（2）学会不要要求服务对象改变。初学的社会工作者很容易犯的一个错误就是：急于分析服务对象的问题，然后要求服务对象改变。在这样的要求下，改变就会成为社会工作者的愿望。一个好的改变计划应该以服务对象为中心，社会工作者只是跟随服务对象，协助服务对象更好地面对自己生活中的压力和困难。如果服务对象非常被动，社会工作者也会主动地指导服务对象，但这不是要求服务对象改变，而是提供一个更为有利的场景激发服务对象的内在动力。

（3）学会平衡改变和保护的要求。改变永远不是单向的，在带来现状改善的同时，也会增加冲突和风险，尤其服务对象的某方面比较脆弱时，这样的冲突就会更明显。事实上，在整个社会工作服务介入过程中，社会工作者既要注意服务对象现有生活状况的改善，也要注意服务对象现有生活中的冲突。

简单地说，要想全面评估服务对象的需要，就要实现四个方面的转换：从关注自己的好坏标准转换到关注服务对象的感受方式；从关注服务对象的"问题"转换到关注"问题"中的能力以及其他生活方面的能力；从关注对服务对象过去经历的原因分析转换到关注对服务对象过去、现在、未来能力的调动上；从关注服务对象不足部分的修补转换到关注服务对象整体资源的运用，真正实现以能力为中心评估服务对象的需要。

四 以能力为中心评估服务对象需要过程中容易出现的问题

通过上一节的分析可以发现，真正做到以能力为中心评估服务对象的需要并不是一件容易的事，需要不断地练习和反思。下面，我们就从实际的案例练习中学习如何运用以能力为中心的方式评估服务对象的需要。在开始练习之前，希望大家再读一遍上面几节的内容，牢记以能力为中心评估服务对象需要和以问题为中心评估服务对象需要的差别。

服务对象：我在高中时成绩很好，但暗恋她之后成绩一落千丈，非常糟糕。我当时又很孤僻，不敢和朋友讲，只和那个女孩的同桌讲。后来爸妈从我的日记里知道这件事。成绩下降之后，恶性循环，对我的自尊心、自信心打击非常大，因为之前我很自负、要强。之后觉得自己学业、情感上都很失败，觉得自己很没用。为了寻找自信，虽然心里喜欢她，但我又去追另一个女孩。追到了，开始还沾沾自喜，但又发现不行。这种情况不止一两次啊！

社会工作者：所以你觉得自己在玩弄感情，不道德。

显然，社会工作者在回应服务对象提出的问题时，过快地把自己的想法提出来作为对服务对象行为表现的总结："所以你觉得自己在玩弄感情，不道德。"此时，服务对象自己的感受还没有完全充分地表达出来，"玩弄感情"只是社会工作者的一种猜测。因此，社会工作者需要放慢速度，先听服务对象怎样解释这种令他感到不愉快的处境，可以这样提问："怎么不行？"或者"你说的'发现不行'是指什么？"

服务对象：这些事情她从来不想，脑子简单，一点计划也没有。昨天她去超市，说想买点东西寄回家。后来，她居然买回来罐头。我

说你寄什么特产不好，干吗寄这种全国都能买到的东西？她说你不就嫌邮费贵吗？你不就嫌我花你的钱吗？

社会工作者： 你那样问她，她不知道怎么答，就想出那句话。其实她不一定是嫌弃你花钱。

在上面的案例中服务对象谈了他与女朋友之间发生的冲突。作为社会工作者，尤其初学的社会工作者，通常不希望看到服务对象与周围他人发生冲突，有一种不切实际的想法和感受：和谐一致才是好的生活方式。因此，一见到冲突，社会工作者通常就会不自觉地紧张，想劝说服务对象减少与周围他人之间的矛盾："你那样问她，她不知道怎样回答，就想出那句话。其实她不一定是嫌弃你花钱。"只有让服务对象与周围他人之间的冲突显现出来，看他怎样面对和处理自己生活中的冲突，社会工作者才能站在服务对象的角度理解他的生活状况。社会工作者所要做的，不是掩饰服务对象日常生活中的冲突，而是和服务对象一起面对和处理他生活中的困境。因此，社会工作者可以问服务对象：我想，你是希望她能够寄一些特产回家，你当时是怎么和她说的？注意：这样的提问是想了解服务对象怎样面对和处理与女朋友之间的冲突。同样，也可以运用类似的方式了解服务对象的女朋友是怎样处理自己生活中的冲突的。

服务对象： 为了生弟弟，妈妈躲到农村去住，丢了工作，家里还罚了款。原来的大房子就成了现在又黑又挤的小房子。

社会工作者： 那你现在念大学了，正好换了环境，应该挺好的呀！

在上面的案例中，服务对象描述了自己生活中的重要变化："为了生弟弟，妈妈躲到农村去住，丢了工作，家里还罚了款。原来的大房子就成了现在又黑又挤的小房子。"在这种重要的变化处境中，服务对象一定有很多感受和体会，这是服务对象改变的起点。作为社会工作者，此时就需要将自身置于服务对象所描绘的处境中体会服务对象的感受和选择。因此，社会工作者可以选择继续倾听服务对象的讲述，或者问服务对象：那

你们怎么办呢?

社会工作者：到大学都快一个学期了，有什么感受吗?

服务对象：没什么特别的感受，你要真说有什么不同，就是觉得什么事都变成自己做了，特别是生活方面，都要自己安排。

社会工作者：这样不好吗?

服务对象：不好，像原来学习忙的时候，妈妈提前就准备好饭了，而现在无论多忙，只要不想饿肚子，就得自己去找饭。

社会工作者：呵呵，什么事情都依赖父母怎么行? 要自己学会独立，你终究是要长成大人的。

在上面的案例中，服务对象谈到了上大学之后面临的压力和挑战："特别是生活方面，都要自己安排。"此时，社会工作者并没有跟随服务对象的步伐转到服务对象的角度理解他的生活压力，而是依据自己的好坏标准判断服务对象的生活状况："这样不好吗?"当服务对象对此做了否定回答之后，社会工作者仍旧没有将自身置于服务对象的处境中倾听和理解服务对象的感受和经验，直接要求服务对象改变："要自己学会独立，你终究是要长成大人的。"

通过以上案例练习就可以发现，社会工作者要想全面评估服务对象的需要，首先需要学会将自身置于服务对象的处境中，倾听和理解服务对象的感受和经验，与服务对象一起面对生活中的压力和挑战。这是一种以能力为中心的评估服务对象需要的方式。

游戏活动：社会工作者的角色扮演

目标：

学会区分以能力为中心的服务对象需要评估方式和以问题为中心的服务对象需要评估方式。

步骤：

（1）每两位学生一组，一位扮演社会工作者，一位扮演服务对象。

（2）两人开展辅导对话，然后转换角色，每人扮演一次社会工作者，每次 5 ~ 10 分钟。

（3）准备好空白纸，记录自己在游戏中所提的问题并标明提问的时间次序。

（4）分析自己所提问题背后的基本逻辑，看看自己是否能够做到以能力为中心评估服务对象的需要；如果做不到，想一想可以怎样改进。

课 外 案 例 练 习

请运用以能力为中心的服务对象需要评估方式指出下面案例中需要改进的方面以及改进的具体方法。

课外案例练习 1

社会工作者：最近过得怎么样？

服务对象：你说呢？到了这种学校学这种专业，我当时第四志愿怎么就报了这个专业？不是说报专业要分层次吗？想不到会被扫进来，不知道以后怎么办？

社会工作者：可能是平常听说得不多，开办这专业的学校比较少，你可以上网查一下。农大网站上应该有专业介绍和今后的就业方向，不过热门的专业只有那几个。

课外案例练习 2

社会工作者：最近会不会有一些不顺心的事情啊？

服务对象：嗯，要说不顺心的事情，其实还好，就宿舍关系吧，有一点不开心。新上任了个宿舍长，变了很多，开始对我们求全责备了。

社会工作者：那是对你们有很多要求吗？

服务对象：是啊，开始很牛的样子。

社会工作者：比如说呢，哪些方面？是做宿舍里的事情吗？打扫卫生之类的？

课外案例练习 3

社会工作者：问题的出现是相互的，你看不惯他，或许他也会对你的态度改变不习惯，找个时间或者机会谈谈，也许会好一些。

服务对象：我知道，但是我不知道怎么开始谈这件事。他是那种连道谢都不会说的人，我也不喜欢低头（表情有些不自然）。

社会工作者：试着看能不能改善吧！你们交往的方式你应该清楚的，看一看能不能更好地接受对方。

课外案例练习 4

服务对象：我真的很讨厌我们宿舍的人。

社会工作者：怎么会呢？你一直都是人缘很好的啊！是大家的生活习惯不同令你不习惯呢，还是换了个环境令你不舒服？

服务对象：每次她们用我的东西都很随便，我从来没有说过什么，电脑、电话都是，但是她们连"谢谢"都不说一声。上次我刚买的洗衣粉就给我用了一大半，还到处乱扔，太欺负人啦！

社会工作者：这样不顾别人真是不好。

第二节 以能力为中心的服务对象需要评估的方法和技巧

通过第一节的学习我们可以了解到，服务对象的需要评估方式有两种：以问题为中心的方式和以能力为中心的方式。这里所说的能力并不是指与问题相对的优点或者长处，而是关注焦点的转变，从服务对象的角度体会和了解服务对象应对日常生活压力的方式。因此，以能力为中心的服务对象需要评估方式与以问题为中心的服务对象需要评估方式有着根本的不同，这里所说的能力是从服务对象的视角确定的。

一　以能力为中心的服务对象需要评估的准备工作

与服务对象正式面谈开始需要评估之前，社会工作者需要做一些准备工作，除了与服务对象确定面谈的时间、地点和基本安排之外，在专业服务上，也需要有所准备，其中有两项工作不可忽视：一是绘制家庭生态系统图；二是编制一日生活安排表。

社会工作与心理咨询不同，需要把服务对象放在特定的日常生活场景中，运用"人在情境中"的基本原则理解服务对象是如何在与周围他人的互动过程中形成日常生活中的需要的。这样，社会工作者就需要学会绘制家庭生态系统图，将服务对象的需要表现与周围他人联系起来，避免割裂地看待服务对象的需要，把服务对象的需要简化为服务对象自身拥有的需要。我们来看一看下面这个案例，注意如何呈现服务对象与周围他人之间的关系。

案例 2.1　"为了孩子"

服务对象，女，32岁，4年前与丈夫离婚后到东部的海滨城市打工，居住在城乡结合部的平房里。平房条件非常简陋，周围环境和卫生条件都不好。服务对象在一家电子企业上班，工作相对稳定，与同事的关系很好，和老乡也有来往。由于担心父母年龄大照顾不了自己的孩子，半年前把8岁的女儿接到自己身边，到自己打工的城市上学。服务对象发现，女儿虽然对学校的生活比较适应，跟班里同学的关系也比较融洽，但学习基础比较差，学习成绩不好，尤其数学经常不及格。班主任老师也向她反映过，孩子比较听话，从不违反课堂纪律，但上课常常走神，不知道在想些什么；而且孩子的学习接受能力比较弱，学东西比较慢，做题的速度也不快，看别人都做完了她还做不完就会急得直哭。最让服务对象感到不满意的是，孩子在家太调皮、不听话，做作业时还会和她讨价还价，甚至撒娇耍赖，而且孩子在老家养成了一些不好的行为习惯，如乱扔垃圾、从不整理自己的东西等，一时改不了。如果批评她，她就顶嘴。

面对案例2.1中的服务对象，社会工作者可以根据案例提供的资料绘制服务对象的家庭生态系统图。首先，社会工作者可以绘制服务对象的家庭结构图，将服务对象与其前夫和孩子的家庭关系完整地呈现出来，具体如图 2 - 4 所示。

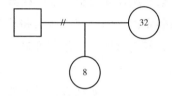

图 2 - 4　家庭结构图

从图 2 - 4 中我们可以发现，方格代表男性，圆圈代表女性，就夫妻关系而言，男性在左，女性在右；就代际关系而言，父母在上，子女在下；就互动关系而言，直线代表居住在一起，阻断线代表已经离婚。此外，社会工作者还需要根据案例提供的资料编制家庭生态系统图，从更大的社会交往范围来理解服务对象的需求，具体见图 2 - 5。

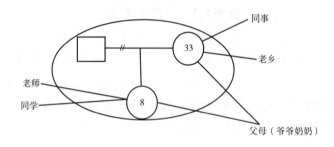

图 2 - 5　家庭生态系统图

借助图 2 - 5，社会工作者对服务对象需求的理解就不仅仅局限于家庭的范围，而是同时可以与服务对象日常生活中的其他交往关系联系起来，把其他交往关系也纳入考察的视野，更为全面地呈现服务对象日常生活中的交往状况。显然，从家庭生态系统出发理解服务对象的需求才能真正融入服务对象的日常生活，站在服务对象的角度理解服务对象需求的内涵，这样理解服务对象的需求才能更为准确、更为客观。

除了家庭生态系统图之外，一日生活安排表也是帮助社会工作者理解服务对象需求的重要工具。所谓一日生活安排表就是选取服务对象典型一天的生活，把这一天生活安排的内容按照 3WH（where、what、whom、 how）4 个方面呈现出来，以便社会工作者找到最佳的介入时间、对象、地点、内容、合作者以及介入的方式等，避免介入活动给服务对象造成不必要的负担和损失。我们还是以案例 2.1 为例子，案例中的服务对象每天的基本生活安排如下。

服务对象早晨 6 点起床，洗漱之后就开始做早餐，7 点和女儿一起吃早餐，7：20 吃完早餐送女儿上学，大约 7：40 赶到学校，看着女儿走进学校之后就去上班，8：20 赶到工厂，8：30 开始上班；中午 12 点下班，但因为时间紧张就留在工厂吃饭，让女儿在学校就餐；下午 1 点开始上班、5 点下班，下班后到学校接女儿回家，大约 6 点开始做晚饭，晚上 7 点开始吃晚饭，8 点收拾完，之后辅导女儿的学习直到女儿完成作业，一般晚上 11 点入睡。

根据服务对象典型一天的生活安排，社会工作者可以绘制服务对象的一日生活安排表，将服务对象一天的生活安排完整、系统地呈现出来，具体见表 2 - 2。

表 2 - 2　服务对象的一日生活安排表

时间	地点（where）	内容（what）	合作者（whom）	方式（how）
6：00 ~ 7：00	卫生间、厨房	洗漱、做早餐	独自	
7：00 ~ 7：20	餐厅	吃早餐	女儿	催促
7：20 ~ 7：40	上学路上	送女儿上学	女儿	叮嘱
7：40 ~ 8：20	上班路上	上班	独自	
8：20 ~ 17：00	上班	工作	同事、管理者	任务安排
17：00 ~ 18：00	下班	接女儿回家	女儿	询问上课情况
18：00 ~ 20：00	厨房、餐厅	做饭、吃饭	女儿	听女儿讲故事
20：00 ~ 11：00	卧室	辅导学习	女儿	指导
11：00 ~ 11：30	卫生间	洗浴	独自	

仔细阅读表 2 - 2 就可以发现，服务对象在一天的生活安排中面临什么具体的挑战，其中哪个时间段遇到了困难需要社会工作者的帮助、她与女儿之间的冲突表现在哪个方面、发生在什么时间等。这样，社会工作者就能够比较准确地了解服务对象的需求，从而精准地确定服务介入的地

点、时间、内容、合作者和方式等，保证社会工作专业服务"有的放矢"，用最低的成本达到最佳的效果。

二　以能力为中心的服务对象需要评估的基本观察视角

如何从服务对象的视角确定服务对象的能力？这是这一节探讨的重点，我们先来看一个案例。

案例 2.2　"看，我的布娃娃漂不漂亮?"

服务对象，女，13 岁，上小学六年级。服务对象平时空闲时喜欢用不用的碎布装饰自己的布娃娃，把布娃娃打扮得很漂亮。为此，母亲经常生气，认为服务对象学习不用功。服务对象的母亲下岗，家里的经济来源主要靠父亲和哥哥。由于父亲和哥哥有工作，家务和孩子的学习由母亲负责。母亲不识字，只能督促孩子学习。服务对象的学习成绩一直不好，尤其数学基础比较差，而且兴趣不高，虽然努力过，但收效甚微。服务对象比较喜欢语文和英语，因为这两位老师上课很风趣。周末时，服务对象不喜欢出门，怕别人嘲笑家里的境况。服务对象和老师的交流不多，比较内向。老师和父母都希望孩子的学习成绩能够有所提高，性格外向一点。

看了这个案例之后，我们接下来的任务是确定服务对象的能力。通常我们会特别关注服务对象的优点和长处，我们把这个案例中服务对象的能力概括为以下三点：

（1）比较喜欢语文和英语；

（2）喜欢用不用的碎布装饰布娃娃；

（3）家庭经济来源比较稳定。

这样确定服务对象能力的标准和方式是与问题、不足相对的，即把能力视为服务对象问题、不足的反面。现在，我们要转换视角，把自身置于服务对象的处境中，看一看她的能力的表现在哪些方面。

（1）与母亲交流比较多，母亲督促服务对象学习（服务对象与母亲的沟通交流方式）；

（2）虽然服务对象学习成绩不好，但能够坚持下来（服务对象平时的学习习惯和方式）；

（3）在基础不好、兴趣不高的情况下，服务对象依然能够坚持（服务对象在这样的情况下维持学习和生活的方式）；

（4）曾经努力过，没有明显的改变（服务对象做过什么努力，什么方式有点效果、什么方式没有效果；没有效果之后，服务对象面对和处理失败经验的方式）；

（5）比较喜欢语文和英语（服务对象的喜欢方式，及其对语文和英语学习的影响方式）；

（6）感到两位老师上课很风趣（服务对象感到两位老师上课风趣的事件和经验，她与这两位自己喜欢的老师的沟通方式）；

（7）喜欢用不用的碎布装饰布娃娃（服务对象做自己比较感兴趣的事情的方式和感受）；

（8）服务对象在周末独立安排自己的生活（服务对象在周末安排自己生活的方式）；

（9）经济来源比较稳定（服务对象花钱的方式）；

（10）服务对象与老师交流不多，比较内向（服务对象与哪些同学、老师交流，交流的方式）。

这样的能力我们还可以列出一些。有意思的是，当我们转换到服务对象的视角看他的能力的时候，能力的范围扩大了，不仅包括优点和长处，而且包括有些之前看是"不足"和"问题"的部分；即使是优点和长处，也与以问题为中心的确定方式所确定的不同。以问题为中心评估服务对象需要的方式是一种结构式的因果分析，即把服务对象视为一个独立的单位，他的周围是外部环境，理解分析的焦点是服务对象个人怎样适应外部环境或者外部环境怎样影响个人。这样的理解方式与我们在实际生活中的经验不同。在实际生活中我们都能体会到，人的任何内心感受变化和行为表现都是回应外部环境要求的方式，两者之间不是因果联系，而是对话交流的过程，任何一方都以另一方为条件。以能力为中心评估服务对象需要方式的核心，就是希望抓住服务对象与外部环境互动交流的特点，以动态的、互动式的方式理解服务对象在与环境交流过程中的各种内心感受的变化。因此，在以问题为中心的服务对象需要评估的方式下，能力就是服务对象适应或者改造外部环境的能力；而在以能力为中心的服务对象需要评估的方式下，能力就是服务对象在理解和回应外部环境或者他人要求过程中的有效方式。简而言之，以能力为中心的服务对象需要评估方式把服务对象的生活视为在与外部环境或者他人交流的过程中的理解和选择，服务对象的理解和选择一定与外部环境的要求联结在一起。

但是，我们在日常生活中总是喜欢寻找问题产生的原因，很自然地把服务对象的生活分为内部的和外部的，然后确定问题产生的主导原因和外部条件。这样的理解方式就会忽视服务对象的内心感受与外部环境要求之间的紧密联系，很容易出现或者夸大个人内部心理的因素或者夸大外部环境的作用等现象。

服务对象经历了几次考试失败之后告诉社会工作者："我很笨，什么事情都做不好。英语不及格，数学也没有通过。""我很笨，什么事情都做不好"是服务对象对自己经验的总结，他把原因概括为"我很笨"。如果我们转换运用另一种表述方式，把服务对象的感受与他的外部环境要求联结在一起就可以这样表述："这次我没有通过英语、数学考试，让我感到很失望。"那么，这两种表述方式有什么不同？前者把服务对象没有成功处理生活中的压力简化为个人的原因，无视失败感受的外部环境条件，夸大了个人内部心理的因素；后者把"问题"放回到服务对象处理外部环境要求的互动过程中，使服务对象的失败感受与具体的场景联系起来。显然，后一种方式对服务对象生活状况的理解更为深入、准确，把"问题"被夸大的部分或被忽视的部分重新显现出来。下面，我们来做一个课堂练习，注意把握以能力为中心评估服务对象需要的基本视角——服务对象在与外部环境互动交流过程中的理解和选择。

课堂练习　2.1 🖊

转换语言表达方式，从以问题为中心的方式转换到以能力为中心的方式。练习的左边是以问题为中心的方式，右边是以能力为中心的方式。通过转换，让心理感受与具体的外部环境要求联结起来。

1. 对自己不满的表达

我真笨——没有做到……让我感到很失望

我很担心——事情这样发展（或者你怎样做）让我很担心

2. 对别人不满的表达

我恨他们——他们这样做、这样想让我感到很伤心

他们嫉妒我——他们这样做让我感到不舒服

3. 对自己满意的表达

我真聪明——能解决这个问题（能这样做）让我感到很自豪

我挺有人缘的——和他们交往，我感到挺舒服的

4. 对别人满意的表达

他们真好——他们这样做让我感到很高兴

我喜欢他们——他们这么做、这么想让我感到很舒服

课堂练习 2.2 📝

记录过去生活经历中让你讨厌的人或事，把这种令你感到讨厌的事实描述转换为对话的过程描述，并且体会两种语言表述方式的不同。

令你感到讨厌的事实描述(是什么)	对话的过程描述(怎样)
1.	1.
2.	2.
3.	3.
……	……

通过以上的课堂练习可以发现，人的任何内心感受都与具体的外部环境的要求紧密联系在一起，是一种对话交流过程中的理解和选择。以能力为中心的服务对象需要评估方式就是以此为基本的观察视角，要求社会工作者转换到服务对象的位置把握服务对象在与外部环境交流过程中的理解和选择——能力。

三　以能力为中心的服务对象需要评估的基本方法和技巧（一）——倾听

有了基本的观察视角之后，我们接着就需要转向更微观、更具体的方面——以能力为中心的服务对象需要评估的方法和技巧。这一部分将介绍三种最基础也是最重要的社会工作技巧——倾听、同理和具体化。所谓倾听就是用耳朵听服务对象的故事讲述，用心理解服务对象故事的含义。尽管我们每天都在听周围人的故事、交流彼此的感受，但是真正能够做到用心倾听却不是一件容易的事情。我们来看一看下面这个案例。

案例 2.3 "很乖，很听话"

服务对象是小学三年级的学生，学习很不好，在班里几乎是倒数。通过和不同科目老师联系我们了解到，相对来讲服务对象几乎没有一科是比较突出的。语文老师说，很长的一篇文章要求概括大意，服务对象就用一句很短的话概括，要她再多说一点，她都说不出来了，老师调侃说，她的"概括能力极强"。询问她的英语学习情况时，英语老师也连连摇头。服务对象在学校表现很乖、很听话，从来不给老师惹事。但是，服务对象上课从不主动举手发言，如果被老师叫起来回答问题，声音也非常小。语文老师说，服务对象的智力没有问题，就是基础太差，还推测说这与家长和家庭环境有很大的关系。服务对象现在的班主任是位数学老师，也是刚接手这个班不久，不是很了解服务对象的情况。她唯一的评价是，这个孩子很静，学习不好。

在案例 2.3 中，社会工作者通过倾听服务对象身边重要他人的讲述，了解到服务对象在学校生活中面临的一些困难，如"学习很不好"、"很乖、很听话"、"从不主动举手发言"、"声音非常小"等，但是仔细分析就会发现，这些描述都不是服务对象自己的看法，而是不同科目老师的认识。他们通过与服务对象接触和交流发现服务对象有上述这些特征。显然，在实际生活中每个人都有自己讲述生活故事的方式，社会工作者到底倾听谁的——服务对象的还是周围他人的？如果社会工作者希望了解服务对象的需要，就要站在服务对象的位置，理解服务对象看困难的角度和方式。因此，社会工作者需要寻找机会直接与服务对象交流，听一听服务对象自己对日常生活的看法和感受。可见，社会工作所说的倾听是指站在讲述者的角度理解讲述者的生活。明确了社会工作者倾听时所站的位置之后，我们再来分析一下下面这个案例。

案例 2.4 "我最喜欢认生字"

语文老师告诉社会工作者，服务对象反应很慢，背课文很困难，成绩不好。为了准确了解服务对象的学习能力，社会工作者在入户进行学习辅导时让服务对象读了一篇课文，她完整地将这篇课文读了下来，课文中的生字也认得不错。服务对象说，她最喜欢认生字，喜欢《坐井观天》这篇课文，她可以整篇背下来。接着，服务对象在社会工作者面前背了《坐井观天》这篇课文。

　　仔细阅读案例2.4就会发现，服务对象在社会工作者面前的表现，与语文老师的看法很不一样，她能够完整地把课文读下来，而且喜欢认课文中的生字，但是语文老师认为，服务对象"背课文很困难"、"反应很慢"。这两种不同的看法到底哪个是真实的？面对这种冲突的场景，初学的社会工作者常常纠结于谁对谁错，实际上这两种不同的看法都有自己的依据，社会工作者需要倾听的不是哪个人的看法，而是站在服务对象的位置理解服务对象故事中的冲突，就像上面案例中服务对象自己的看法显然与语文老师的不同，两者存在明显的冲突。正是因为有了冲突，服务对象的日常生活才有了必须改变的前提。当然，在日常生活中这样的冲突有时非常明显，一眼就能看出来；有的冲突则不那么明显，需要细致地观察和分析。

　　一旦日常生活中出现了冲突，就需要人们去关注，采取相应的应对措施。不过，这样的应对措施并不总是有效，有时甚至还可能带来更多的困扰，使服务对象的生活陷于困境，出现"问题"。我们来看一看下面这个案例，注意分析服务对象在困境中选择了什么样的应对方式。

案例2.5　"我每天不看孩子的照片无法入睡"

　　5年前，服务对象驾车出了车祸，孩子意外身亡。从此之后，服务对象无法开车、坐车，甚至看到车就紧张。孩子死后，服务对象把孩子的照片放在自己的床边，每天都要仔细看几遍。

　　服务对象：我现在很苦恼，看到车就紧张，头疼，上街也不敢上。

　　社会工作者：那件事对你伤害很深，是吗？

　　服务对象：是啊，我每天不看孩子的照片都无法入睡。

　　社会工作者：一直是这样吗？

　　服务对象：是啊，从那件事之后，我总觉得对不起孩子。虽然我也知道这是意外，但要是那天我不开车就好了。唉……

　　从案例2.5可知，服务对象经历车祸之后，面临对车敏感以及无法入睡的困难，他采取的应对方式是"把孩子的照片放在自己的床边"，每天都要"仔细看几遍"。表面上，这样的行为方式是"创伤后遗症"的表现，是"问题"的一部分，但是仔细分析就会发现，这样的行为方式恰恰是服务对象面对困境的应对方式，其中包含着有效部分的"能力"（如服务对象看了孩子的照片之后还是能够入睡的），也包含无效部分的"问题"（仍旧觉得"对不起孩子"）。可见，社会工作者需要倾听的是服务对象在日常生活中应对冲突的方式，包括其中仍旧有效部分的能力和无效部分的"问题"。

四 以能力为中心的服务对象需要评估的方法和技巧（二）——同理

实际上，在专业服务开展的过程中，纯粹的倾听是非常少见的，社会工作者在使用倾听技巧时总是伴随着同理，这不仅是因为在倾听时社会工作者需要转换到服务对象的位置上理解他们故事的内涵，而且更为重要的是，在情感上能够相互交流，产生共鸣，这就是人们常说的同理。所谓同理是指社会工作者将自身置于服务对象的处境中体会服务对象面临的生活压力和挑战，并且在感受层面上回应服务对象内心变化的技巧。[①] 我们先来看一看下面这个案例。

案例 2.6 "他为什么不喜欢我?"

服务对象，女，20 岁，大学二年级学生。她与男朋友谈了两年的恋爱，现在两个人要分手了。她不知道为什么男朋友要与她分手，一直弄不明白，没有人给她答案，她不承认自己会输给那个什么都不如她的女生。她还是天天给男生打电话，有时候是轻松地谈笑，更多的时候是争吵、质问。可是没有结果，什么都没有。她很痛苦，很矛盾，她忘不了他们之间发生过的事。

现在她对什么都没有兴趣，学习上完全不用心，天天上网也是为了等那个男生，几乎每天晚上都会打电话（这是她延续了近一年的习惯）。她恨自己，讨厌那个女生，对那个男生则是又爱又恨。她感觉自己很孤独，

---

① 卡尔·罗杰斯把同理视为促使服务对象改变的三个辅导条件（一致、无条件积极关怀和同理）之一，详细内容参见罗杰斯，1990：74。

没有一个人能够理解她。她喜欢上网，见了谁都说这些事，有时候甚至故意跟那个男生现在的女朋友提他们以前的事情，去刺激那个女生。有时甚至用死来吓唬那个男生，看他为自己紧张，这样来自我安慰。可是，有时候又会很痛苦，恨自己为什么不能摆脱。

如今她喜怒无常，时而哭时而笑，自己都觉得自己像个疯子。虽然在别人的眼中，她依然是个很优秀的人，老师也很信任她，可是她说，只有自己知道自己是什么样子。

当社会工作者面对这样的案例时，能做什么？服务对象非常了解自己的处境，也知道这样纠缠下去不好，但又无法解脱。事实上，服务对象在寻求帮助时通常处于这样的矛盾处境：一方面对目前的生活状况感到不满，希望改变；另一方面又发现自己很难从原来的生活方式中解脱出来。设想一下，如果社会工作者此时能够将自身置于服务对象的处境中体会服务对象感受到的压力，服务对象会有什么变化？除了找到可以倾诉的对象减缓内心的压力之外，服务对象还感受到来自周围他人的支持，增强积极改变的力量。

同理是社会工作专业服务介入最基本的技巧，也是影响力的技巧之一。但要真正掌握同理的技巧却不是一件容易的事，尤其对初学的社会工作者来说，会不自觉地运用自己的价值标准分析服务对象的问题，帮助服务对象"出谋划策"。在社会工作服务介入过程中，社会工作者首先要做的不是替服务对象"出谋划策"，而是：①将自身置于服务对象的处境中体会他所承担的压力；②肯定服务对象内心积极改变的愿望；③赞赏服务对象的成功经验（O'Hanlon & Weiner-Davis，1989：16）。也就是说，同理有三个层次——压力同理、愿望同理和经验同理。我们来看一看下面三段辅导过程中的对话。

服务对象的母亲： 你不知道，要不是为了孩子，我早就离开这个家了。我被孩子打成这个样子，我自己都感到害怕……我都快受不了了，只要他不打人就好。

社会工作者： 我知道这样的母亲非常不容易，但如果现在你不帮孩子一把，那将来会是怎样？

服务对象的母亲： 你不知道，孩子父亲扔下孩子不管，让我整天照顾他。而他每天上班，对孩子不管不问……

  社会工作者：下次面谈就请你丈夫和你一起来，好吗？

  当服务对象的母亲描述自己面临的生活压力时，社会工作者没有评价谁对谁错，而是将自身置于对方的处境中尽可能地体会对方感受到的生活压力。注意，首先，体会服务对象感受到的压力并不意味着社会工作者的感受要与服务对象一样（服务对象感受到沮丧，社会工作者也要感受到沮丧）。事实上，这是对社会工作者的考验，是否愿意而且能够与服务对象站在一起面对生活中的不幸和压力。其次，社会工作者的同理不要仅仅停留在语言层面上，而应是内心真实的体会，真正让服务对象体会到共在的感受。

  服务对象的母亲：语文他自己有预习，数学没有，只是不懂的我帮他看。

  社会工作者：是你要求的还是他自己要预习的呢？

  服务对象的母亲：他自己预习的。

  社会工作者：哇，孩子对语文比较感兴趣噢！

  服务对象的母亲：他比较喜欢语文老师，语文老师会不断鼓励他。

  社会工作者在与服务对象交流的过程中要有一双慧眼，注意发现服务对象内心中积极改变的愿望。虽然服务对象的语文成绩一般，但是社会工作者还是迅速对服务对象积极改变的愿望给予肯定。这样的肯定是非常必要的，尤其当服务对象面临比较严重的困扰时，这一点非常重要。当然，在肯定时还需要包容服务对象的"不足"。保持肯定和包容的平衡非常必要，这样才能避免给服务对象造成过大的改变压力。

  服务对象的母亲：我们不拿自己父母的身份来压他的。

  社会工作者：嗯。

  服务对象的母亲：我自己也发现，如果用命令的口气，他会有抵触情绪，反而效果不好。有时我一急，很大声说话，他也会说："妈妈，你干吗这么大声？"但有时我就是控制不了自己。当我发脾气、很大声时，我会跟他说"对不起"。

　　社会工作者：阿姨，你做得很好了。你很用心，慢慢地会更好的。是啊，我们有一些需要调整的地方也是慢慢来的，很难一下子完全改变。

　　对于服务对象母亲的成功经验——"如果用命令的口气，他会有抵触情绪，反而效果不好"，社会工作者给予及时的赞赏，目的是肯定服务对象母亲已有的成功经验，让服务对象的母亲继续运用自己成功的经验应对日常生活中的挑战。在肯定服务对象母亲的成功经验时，社会工作者一定要选择恰当的表现方式，做到自然亲切。

　　同理这一社会工作服务介入技巧看上去简单，但要运用得好却不容易，需要在自己的日常生活中不断练习。不要把它仅仅当作一种技巧——转换位置、肯定积极改变的愿望、肯定成功的经验，同时还要作为生活的态度和方式，真正学会站在他人的角度理解和欣赏他人的能力。

　　五　以能力为中心的服务对象需要评估的方法和技巧（三）——具体化

　　很多社会工作者在面对服务对象时，经常会出现这样的困惑：不知道提问什么？怎样提问？与倾听和同理这种支持性技巧不同，具体化是一种影响性技巧，它是针对服务对象的某一困惑所采取的具体的指导性服务技巧，是把服务对象有关是什么的问题本质描述转化成问题是怎样产生的过程描述的技巧（Anderson，1993：307－308）。通过这种转化，社会工作者就能够将服务对象关注的焦点从原来的有关"问题"的因果分析转变为与外部环境互动交流过程中的体验和选择，进而从中发掘服务对象在日常生活交往中的各种能力。我们来看一看下面的案例。

　　服务对象：就是觉得心理有些问题，处于一种亚心理状态，好长时间都这样。以前还有些奋斗动力，可是现在……像今天的数学考试，我只在昨天突击了一下；前几天化学考试不及格，只考57分。好郁闷啊！

　　社会工作者：心里有些不舒服，能具体说一下吗？

> **服务对象：**进入大学以后觉得应该放松一下，对学习也不那么用心，开始逃课。你知道我们学的是基础学科，毕业之后工作也不好找。总之，就觉得上大学没劲，像是浪费时间。但也不能和父母说，我是我们村里第一个考上重点大学的。真是郁闷！

服务对象通常对自己的"问题"有一些抽象的概括，像"觉得心理有些问题"、"亚心理状态"等，社会工作者需要将这样的本质描述具体化为服务对象与外部环境的互动交流过程，所以需要继续提问："能具体说一下吗？"把"亚心理状态"等抽象的概念具体化，了解服务对象所说的"亚心理状态"指的是什么，它包括学习上的压力、专业的压力以及亲属的压力。当然，社会工作者可以就某一方面进一步具体化，例如，可以继续问服务对象：现在对你来说，在学习方面最让你感到有压力的是什么？然后就这一学习主题进一步具体化。值得注意的是，具体化的目标不是为了具体化本身，而是为了发掘服务对象的能力。像上面这个案例，通过具体化之后我们才能了解服务对象的一些能力，如希望改善目前的状况、希望学有所用、希望珍惜大学学习的时光、希望不要辜负亲属的期望等。这些能力在具体化之前很难被发现。

> **服务对象：**近一段时间心情一直很不好。
> **社会工作者：**从什么时候开始的？
> **服务对象：**这个学期开学吧！和男朋友分手了……
> **社会工作者：**是啊！对谁来说都不容易。你现在怎么让自己淡忘一些、轻松一些？

提问时间是具体化常用的一种方式，通过提问时间可以让服务对象的注意力转向事情的发展变化过程，从而可以了解服务对象在事情变化过程中的理解和选择，把服务对象内心的感受变化与外部环境的要求紧密联系起来。如果服务对象描述的事情比较久远或者对事情发生的时间比较模糊，此时，社会工作者可以提问最近的时间。例如，社会工作者可以提问：最近让你感到最不舒服是什么时候？将服务对象的内心感受具体化。不管是提问最初的时间还是最近的时间，最好进一步询问服务对象感受的变化（Boscolo，Cecchin，Hoffman，& Penn，1987：13 - 15）。例如，社会工作者可以进一步提问：与最初（最近）相比，有什么变化？这样，就可以进一步发掘服务对象在回应外部环境要求过程中所表现出来的能力。

社会工作者：什么事让你伤心？

服务对象：说不清楚，可能就是自己心情的问题。有时莫名其妙地就会很不开心。

社会工作者：你能说一说印象最深的一次吗？

如果服务对象说不清楚事情发生的具体时间，社会工作者可以采用"印象最深"的方式问服务对象，让服务对象描述事情具体的发展变化过程。如果服务对象仍旧无法说出印象最深的事情，社会工作者可以用"问题带来变化"的方式提问（White & Epston，1990：38 - 39）。例如，社会工作者可以问服务对象：有了这种不安的感觉之后，你的日常生活（学习、工作、家庭生活等）有什么不同？让服务对象具体描述与外部环境互动交流过程中的处理方式，从而发现服务对象的能力。

虽然在讲解以能力为中心的服务对象需要评估的方法和技巧时把倾听、同理和具体化分开来介绍〔像倾听分为三步：（1）转换位置，（2）体会冲突，（3）关注应对；同理分为三种：（1）压力同理，（2）愿望同理，（3）经验同理；具体化分为四种：过程描述、提问时间、印象最深和问题带来变化〕，但这样的安排只是为了讲解的需要，在实际工作中各种技巧是不能分开的。我们来看一看下面这段服务介入对话，注意社会工作者所使用的技巧以及要达到的目标。

社会工作者：这周过得怎么样呢？

服务对象的母亲：这周他得到老师的奖励了。

社会工作者：是吗？太好了，什么奖励？

服务对象的母亲：老师说他有进步，奖励他的。孩子，你去把奖励拿来给老师看看。

（服务对象飞快地跑进房间，拿出一张印着"进步明星"的白卡片。）

社会工作者： 哇，还是明星啊，真棒！是哪个老师奖给你的呀？

服务对象： 语文老师。

社会工作者： 怎样才能得到这个奖呢？

服务对象： 有三种——一种是"优秀明星"，一种是"进步明星"，一种是什么，我忘了。十几张明星卡片可以换一张金卡，有了金卡，就可以有一节课不用上课，到操场玩或者到图书馆看课外书。

社会工作者： 哇，你们老师真用心，非常好！你目前得到几张了？

服务对象： 三张"进步明星"。这张是……

社会工作者： 真厉害。有没有"优秀明星"呢？

服务对象： 没有。

社会工作者： 老师有没有说是因为你哪方面进步了呢？

服务对象： 上课认真听或者考试有进步。

社会工作者在这段对话中既运用倾听、同理的技巧，又运用了具体化的技巧。在知道服务对象这周得到老师的奖励之后，立即回应对方的感受："太好了，什么奖励？"当服务对象拿出"进步明星"白卡片时，社会工作者接着肯定服务对象的改变愿望："还是明星啊，真棒！"像"是哪个老师奖给你的呀"运用了具体化中印象最深的技巧，"怎样才能得到这个奖呢"运用了具体化中的过程描述技巧，而"你目前得到几张了呢"运用了具体化中的提问时间的技巧。这些具体化技巧的运用，是为了巩固服务对象的成功经验。社会工作者在这段对话中最后的提问"老师有没有说是因为你哪方面进步了呢"仍旧运用了具体化的技巧，不过同时增加了其他的技巧——社会支持，把服务对象与周围他人联结起来。有关社会支持的技巧我们将在第四章中具体介绍，这里不再赘述。

六　以能力为中心的服务对象需要评估的基本类型

学了以上这些内容之后，我们就能置身于服务对象的处境中，运用同理和具体化的技巧发掘和调动服务对象的能力。服务对象的能力具体包括哪些方面？怎样才能全面评估服务对象的能力？当社会工作者与服务对象进行长时间对话时，一定会面对这些问题的困扰。怎样把服务对象的丰富资料联系起来成为社会工作者可以轻松驾驭的内容，这是我们接下来要探讨的主题。我们先来看下面这个案例。

案例 2.7　听话的孩子

　　站在我们面前的是一个非常听话的女孩，12 岁，小学五年级学生。无论老师还是同学给她的评价一致是：非常文静、非常听话。老师补充说，虽然她的学习成绩不好，尤其数学和英语只能考二三十分，但从不扰乱课堂秩序，总是静静地坐在自己的座位上。如果遇到值日，她总是默默地干活。服务对象的父亲因为吸毒、贩毒而被判刑，母亲在孩子 1 岁的时候离开了家。服务对象由爷爷、奶奶带大。1 年半前爷爷去世了，现在家里只剩下奶奶和服务对象。奶奶今年 72 岁，身体不好，腿有残疾，行走很不方便。奶奶见了熟人就会说："我走了，孙女怎么办？你看她什么都不懂，好不容易凑齐交学费的钱也管不好被人抢了，还不敢告诉老师，怕给别人添麻烦。"老师非常同情服务对象的处境，有时主动上门帮助服务对象辅导功课。

　　我们进入服务对象的家中，看到孩子正拿着刚买回来的两块小饼干对奶奶说："奶奶，我买了两块小饼干，你尝尝，如果好吃的话，再买一块，好吗？"服务对象从不主动和别人打招呼，但也不讨厌和别人交往；学习比较被动，英语只能认识 26 个字母和一些简单的单词，但作业能够按时完成。语文是各门功课中相对比较好的，能够主动复习和预习，尤其喜欢朗读。有时，也会自己动手剪纸，做些小装饰。平时在家经常帮奶奶干家务，如买菜、买东西、打扫卫生等。但是因为身体比较弱，经常生病，耽误了学习。

　　在与服务对象面谈的过程中，社会工作者通常会有这样的感觉：随着谈话的深入，了解的内容越来越多，同时也越来越模糊、混乱，不知道怎样把这些看似不同的资料联结起来，找到明确的提问方向。不论服务对象谈论什么，通常只会涉及三个方面的内容："问题"、优势和日常生活安排。其实，这也是服务对象能力表现的三个方面，或者说服务对象能力的三种基本类型，即"问题"中的能力、优势中的能力和日常生活安排中的能力。所谓"问题"中的能力是指服务对象在面对"问题"时所表现出来的能力；优势中的能力是指服务对象在面对自己比较擅长、比较自信的生活方面时所表现出来的能力；日常生活安排中的能力则是指服务对象在面对生活中最基本的日常安排时所表现出来的能力，如日常作息安排、饮食习惯、日常的待人接物中所表现出来的能力。

如果以案例 2.7 为例子，我们可以把服务对象三种不同类型的能力概括为表 2－3 的内容。

表 2－3　案例2.7 中的三种不同类型的能力

"问题"中能力的评估	优势中能力的评估	日常生活安排中能力的评估
1. 英语能够认识 26 个字母，能够认识一些简单的单词； 2. 数学能够按时交作业； 3. 不主动交往，但也不讨厌与别人交往； 4. 很听话，不扰乱课堂秩序，能够体贴别人	1. 喜欢语文，尤其喜欢朗读，主动复习和预习； 2. 喜欢自己动手剪纸，做些小装饰； 3. 值日非常认真、吃苦	1. 作息和饮食情况（平时作息时间的安排和饮食的安排）； 2. 经常帮助奶奶干家务，如买菜、买东西等

当社会工作者将自身置于服务对象的处境中，把服务对象的生活视为在与外部环境互动交流过程中的理解和选择，并且运用同理和具体化的服务介入技巧发掘和调动服务对象的能力时，心里一定要有三种类型能力的图像。这样，才能明白自己现在站在什么位置，接着可以朝什么方向努力。如果社会工作者的提问集中于"问题"中的能力，接着就需要转向优势中的能力和日常生活安排中的能力；同样，如果提问集中于优势中的能力或者日常生活安排中的能力，接着就需要转向其他两种类型的能力。每一种能力都是服务对象生活的一部分，都是使服务对象发生改变的必要组成部分。一个有效的社会工作服务介入策略一定是对服务对象整体的把握。接下来，我们将深入探讨每一种类型能力的服务介入方法和技巧；再来梳理怎样把这三种不同类型能力的服务介入方法和技巧整合起来。

游戏活动：

1. 记录这一周语言表述的方式，把令你感到讨厌的事实描述转化为对话的过程描述。

令你感到讨厌的事实描述（是什么）	对话的过程描述（怎样）
1.	1.
2.	2.
3.	3.
……	……

2. 在课后寻找一个交谈对象，尝试运用以能力为中心的服务对象需要评估方法和技巧展开对话，并记录对话过程。

课 外 案 例 练 习

请运用以能力为中心的服务对象需要评估的方法和技巧指出下面案例中需要改进的方面以及改进的具体方法。

课外案例练习 1

服务对象是在校的女大学生，性格比较内向，学习比较被动。服务介入的焦点是帮助服务对象改善人际交往关系。前两次服务介入取得了明显的效果，建立了比较信任的关系。但在第三次服务介入中出现了新的情况，让社会工作者措手不及。

就在第三次面谈中，服务对象向社会工作者主动提起她母亲有外遇这件事。当时她情绪很激动，还哭了，社会工作者慌了，脑子里一片空白。没办法，社会工作者安慰了服务对象一下，等她平静下来社会工作者就草草结束了这次服务介入。社会工作者当时觉得自己没有能力帮她解决这个问题，想绕开这个话题。

课外案例练习 2

服务对象：我心里一直都很烦，可不知道从哪里开始说。

社会工作者：没关系，你慢慢随便说吧，你可以一点一点地把你的不开心说出来。就从你现在不开心的事开始说吧！

服务对象：我觉得……觉得和其他同学在一起有很大的压力。

社会工作者：能具体一点吗？比如说为什么会有这种压力？什么时候开始的？和其他人一起也会有这种压力吗？

服务对象：具体我也不知道什么时候有这种感觉的，也许我家里条件差，他们看不起我吧！

社会工作者：其实每个人的出身背景是不能选择的，这不是你的错，你也不要自责。对了，他们是怎么样看不起你的？

服务对象：我不知道怎么说，反正是我感觉到是这样的。

社会工作者：你的意思是说，他们看不起你只是你的感觉，对吗？他们没有很明显的这方面的举动，是吗？

课外案例练习 3

请把下面案例中服务对象三种不同类型的能力找出来填入表中。

"问题"中的能力	优势中的能力	日常生活安排中的能力
1.	1.	1.
2.	2.	2.
3.	3.	3.
……	……	……

服务对象13岁，上小学五年级。服务对象的母亲下岗，父亲患慢性疾病，家里的经济状况比较差。服务对象敏感、懂事，经常帮助母亲做家务，陪父亲散步，但学习成绩一直不好，尤其数学经常不及格，受到老师批评。老师认为服务对象基础差，学习不努力。服务对象平时比较喜欢体育活动，经常与同学一起玩。服务对象有一同龄的好朋友，总是一起上学、一起回家。晚饭后，母亲为了养家糊口经常出门干临时工，10点钟才能回家。服务对象在家独自完成作业，大部分时间一个人看电视。母亲对孩子的学习态度很不满意，认为孩子学习不主动，需要别人催促才能完成作业，而且经常敷衍了事。

第三节 "问题"中能力寻找的方法和技巧

如果服务对象被"问题"所困扰，服务介入的谈话主题一定先围绕着"问题"展开。被"问题"困扰得越严重，谈话的内容就越不能离开"问题"。对社会工作者来说，面对被"问题"困扰的服务对象，首先要做的是，在服务对象的"问题"中寻找能力，让服务对象逐渐学会从"问题"中看到能力。

一　"问题"中能力寻找的方法和技巧（一）——对话问题

其实，在日常生活中我们每个人都会遇到问题，但要让问题真正成为困扰自己的"问题"，通常还需要另一个过程：逐渐感觉到自己没有办法有效处理面临的"问题"。此时，我们通常会不自觉地夸大外部环境或者他人的因素，认为自己是无辜的；或者夸大自己个人的因素，责备自己。个人内心感受的变化与外部环境要求之间的紧密关系遭到破坏。对话问题就是根据这样的情况提出来的专业服务技巧，希望服务对象不要把"问题"简单归因为个人内部因素或者外部环境，而是作为服务对象与外部环境互动交流过程中的理解和选择。我们来看一看下面这段服务介入的对话。

服务对象：我和宿舍的同学处不好，有压力。

社会工作者：你能说得具体一些吗？

服务对象：我们宿舍的两个同学根本不顾别人，晚上上网很晚，开着灯，键盘敲得很响。有时还大声聊天。真是过分！

社会工作者：宿舍有没有其他同学？

服务对象：还有一个，比较胖，是那种倒头就能睡着的人。但我睡不着，和他们说了，好了几天又是老样子。真是没有办法。

社会工作者：是啊，遇到这样的事情谁都头痛。你能说一说是怎么和他们说的吗？

服务对象与室友相处不好，发现其中两位同学"晚上上网很晚，开着灯，键盘敲得很响"，认为"真是过分"。经过几次努力之后，发现他们"好了几天又是老样子"，感到"没有办法"。有意思的是，服务对象在冲突、受挫之

后把原因归结为外部环境，用单一的对错标准简单判断谁是谁非，没有把他人视为与自己一样具有不同生活经验和价值标准的人。如果转换到与外部环境对话交流的角度，服务对象与宿舍同学之间的交往不仅涉及对错的价值标准，还涉及相互影响的过程。因此，社会工作者首先回应服务对象的感受："遇到这样的事情谁都头痛"，接着把"问题"（"真是过分"、"真是没有办法"）转向对话："你能说一说是怎么和他们说的吗？"把"问题"放回服务对象与周围他人的对话交流过程中，从而发现其中的能力和需要改进的方面。可见，所谓对话问题就是指把服务对象归因外部环境的问题转变为对话交流，拉近"问题"与服务对象的关系，让两者相互对话。

上面案例提到的是把"问题"归结为外部环境的现象，有时，社会工作者也会遇到把"问题"归结为内部因素的现象。我们来看下面这个案例。

服务对象：我最近很烦，睡不着觉，经常失眠，有点神经衰弱。

社会工作者：什么时候开始的？

服务对象：这个学期吧。开学之后就没睡个好觉。

社会工作者：感觉到什么方面的压力？

服务对象：你知道，像我们这种冷门专业以后就业不容乐观，想多学些读研究生，但又担心在国内读书学不到什么。有时，又想出国，到国外学习，但又不知道怎样申请。就这样反反复复，不知道做什么好。眼看都已经大三了，再过一年多就要毕业了，心里很着急。

社会工作者：是啊，压力不小！这也挺现实，读研究生还是出国留学？我想，其他同学也会面临类似的压力吧！

服务对象进入大学三年级学习，面临继续读研究生还是出国的选择，"不知道做什么好"，"心里很着急"，感觉"很烦"，"有点神经衰弱"。显然，服务对象把压力的原因归结为个人内部因素。对于这样的服务对象，就需要把"问题"从服务对象身上拉远一些，使"问题"与具体的环境条件联结起来，变成与"问题"对话交流的关系。因此，社会工作者在回应了服务对象的感受之后，接着把"问题"拉远一些："其他同学也会面临类似的压力吧！"概括起来，对话问题的技巧可在两种情况下运用：①服务对象把"问题"的原因归结为外部环境，在这种情况下采用

拉近"问题"的方式；②服务对象把"问题"的原因归结为个人内部因素，在这种情况下采用拉远"问题"的方式。

初学的社会工作者对此一定会感到疑惑：为什么要运用对话问题的社会工作技巧，看不到它有什么明显的功效，而把它放在"问题"中能力寻找的方法和技巧中的首要位置来介绍。作为社会工作者都有一个不自觉的梦想：能够像医生一样手到病除地解决服务对象的"问题"。很遗憾，这样的梦想潜伏着很大的危险。如果社会工作者以这样的梦想指导自己的工作，就会迫不及待地为服务对象提供"问题"的解决方法，希望立即把"问题"消除掉。社会工作者越不希望看到"问题"，"问题"越像影子一样跟随着社会工作者，因为"问题"永远伴随着健康的担心而来。作为社会工作者一定要看到，"问题"也是有功效的，它迫使服务对象面对平时不愿意面对的东西。只有在面对"问题"的时候，服务对象才会反思自己的生活状况，调整自己的行为方式。因而，"问题"是服务对象能力发展的重要契机。如果社会工作者过快地给予服务对象解决"问题"的答案，导致的结果是，剥夺了服务对象认识自己、发展自己的空间和时间。虽然服务对象的"问题"解决了，但服务对象的能力并没有得到提升。对话问题的核心是让社会工作者的目标不要停留在"问题"解决的层面，而是通过"问题"引导服务对象面对生活中的压力和挑战，并在寻找解决"问题"的答案的过程中提升自己的能力。

在运用对话问题技巧时还需要注意另一个常见的现象：因为直接面对生活中的"问题"，多少会带来紧张和不安，社会工作者需要特别留意服务对象的感受，不要让压力太大，使服务对象无法承担。因此，在运用对话问题技巧时最好配合同理的技巧，从服务对象能做的着手。当然，也可以穿插优势中能力发挥的技巧，提高服务对象的自信心和成功的经验感受。有关优势中能力发挥的技巧，我们将在下一节的内容中介绍。

二　"问题"中能力寻找的方法和技巧（二）——寻找"问题"中的成功经验

对社会工作者来说，始终都需要学的是：怎样从服务对象的"问题"中发现成功经验（O'Hanlon & Weiner-Davis，1989：39）。这些成功经验因为受到"问题"的影响，往往被服务对象忽视。社会工作者需要帮助服务对象寻找隐藏在"问题"中的成功经验。在倾听服务对象的故事时，社会工作者要把自己置于服务对象的处境中，体会服务对象在面对和处理压力过程中所表现出来的成功经验。我们来看看下面这些服务介入过程中的对话。

社会工作者：您也很喜欢安静，是吗？

服务对象：是啊，都58岁了，没几天好活了，就要死了，人年纪大了，又有心脏病，吵就很烦，心口烦（摸胸口）。有时候，晚上睡不着，10点睡，1点就起来了。

社会工作者：那您怎么办呢？

服务对象：我听老人说，过了1点就很难再睡着了。我就数屋顶上的那个圆柱子，以前的那个房顶上都是圆的柱子。（服务对象转向社会工作者，社会工作者点头。）

社会工作者：那您现在还失眠吗？

服务对象：没有，现在很好睡，有时候看电视看到12点，就睡着了，醒了就到6点了。

当服务对象描述自己晚上睡不着时，社会工作者立即把关注的焦点集中在服务对象怎样面对这个"问题"上，帮助服务对象寻找面对和处理这个"问题"的方法：数屋顶上的那个圆柱子。接着，社会工作者继续提问应对这个"问题"的效果："那您现在还失眠吗？"直接找出服务对象"问题"中的成功经验是最常用的"寻找'问题'中的成功经验"的技巧。这项社会工作服务技巧运用得好坏取决于社会工作者能否以能力为中心真正欣赏服务对象在日常生活中表现出来的能力。

社会工作者：您有没有比较聊得来的邻居？

服务对象：没有，都是一样的，聊不下去，他们的情况都比我好。只是有时候门开着，我就隔着（铁）门和他们打声招呼"回来了"；平时我都是关上门，泡泡茶，睡一下。

社会工作者：他们不主动和您讲话吗？

服务对象：没有，都是聊了两句就没什么话好说了。我一想到家里的情况，老婆又是那样（服务对象的妻子患精神疾病二十多年），儿子又找不到工作，聊不下去了，他们家都比我好。心里不舒服，有压力，没有高兴的时候。都是那样，聊了两句就聊不下去了，他们家里的条件都比我好。

　　社会工作者： 阿姨（服务对象的妻子）有没有特别高兴的时候？

　　服务对象： 没有，就那样，一有动静就开始闹，头脑有问题，穿鞋要穿两三双，说保护她的心脏。有时候做饭啊，不得已弄出点声音，她就要闹，说吵，说烦。有时候实在忍不住了，我就和她争几句。

　　社会工作者： 那孩子呢？

　　服务对象： 他不和我聊天，我说什么他都听不进去的，都不听的。又没用，不爱读书，读到初中就不读了。现在连工作也没有。

　　社会工作者： 照顾妻子，担心孩子，自己还有工作，真是不容易！您是怎么坚持下来的？

　　服务对象： （服务对象的眼圈开始发红）我能怎么坚持，都怪我自己的命不好。

　　有些时候，我们会遇到上面这个案例中的情况，很难在服务对象的生活中找到一些让人感到愉快的成功经验，服务对象的生活似乎都被困难紧紧包裹着，让人透不过气来。这个时候，社会工作者如果仍然坚持寻找服务对象生活中的成功经验，就会与服务对象之间形成比较大的张力。其实，并不是服务对象没有能力，而是社会工作者喜欢把能力定义为让人感到愉快的成功经验，以至于很难看到在照顾患有精神疾病的妻子、担心孩子的工作以及完成自己本职工作中所蕴藏的能力。设想一下，如果服务对象放弃自己的坚持，这个家庭会怎样？社会工作者的提问"您是怎么坚持下来的"，就是希望能够找到服务对象在"问题"掩饰下的能力（Nichols & Schwartz，2004：318 – 319）。

　　另一种寻找"问题"中的成功经验的常用技巧就是关注例外情况（Berg & de Shazer，1993：9）。所谓例外情况是就服务对象总是提及"问题"而言的，这个时候服务对象很容易忽视其中所隐藏的例外情况，看不到其中的能力。我们先来看下面这段服务介入过程中的对话。

　　社会工作者： 你们平时和谁交往？

　　服务对象的母亲： 我们住这里才一年多，和邻居不熟悉。他们都爱说闲话。我担心他（40 岁的儿子，患有精神疾病）被人欺负，所以没让他和邻居交往。

社会工作者：亲戚呢？

服务对象的母亲：平时很少来往，只是逢年过节的时候走走。

社会工作者：过节的时候，哪些亲戚会常走动？

服务对象的母亲：我还有一个女儿，已经成家了，不住在这里，逢年过节的时候会过来看看我们。还有老家的一些亲戚，也会……

显然，社会工作者是希望帮助服务对象寻找周围的社会支持，当问及平时的交往状况时，服务对象的母亲回答："平时很少交往，只是逢年过节的时候走走。"这样的回答很容易忽视例外情况——逢年过节所蕴藏的资源。因此，社会工作者继续提问："过节的时候，哪些亲戚会常走动？"希望借此找到服务对象"问题"中的资源，进而找到其中的成功经验。可见，社会工作者在倾听服务对象描述的过程中需要特别关注一些可以引申出成功经验的例外情况，像"平时"、"经常"、"总是"等，对这些例外情况进行提问，可以帮助服务对象找到"问题"中的成功经验。

三 "问题"中能力寻找的方法和技巧（三）——提问程度

服务对象的能力的改变并不是一蹴而就的，需要逐渐培养和发展。因此，日常生活中更为常见的现象是，虽然服务对象的"问题"没有彻底消除，甚至可能没有多大的改观（在一些慢性疾病患者身上尤为明显），但这并不意味着服务对象的能力没有变化。运用提问程度的社会工作专业服务技巧，就是为了发现服务对象实际能力的变化。我们先来看下面这段服务介入过程中的对话。

社会工作者：这几天来有什么给你印象最深的事和感受？

服务对象：印象最深的，没有。有些感受，觉得以前看事情、想事情比较主观，现在比较现实一些。

社会工作者：现在与以前看事情、想事情有什么不同？

服务对象：以前不愿意面对现实，总是以自己的角度解释，所以比较主观。现在首先看现实，然后再去想。

　　社会工作者：在感受上有什么不同？

　　服务对象：以前和现实总有一种隔阂感，现在在减少，感觉能够触摸到现实。

　　社会工作者：你自己评估一下，这种隔阂感减少了多少？

　　服务对象：大约70%。

　　社会工作者：太好了！还剩下30%。你用什么方法让自己首先看到现实的？

　　服务对象在回答自己在感受上的变化时说："以前和现实总有一种隔阂感，现在在减少，感觉能够触摸到现实。"这样的回答比较笼统、模糊，不容易让服务对象真正感觉到自己的进步和改变。因此，社会工作者接着运用了程度提问的技巧："你自己评估一下，这种隔阂感减少了多少？"（Nichols & Schwartz，2004：318－319）希望帮助服务对象找到"问题"中的能力。所谓提问程度就是将服务对象的改变程度明确化，帮助服务对象认识到自己的进步和变化。需要注意的是，提问程度之后经常会伴随具体化的提问技巧，像上面这个案例，社会工作者接着提问："你用什么方法让自己首先看到现实的？"帮助服务对象总结实现改变的具体做法。只有这样，服务对象才能按照自己总结的这些有效方面对和处理剩余的30%的"问题"。

　　运用提问程度的技巧，也可以将服务对象目前的状况与以前的状况进行比较，从而明确服务对象能力改变的情况（Boscolo，Cecchin，Hoffman，& Penn，1987：13－15）。下面这个案例是比较典型的前后状况对比的实例。

　　服务对象：上个学期语文老师评价我的时间观念差。

　　社会工作者：时间观念差是什么意思？

　　服务对象：就是经常迟到什么的。

　　服务对象的母亲：他不着急，告诉他要迟到了，快一点，快一点，他还是慢吞吞的，好像迟到了没有关系。

　　社会工作者：这个学期呢？有什么变化没有？

  服务对象的母亲：这个学期好一些，不会这样了。

  社会工作者：那就是时间观念上有进步了。

  服务对象只注意到语文老师对他的评价是时间观念差，而社会工作者希望服务对象能够从发展变化的角度理解自己的生活状况。因此，社会工作者运用了提问程度的社会工作专业服务技巧："这个学期呢？有什么变化没有？"把服务对象这个学期的状况与上个学期的状况进行比较，以便帮助服务对象找到"问题"中的能力。不过，在这里，社会工作者最好接着运用具体化的社会工作专业服务技巧，帮助服务对象总结具体的成功经验，而不是仅仅停留在已经取得的进步上。当然，社会工作者也可以把服务对象目前的状况与未来的理想生活状况进行比较，例如，社会工作者可以提问：你觉得目前的状况和你的理想生活状况有什么差距？打算怎么做？

  简单地说，提问程度的社会工作专业服务技巧有三种常见的运用方式：①对目前生活状况进行评估；②把目前的生活状况与过去的生活状况进行比较；③把目前的生活状况与未来的理想生活状况进行比较。在运用提问程度技巧时，社会工作者不要把关注焦点仅仅放在比较上，同时还要让服务对象了解自己能力的提高情况，并且掌握维持改变的具体方法。

  如果一个正在被"问题"困扰的服务对象找到你，作为社会工作者，你首先需要放下成为手到病除的专家的梦想，借助对话问题的服务技巧与服务对象一起面对日常生活中的压力和挑战，给予服务对象充分的发展空间和时间，并且通过寻找"问题"中的成功经验和提问程度等服务技巧，帮助服务对象看到自己的能力，感觉到自己的进步。

  游戏活动：让身体说话

  目标：学会关注身体的需求，保持身心平衡。

  步骤：

  （1）让学生合上书本，停止手头的工作，找一个自己比较放松的姿势；

  （2）调节呼吸，大约 2 分钟；

（3）闭上眼睛，深呼吸，大约 2 分钟；

（4）倾听身体说话，如肚子是否饥饿、身体是否疲惫等，大约 5 分钟；

（5）睁开眼睛，记录身体说的话。

课 外 案 例 练 习

请运用"问题"中能力寻找的方法和技巧指出下面案例中需要改进的方面以及改进的具体方法。

课外案例练习 1

服务对象：是，她夸我和批评我都太主观，她根本不了解我，也没有试图了解过我，但却自认为了解我，所以说出的话我觉得很有隔阂，不符合实际。比如说，她总会说我的好，说我有各方面的能力，甚至达到一种"盲目"的程度，而实际行动上却处处把小事说成关乎以后成功与否的原则性大事，让我觉得很压抑。（沉默了一会儿）我和我妈说话的时候会习惯性地逆反。

社会工作者：为什么呢？

服务对象：我想让她改变自以为是的看法，她总是拿很多大道理说我，我会觉得她看轻我。而且之前她总是在言谈中涉及一些神啊、上帝啊，我觉得这些对我解决问题无益，与我也不相干。但是她总拿这些"教育"我，刚开始还不觉得什么，久而久之，她的话题只局限在这个上，让我很困扰。

社会工作者：你不喜欢你妈这样跟你说话？

课外案例练习 2

服务对象：口是心非，她要是真的说出来了也没什么啊，为什么一定要这样做呢？

社会工作者：那这个影响到你的工作和学习吗？

服务对象：有啊，前段时间真的是烦透了，什么也做不出来。我们最近在做一个课题，正好我们俩又是一个小组的，她根本就不积极配合，搞得我们的工作很难继续下去。那段时间心情真的是糟透了！

社会工作者：那段时间你是怎么调整自己的呢？

服务对象：我把自己的状况告诉了老师，然后和老师谈了一下，其实我们谈的那一个小时也倒真没说些什么，但是对我的影响却还是很大的，反正我现在的态度也就是那样的，她爱怎么样就怎么样，如果她不认真对待我们小组作业的话，我也不会管那么多。实在不行的话，就按老师说的那样调整一下呗！

课外案例练习 3

社会工作者：噢，是这样。那你现在有什么打算？

服务对象：我现在就是希望她能够天天不在宿舍。这样的话，我们宿舍里3个人的生活也会比较和谐，我们也都习惯那样的生活了，她在的时候反而会觉得特别别扭。

社会工作者：那她现在在宿舍里还是会那样沉默吗？你们还是很少交流吗？

服务对象：对啊，她基本上是不怎么讲话的，我和那个关系比较好的都不怎么理她。她自己好像也开始意识到这个了，所以她没事就找另一个女生说话。

课外案例练习 4

服务对象：我一般是晚上1点左右睡觉，有时候也会2点多、3点睡觉，不过比较少。早上6点起床。

社会工作者：起得这么早，真的很勤奋啊！那这样平时上课的状态怎么样？

服务对象：状态还好吧，因为差不多已经习惯了，所以早上一到6点就醒了。

社会工作者：哦，其实我觉得做一件事情能坚持是很不容易的，是什么力量能让你一直这样坚持呢？

服务对象：呵呵，其实人都是一样的，冬天的时候，谁不想在被窝里多睡一会儿呢？特别是看到别人还在睡觉、别人还在玩的时候，你就得背着书包去自习室或者图书馆学习，有时候还是很挣扎的。

社会工作者：对啊，很不容易啊，我觉得有时候我也很有惰性。但是你还是坚持下来了，能跟我说说你在这其中的感觉吗？当你实在不想去自习的时候你是怎么做的？

服务对象：其实，大一上半年的时候，我的学习成绩并不是很好。有一次高数考得很糟糕，全班有十几个同学没有及格，而我就是其中的一个。当时我真的很受打击，所以就打电话回家了，在话筒里对着爸爸大哭了一场。我爸爸跟我说，我数学的底子本来就不是很好，所以，只要尽力就好了，不要太责备自己。但我还是很不甘心，我心里想，我总不能就这样等着挂科吧！不管结果如何，总得做点什么。

第四节　优势中能力发挥的方法和技巧

无论服务对象的"问题"多么严重，都可以在他的生活中找到让他感到轻松愉快或者让他感到满意的方面——生活中的优势（佛瑞德门、康姆斯，2000：144～148）。哪怕只是一刹那，但对服务对象来说也是非常重要的。发挥服务对象优势中的能力，不是仅仅称赞服务对象优势的方面，而是通过优势中能力的发挥改善服务对象的整个生活状况，更为重要的是，优势中能力的发挥可以让服务对象学会以不同的态度对待生活，即把生活中的限制不是看成"问题"，而是视作条件，在现有的条件下充分发挥自己的优势。对中国社会工作者来说，引入优势中的能力还有特别的意义，因为我们目前面对的服务对象很大一部分没有明显的"问题"，如果简单地运用西方的治疗模式，都从"问题"着手开展社会工作专业服务，显然很难适应中国本土的实际情况；如果从服务对象的优势入手，就能很自然地与服务对象建立相互信任的专业服务关系。

一　优势中能力发挥的方法和技巧（一）——明确目标

让服务对象发挥优势中的能力的一种很重要的方法，就是帮助服务对象明确目标，让服务对象了解自己要得到什么、要做什么。我们先来看一看下面这段服务介入过程中的对话。

　　服务对象：这是我写的一些感受。（本子上写了服务对象的两个愿望和不可能做到的原因）

　　社会工作者：非常好！你有两个比较明确的愿望，但是比较远一些。你能不能制订一个短时间的、到这个星期五之前的行动计划？

　　服务对象：我觉得首先需要考虑好各种情况，制定一个长远的目标，然后是中期目标，然后是具体目标。这样，行动起来就比较明确。

　　社会工作者：我们先把长期目标放一下，就制订这四天的行动计划，好吗？

　　服务对象：好吧。制定一个目标。

　　社会工作者：我是指这四天内要做的事情。

　　服务对象：好的。找份有前途的工作。

　　社会工作者：另外呢？

　　服务对象：读半本《开放社会》。

　　这里所说的目标不是宏大的计划，也不是长远的目标，而是服务对象在一定时间内想做的事情。这里有两个方面需要社会工作者予以特别关注。①明确目标的作用。帮助服务对象明确目标不是为了评价服务对象是否有理想，而是通过具体可行的目标带动服务对象的行动，并通过行动调整服务对象内部心理的状况，改善服务对象与周围他人的关系，提高服务对象的能力。它的基本逻辑可以概括如下。

　　因此，目标的可行性非常重要。从上面这个案例中我们可以看到，社会工作者要求服务对象"就制订这四天的行动计划"，背后就是这个用意。当服务对象回答"找份有前途的工作"，社会工作者并没有停止追问。为什么？因为影响"找份有前途的工作"的因素太多，作为目标仍有很大的风险。相比较而言，"读半本《开放社会》"比较可行。②明确目标

的时间限制。如果实现目标的时间拖得太长，服务对象很快就会失去兴趣，回到开始的生活状态；如果目标很容易实现，不需要花多少时间，也很难带动服务对象改变。确定合适的时间限制是使用明确目标专业服务技巧中的关键因素之一。通常一个星期之内比较好，当然还要看服务对象自身的状况，比如，服务对象的年龄、身体的状况等。自身的状况是影响确定合适的时间限制的重要因素。在具体的实践中，我们一般遵循这样的原则：先从容易的开始，然后根据服务对象的完成情况把时间限制调到比较合适的范围。

社会工作者在第一次帮助服务对象明确目标的过程中，很难准确把握服务对象的状况。这个时候我们通常运用两种技巧来补救。①和服务对象一起讨论具体的目标，让服务对象自己选择比较适合他的目标。这样的安排仍有一些不足的方面，例如，服务对象的年龄比较小或者身体状况不佳就无法做到理性选择自己的目标。此时，就需要运用第二种技巧。②先尝试一次，然后再调整。社会工作者可以告诉服务对象：我们先按新的目标试一周（一次），然后视情况再做适当的调整。这样既可以减轻因要求服务对象改变带来的压力，也可以为下一次的服务介入做好准备。

帮助服务对象确定一个比较合适的目标并不是一件容易的事，社会工作者经常会发现，服务对象的回答很多时候并不明确。我们来看一看下面这个案例。

社会工作者：你最希望做什么？

服务对象：学习成绩提高，老师不再批评我。

社会工作者：那你期末考试想考多少呢？

服务对象：班里最好！

社会工作者：还有其他愿意做的事吗？

服务对象：去麦当劳。如果妈妈能陪我，那就最好了。

在这个案例中社会工作者运用了明确目标的服务技巧，而服务对象的回答是："学习成绩提高，老师不再批评我。"显然，无论"学习成绩提高"还是"老师不再批评我"都不够具体，没有能够和具体的行动要求

联结起来。此外，像"班里最好"、"去麦当劳"都太抽象。在这样的情况下，社会工作者就需要继续提问，帮助服务对象进一步明确目标。如社会工作者可以问服务对象：你打算这个学期末语文学习成绩提高多少、数学提高多少、其他科目提高多少？明确了目标之后，社会工作者接着要把目标与具体的行动联结起来。只有这样，才有可能帮助服务对象并为他带来新的感受、新的人际交往，发挥服务对象优势中的能力。社会工作者可以问服务对象：要达到这个目标，你觉得每天要做些什么？谁可以支持你做到这些？

在帮助服务对象明确目标的过程中，另一种常见的情况是服务对象的目标非常明确具体。例如，在我们帮助过的小学生中有的孩子非常明确地告诉我们：他这个学期期末数学和语文都要考90分以上，希望得到一双溜冰鞋或者其他某项具体的奖励。这样明确的目标当然能够带动服务对象行动，但是社会工作者要明白，如果把服务对象的目标仅仅限定在"一双溜冰鞋"上，暂时也许能够带动服务对象改变，但从长远看服务对象的能力发展反而会受到限制，因为服务对象其他方面的动力被限制住了。因此，社会工作者在帮助服务对象实现目标的过程中要加入其他的因素，如注意寻找服务对象的兴趣爱好、在服务对象实现目标的过程中增加社会支持的内容等，使服务对象在实现目标的过程中不仅体会到得到某种奖励的快乐，而且能力能够真正提高。

二　优势中能力发挥的方法和技巧（二）——寻找兴趣爱好

服务对象的兴趣爱好也是优势中能力发挥的重点之一（梅，1996：85）。我们都有这样的体会，一个人如果专注于自己的兴趣爱好的话，他所表现出来的能力可能与平时完全不同。这个时候他的专注力、对自己的自信以及处理外部环境要求的能力等都能够很充分地表现出来。因此，询问服务对象的兴趣爱好是了解服务对象能力的一个很重要的方面，也是启动服务对象改变的重要着力点。我们来看一看下面这个案例。

社会工作者：各门功课中你最喜欢哪门？

服务对象：语文。

社会工作者：为什么？

　　服务对象：语文老师讲课讲得很生动，经常说一些很动人的故事，而且语文老师对学生特别好。我们班很多同学都喜欢她的课。

　　社会工作者：你能说一说语文老师讲得很生动的故事吗？

　　服务对象：我们语文老师姓吴，上个星期她给我们讲了一个很好笑的故事……

　　社会工作者：她平时经常用这种方式上课吗？

　　服务对象：是的。

　　社会工作者：你刚才说，你们语文老师对同学特别好，真的吗？

　　服务对象：当然是真的！她特别关心学生，经常问我们学习有什么困难，还经常家访……

　　寻找服务对象的兴趣爱好通常不是一件很难的事情，但社会工作者容易忽视的是，把目标仅仅集中在寻找服务对象的兴趣爱好上，找到服务对象的兴趣爱好就算了，这样对推动服务对象改变没有多少益处。寻找服务对象兴趣爱好的目的是希望发现服务对象优势中的能力，并以此为基点把它延伸到服务对象生活的其他方面。在上面这个案例中，社会工作者找到了语文是服务对象的兴趣爱好，但没有就此止步，而是继续提问服务对象："你能说一说语文老师讲得很生动的故事吗？"这样的提问是想了解服务对象是怎样与语文老师交流的、服务对象容易接受什么样的交流方式。注意，社会工作者的提问一定要细致到具体的感知觉的交流方式。只有这样，才有可能把服务对象兴趣爱好中的能力延伸到生活中的其他方面；同时，社会工作者也可以运用这样的方式与服务对象交流，提高服务介入的效果。

　　很多时候，社会工作者在运用寻找兴趣爱好这个服务技巧时会发现这样一个基本的困难：服务对象的兴趣爱好与周围他人的要求有明显的冲突。例如，有些小学生直接告诉社会工作者，他们对学习没有任何兴趣，希望有更多的时间玩；而父母却认为，孩子只知道玩，学习不用心。遇到这样的案例怎么办？如果社会工作者关注服务对象的兴趣爱好，就会与服务对象的父母发生冲突；如果社会工作者不关注服务对象的兴趣爱好，又很难调动服务对象的积极性。这样的情况已经不仅涉及服务对象能力的发掘和运用，还涉及与周围他人社会支持关系的建立和扩展。因此，社会工作者需要从两个方面（能力的发掘和运用、社会支持关系的建立和扩展）

介入这种类型的案例，可以先增加一点玩的游戏，调动服务对象的学习兴趣；然后发掘服务对象学习中的能力，改善学习效果；接着要求服务对象的父母给孩子多一些自己选择的空间，缓解父母与孩子之间的紧张；接下来可以把游戏和学习结合起来，逐渐改变孩子的学习方式。这种类型的案例有两个介入的要点：①介入的步伐不能太快。例如，开始时只能增加一点玩的游戏，如果太多，服务对象的父母不会认同，而且孩子也会把学习扔在脑后，对双方都没有好处；②服务对象能力的提高一定要和周围重要他人的改变结合起来。只强调服务对象自身的兴趣爱好，一定会导致与周围重要他人之间的冲突加剧，最终又会反过来限制服务对象兴趣爱好的发挥。

三 优势中能力发挥的方法和技巧（三）——肯定优势中的成功经验

成功经验是服务对象的重要资源，在成功经验中服务对象可以远离"问题"的困扰，看到自己所具有的能力，体验生活中的愉快。尤其对被"问题"严重困扰的服务对象来说，如果能够帮助他找到成功的经验，就可以迅速缓解服务对象内心的压力。我们来仔细看一看下面这个案例。

社会工作者：看看你记录的这周表现情况。

服务对象：对对，那个，我找一下。

（服务对象开始想去他的地盘——客厅玩具一角——找，社会工作者看到摆在钢琴上的乐谱下压着一张有彩笔字的大纸。）

社会工作者：是这个吗？

服务对象：哦，对对对。你们看。

社会工作者：这个我们不怎么看得懂啊（全部都是服务对象自己记录的，记得很有条理），你给我们念念吧！

服务对象：好吧！（服务对象开始给我们念，每天的记录包括欺负几个同学、课堂表现、加分。）

社会工作者：你这个课堂表现"优"是什么意思？

服务对象：就是好嘛！

社会工作者：那为什么周三是"优⁻"呢？

服务对象：就是比"优"差一点。

社会工作者：那你这天"优"比那天"优⁻"好在什么地方？

服务对象：就是上课专心听的程度。"优"就是很专心。

　　服务对象找到这一周的情况记录之后，社会工作者并不是简单地把它视为对服务对象表现情况的检查，而是作为服务对象优势中的成功经验予以肯定。在这里，社会工作者运用了肯定优势中的成功经验技巧：让服务对象重新体验成功的愉悦。注意，是重新体验，不是认知层面的了解，帮助服务对象重新再经历一次成功的事件。社会工作者运用了这样的提问："这个我们不怎么看得懂啊，你给我们念念吧！"除了这样的方式之外，社会工作者还可以运用：①表演的方式，和服务对象一起表演其中印象最深的片段；②讲故事的方式，让服务对象描述其中有趣的故事；③对话的方式，让服务对象把自己的成功经验讲给身边的重要他人听。当然，这些不同的方式可以混合在一起运用。

　　运用肯定优势中成功经验的另一个很重要的技巧是具体化，即指出服务对象什么方面成功并询问是怎样做到的。只有当服务对象具体了解自己在什么方面成功、是怎样做到的时候，服务对象才有可能有意识地运用这样的成功经验（Nichols & Schwartz，2004：322）。因此，社会工作者在肯定服务对象的成功经验时，要避免运用抽象、笼统的称赞，像"很好"、"很棒"、"真不错"等，这样的称赞并不能巩固服务对象的具体成功经验。如果社会工作者要这样称赞，最好说明具体的成功经验。例如：你这样做，很好！作为初学的社会工作者很容易忽视的另一点是，称赞过于集中在服务对象身上。例如，我们喜欢运用"聪明"、"优秀"等词称赞服务对象，这样的称赞很容易让服务对象把成功的原因归结为个人内部的因素，看不到自己与外部环境互动交流的过程，很难正确了解和运用自己的能力。

　　我们在讲解"问题"中能力寻找的方法和技巧时也讲到成功经验，不过，"问题"中的成功经验与优势中的成功经验有所不同。"问题"中的成功经验是相对于"问题"而言的，通常因为受到"问题"的困扰，服务对象很难看到"问题"中存在的一些有效处理"问题"的经验。可以说，"问题"中的成功经验通常处于隐性的状态。例如，有的服务对象喜欢用记日记、暴食等方式处理人际交往中的压力。虽然这样的方式看起来不是很健康，但确实能够暂时缓解服务对象内心的紧张。面对这样的服务对象，社会工作者需要以此为基础找到发展变通的方式。相比较而言，优势中的成功经验通常处于显性的状态，社会工作者可以一眼识别出来。显然，两种成功经验的功效是不同的，前者直接面对服务对象的"问题"，后者更多地关注服务对象的发展。区分两种成功经验的目的是希望开阔社会工作者的视野，从服务对象的整体理解服务对象的生活状况。

优势中的能力是服务对象日常生活中的重要方面，它的发挥不仅有利于服务对象"问题"的解决，也有利于服务对象能力的发展。社会工作者可以借助三种常用的优势中能力发挥的方法和技巧帮助服务对象：①明确目标；②寻找兴趣爱好；③肯定优势中的成功经验。

> **游戏活动：让纸说话**
> **目标：**感受运用每个人自己的方式回应外部环境的要求。
> **步骤：**
> （1）让每位同学准备好一张长方形的白纸；
> （2）选择舒适的坐姿，闭上眼睛和嘴巴，拿好准备好的白纸（整个游戏过程中不可以睁开眼睛，不可以说话，按照指令行动）；
> （3）让学生对折两次白纸，撕掉右上角；
> （4）旋转 180 度，撕掉右上角；
> （5）再撕掉左上角；
> （6）展开折纸，睁开眼睛；
> （7）与邻座的同学交换各自的"作品"。

课 外 案 例 练 习

请运用优势中能力发挥的方法和技巧指出下面案例中需要改进的方面以及改进的具体方法。

课外案例练习 1

社会工作者：又取得了比较好的成绩，有了更大的进步，你觉得高兴吗？

服务对象：高兴。

社会工作者：你觉得现在同学们对你有一种什么样的看法？

服务对象：没有什么，他们只是说我取得了进步，他们也很高兴。

社会工作者：那你觉得现在对自己是一种什么样的感觉？是不是更加自信了？

服务对象：是的，我觉得现在我可以做得更好了，我可以有更大的进步。

社会工作者：你在其他方面有没有什么进步？有没有什么值得高兴的地方啊？

服务对象：有啊，我觉得我更加有自信。

社会工作者：那你的生活上呢？

服务对象：我觉得我现在的生活更有规律了。

社会工作者：为什么呢？

服务对象：我现在做事情更有计划，我都按学习计划学习。

课外案例练习 2

社会工作者：如果不受任何条件限制，现在最希望干什么事？

服务对象：我最希望读书，成为学者。我觉得自己比较适合。

社会工作者：我也觉得你有这方面的潜质。

服务对象：但不太可能，自己年龄那么大了，而且考过自学考试，觉得很没意思，就算了。

社会工作者：你是觉得什么没有意思？

服务对象：那些考试的教材太陈旧、教条，没有意思，觉得不如买些书自己看，因此，读了一年就算了。

课外案例练习 3

社会工作者：你喜欢什么科目？

服务对象：语文、英语都要背，还是数学好一些。

社会工作者：除了学习之外，其他你喜欢什么？

服务对象：我比较喜欢运动，像打乒乓球、羽毛球啊，都比较喜欢。最喜欢的是打篮球。

社会工作者：哦，你比较喜欢运动，是吗？

服务对象：对。

第五节　日常生活安排中能力发掘的方法和技巧

在服务对象的各种能力中最容易被忽视的是服务对象日常生活安排中的能力，因为能够吸引人注意力的通常表现在两个方面：或者成为"问题"让人不得不去关注，或者成为优势让人不自觉地关注。至于日常生活中的起居、饮食等很少能够引起人们的注意。但对服务对象来说，这一部分的生活内容是最基础的，也是最重要的。当服务对象的"问题"危及日常生活安排，服务对象就会处于非常危险的处境中。注重服务对象日常生活安排中能力的发掘还有另外一个重要的作用。在开展社会工作专业服务过程中，社会工作者经常会遇到这样一种类型的服务对象：他们看不出有什么优势的地方，也看不出有什么困扰的地方，他们的生活看上去很平常。如果运用"问题"中能力寻找的方法和技巧显然很难着手，如果运用优势中能力发挥的方法和技巧也不太适用。这个时候，就需要采用日常生活安排中能力发掘的方法和技巧。

一　日常生活安排中能力发掘的方法和技巧（一）——日常作息安排

所谓日常作息安排是指服务对象维持日常生活顺利进行的基本活动，包括起居、饮食、日常压力的调节等，它是服务对象日常生活的基本节奏。如果服务对象的日常作息被打乱，就会危及服务对象的整个生活状况。在服务对象的日常作息安排中，睡眠、饮食和日常压力的调节等需要社会工作者特别关注。我们看一看下面这个案例中服务对象的日常作息安排。

服务对象 13 岁，是小学六年级的男生。因为出生时母亲难产，在智力上和体质上都比同龄孩子弱。他的日常作息安排如下。

6:40　起床，然后由父亲带其在小区内骑自行车或跑步锻炼 15 分钟，接着回到家里早读，吃早饭。

7:30　上学。

11:30　放学，回家后吃午饭。

12:30　开始在父亲的监督下写作业。

14:00　上学。

17:30　放学，回家后看一会儿电视，大约 1 个小时。

19:30　吃完晚饭，继续在父亲的监督下写作业，大约 22:00 休息。

看到这样的日常作息安排一定会让人感到紧张。服务对象的父母认为孩子在智力上比别的孩子弱，就需要增加更多的学习时间弥补。但这只是一个方面，劳累了之后需要休息，这样才能保持身心的平衡。可以想象，这样不断要求孩子学习的结果只能导致孩子厌学和消极地回避。面对这样的案例，社会工作者的注意焦点不能仅仅放在服务对象的"问题"或者优势的生活方面，同时还需要关注服务对象的日常作息安排，否则服务对象的改变空间是非常有限的。

服务对象日常作息安排中的压力通常表现在睡眠和饮食等方面，例如，不容易入睡、经常失眠、时常感到身体不适、乏力、没有食欲等。如果询问缘由，通常很难找到具体的原因。这时，社会工作者需要特别留意服务对象的日常生活安排，看一看服务对象的日常作息安排是否太紧张。如果确实需要调整服务对象的日常作息安排，比较合适的方法是采取渐进的方式，因为日常作息安排影响服务对象的整个生活状况，需要给服务对象足够的时间和空间学习与适应新的生活方式。

在调整服务对象的日常作息安排时，还需要特别关注服务对象日常压力的调节方法。由于日常压力调节方法是服务对象在多年生活经验的基础上形成的，比较有效的策略是在原来压力调节方法的基础上增加其他新的方法，逐步改善服务对象日常压力的调节方法，而不是直接用新的日常压力调节的方法取代原来的压力调节方法。我们看一看下面这个案例。

　　服务对象是一位离了婚的残疾妇女，34 岁，每月靠领低保金生活，有一个女儿，读初中二年级。服务对象把自己所有的精力都放在女儿的学习上。

　　社会工作者：平时家务都是你一个人做的吗？

　　服务对象：是的。她要读书，马上就要中考了，几乎每天都得上晚自习。只要她读书好，就好了。

　　社会工作者：你一个人身体又不好（有时头晕），不累吗？

　　服务对象：只要她学习好，能够考上重点高中，我就满意了。

　　从这个案例中我们可以发现，服务对象的日常作息安排中的压力是非常大的，这种压力又与母亲对孩子的希望纠缠在一起。服务对象日常作息安排中的压力就表现为母女之间的冲突。显然，要改善母女之间的沟通交流状况，就需要改善服务对象日常压力的调节方法，例如，帮助服务对象培养兴趣爱好、建立自己的朋友圈子等，通过增加新的日常压力的调节方法来改善原来的压力调节方法。

　　二　日常生活安排中能力发掘的方法和技巧（二）——发掘优秀品格

　　服务对象在日常生活中会逐渐形成回应外部环境要求的基本方式，这些基本方式构成了服务对象的基本品格。由于这些品格是服务对象生活中最基本的部分，通常被周围他人视为理所当然的事情。但对服务对象来说，这些基本品格却是保证服务对象顺利回应外部环境要求的基本能力。不管是对服务对象"问题"的预防还是能力的发展，对日常生活安排中能力的发掘都起着重要的作用。我们来看一看下面这个案例。

　　服务对象的母亲：他一直在催我们，"怎么还不做饭？"他说没有准时吃饭。

　　社会工作者：是说没有赶上我们约的时间，是吧？

服务对象的母亲：对啊！

社会工作者：看来他很守规则，和我们说好什么时间就要做到。他很守时！

服务对象的母亲：他就是这样，答应的事情一定要做到。从学校回来之后，首先把作业做完，然后练习钢琴，等做完这些之后再出去玩或者看电视。

社会工作者：这是个很不错的习惯！

服务对象的母亲：照他的话来说，不做完作业出去玩，玩得也不开心。

社会工作者在这段社会工作服务介入对话中及时发掘服务对象在日常生活安排中表现出来的优秀品格——"守时"，并给予必要的肯定，让服务对象看到自己在回应外部环境要求中所具有的基本能力。除了帮助服务对象发现自己在日常生活安排中的能力之外，社会工作者通常可以采用以下两种方式巩固服务对象的优秀品格：①联结类似的经验，帮助服务对象巩固日常生活安排中的优秀品格。例如，社会工作者可以问：他做其他事情的时候也这样守时吗？或者他还有哪些好的习惯？这样就可以帮助服务对象把类似的经验联结起来，同时可以帮助服务对象发掘类似但不完全相同的其他经验。②设计独特的场景，帮助服务对象呈现日常生活安排中的优秀品格。这样的呈现除了可以帮助服务对象巩固日常生活安排中的优秀品格之外，还可以帮助服务对象与周围他人建立和扩展社会支持关系。

我们来看一看下面这段服务介入对话，观察社会工作者运用了什么服务技巧。

社会工作者：（和母亲说）孩子感情很丰富，很守规则。

服务对象的母亲：对啊，他是一个很重感情的人。

社会工作者：我们几次和他一起出去玩什么的，在相处中都觉得他在公共场所挺遵守规则的。比方说，一条比较窄的路，要是前面有个老人或者小孩过来了，他都会主动往边上站，等人家先过。

服务对象的母亲：哦，是吗？

社会工作者： 他确实是蛮守规则的，要吃零食的时候，他还会想着先分给我们吃。挺懂事的！他平时也是这样吗？

服务对象的母亲： 他平时也是这样。在这些方面他还是不错的。

在上面这个案例中，社会工作者运用了发掘优秀品格中的联结类似经验的技巧。通过列举服务对象给人让路、分享零食等事实，社会工作者希望在服务对象的母亲面前呈现服务对象感情丰富、遵守规则的优秀品格。社会工作者为了把服务对象更多的类似经验联结起来，还继续问服务对象的母亲："他平时也是这样吗？"可惜，社会工作者的提问停留在这里。如果社会工作者能够进一步问服务对象的母亲：你能说一说一些印象比较深的事吗？就可以比较充分地联结服务对象的类似经验，同时与母亲社会支持的加强联结在一起。

服务对象日常生活安排中的能力是服务对象整个能力的有机组成部分，是服务对象能力中最基本的部分，尤其对没有明显"问题"和优势的服务对象，发掘服务对象日常生活安排中的能力对服务对象改变起着关键的作用。社会工作者在开展社会工作专业服务过程中可以通过调整服务对象的日常作息安排和发掘服务对象日常生活中的优秀品格等技巧，帮助服务对象提高日常生活安排中的能力，其中需要特别关注服务对象在日常生活中的压力处理方式以及优秀品格中类似经验的联结。

游戏活动： 让生活更轻松

目标： 了解自己日常生活的基本安排、压力的处理方式以及改进的方法。

步骤：

（1）每位学生准备好一张白纸、一支笔；

（2）记录自己每日生活的基本安排，包括时间、基本内容和主要压力；

（3）记录自己日常生活压力的基本处理方式；

（4）记录自己需要改进的方面。

课 外 案 例 练 习

请运用日常生活安排中能力发掘的方法和技巧指出下面案例中需要改进的方面以及改进的具体方法。

课外案例练习 1

社会工作者：最近睡眠怎么样啊？

服务对象：好一些了，最近经常喝茶。睡眠比以前好。

社会工作者：平时都看什么电视？

服务对象：看一些新闻、体育之类的。

课外案例练习 2

社会工作者：我们刚才看了他记的上周的表现单，还是不错的。课堂表现基本上都是"优"，还有举手回答问题，也很少欺负同学。

服务对象的母亲：哦，是吧，他是这样。其实很多东西和他讲了，像叫他不要去欺负小动物之类的，他还是会做的。

社会工作者：这段时间我们来，他经常都是很遵守规则的，而且他还很照顾我们的感受。比方说，玩游戏的时候，像刚才下棋，他都是自觉地遵守规则。我们有一次在公园玩，一起玩游戏，包放在边上了，自己都忘记了，他还特意提醒我们要小心把包看好。出去吃东西的时候也是，像上次我们去爬山，你不是叫他带一包"上好佳"吗，他拆开来第一件事就是先给我们吃，我们吃了，他才会自己吃……有很多这样的例子。

服务对象的母亲：哦，是吧！

社会工作者：对啊，我们觉得他是一个很重感情的孩子。

服务对象的母亲：他是很有感情的，以前电视上有一个公益广告，是说一只鸟妈妈被猎人打死了，然后小鸟在窝里等妈妈回来都等不到。他自己看着看着在那哭啊。我问他："为什么哭啊？"他说："小鸟好可怜，没有妈妈了。"

社会工作者：是啊，很重感情的孩子，会体会别人的感受。

课外案例练习 3

社会工作者：您有空可以多和孩子的班主任老师联系，不一定是问考试情况，也可以关心孩子在学校的表现。

服务对象：有时和孩子的班主任老师说起这个家啊，每次说我都流泪到哽咽，说不出话来。（服务对象眼眶开始泛红，语气也充满伤感；社会工作者从包里掏出纸巾递给服务对象，服务对象开始擦眼角的泪水。）

社会工作者：其实家家有本难念的经，每个家庭都不容易啊！

服务对象：是啊，我在工厂也都不跟人抱怨家里的事情，我在外面也都说我家老公好啊。我现在有老公和没老公没什么区别。我们工厂最近有个女工想自杀，她和她老公本来感情一直很好的，可是现在吵架吵得很凶，她一时想不开就拿剪刀割血管想自杀。我就劝她，何必这样子呢？你们感情这么好，日子总会一天天变好的。

社会工作者：维系一个家真的不容易。

服务对象：是啊，有一回我们工厂的女工说要来我家玩，我说我们家很脏很乱，她说我们打工的哪个人家里不乱啊，没关系的。推辞不了就带她来了。那天刚好我老公值完夜班在家睡觉，他不打招呼，也不帮我们弄中午饭，自己睡完觉起床就走了。我同事就说，你老公怎么这样啊，也不帮你弄点吃的。我只好说，他上夜班实在是很辛苦。在外人面前我也不好说什么，毕竟家丑不可外扬嘛。

社会工作者：是啊，很多事不好跟别人说，而且也需要两个人自己来调节解决。

第六节　三种能力整合的方法和技巧

学习了以上三节内容之后我们深入了解和掌握了"问题"中能力寻找的方法和技巧、优势中能力发挥的方法和技巧以及日常生活安排中能力发掘的方法和技巧。接下来，我们将探讨怎样把服务对象的能力视为一个整体，从服务对象整体出发合理运用服务对象三种不同类型能力的发掘和运用的技巧，真正让不同部分的能力相互促进，从整体上增强服务对象的潜在能力。我们先总结三种不同类型能力的发掘和运用技巧，接着探寻三种不同类型能力的不同功能以及相互之间的联结，最后探索整合三种能力的具体方法。社会工作者在整个社会工作专业服务过程中要牢记：服务介入的方法和技巧是非常重要的，但只有与整体的状况相联时才能发挥它应有的作用。

一　三种能力的发掘和运用技巧的总结

关于三种不同类型能力的发掘和运用的具体技巧已经在前面的章节中做了具体介绍，这里将着重讲解怎样把不同的服务技巧自然地联结起来。我们先来看一看"问题"中能力寻找的方法和技巧（见图 2 - 6）。

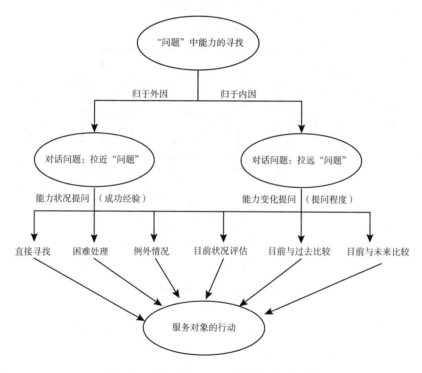

图 2 - 6　"问题"中能力寻找的方法和技巧

从图 2 - 6 中可以看到，"问题"中能力寻找的第一步是根据服务对象归因问题的方式选择对话提问的技巧。如果把"问题"归因于外部，采用拉近"问题"的方式；如果把"问题"归因于内部，则采用拉远

"问题"的方式，让服务对象与外部环境或他人对话交流。"问题"中能力寻找的第二步是根据服务对象与外部环境或他人对话交流的状况发掘服务对象的能力。在这里，有两种提问方向可以选择：提问服务对象的能力状况，包括直接寻找、困难处理和例外情况等"问题"中成功经验的技巧；或者提问服务对象能力变化情况，包括目前状况评估、目前与过去比较以及目前与未来比较等提问程度的技巧。运用这些"问题"中能力寻找的方法和技巧是希望能够带动服务对象行动，并通过行动提高服务对象面对和处理"问题"的能力。

下面我们看一看优势中能力发挥的方法和技巧，包括明确目标、寻找兴趣爱好和肯定优势中的成功经验（见图2-7）。

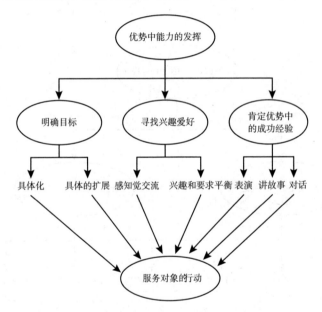

图2-7 优势中能力发挥的方法和技巧

从图2-7中可以发现，优势中能力发挥的方法和技巧的第一步是根据服务对象的具体情况从三个方面（明确目标、寻找兴趣爱好和肯定优势中的成功经验）发挥服务对象优势中的能力。这三个方面又可以具体分为7种具体的技巧，即明确目标的具体化和具体的扩展，兴趣爱好的感知觉交流以及兴趣和要求平衡、成功经验的表演、故事和对话。优势中能力发掘的方法和技巧的第二步是根据上面提到的7种技巧推动服务对象采取具体的行动。

服务对象能力中的第三部分是日常生活安排中的能力。日常生活安排中能力发掘的方法和技巧主要包括日常作息安排和发掘优秀品格两个方面（见图2−8）。

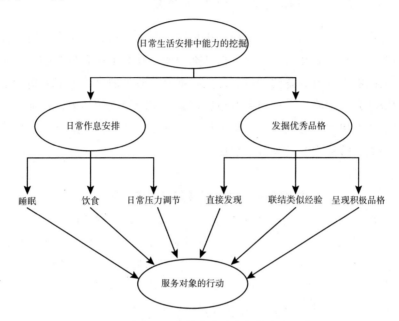

图2−8　日常生活安排中能力发掘的方法和技巧

从图2−8中可以得出，服务对象日常生活安排中能力发掘的方法和技巧分为两个步骤：第一步，根据服务对象日常生活安排的情况确定服务对象的日常作息安排、发掘日常生活中的优秀品格两个方面，涉及日常作息安排中的睡眠、饮食和日常压力调节以及发掘优秀品格中的直接发现、联结类似经验和呈现优秀品格6种具体的技巧；第二步，运用以上6种服务介入技巧推动服务对象采取具体的行动。

通过总结三种不同类型能力发掘和运用的方法和技巧我们可以发现，它们具有共同的目标——推动服务对象采取具体的行动，并通过行动增强服务对象的能力。因此，借助具体的行动就可以将服务对象三种不同类型的能力有机地结合起来。也就是说，社会工作的服务对象并不一定是有"问题"的寻找帮助的对象，他可以是希望发挥自己优势的探寻者，也可以是普通（没有明显的"问题"和优势）的社会成员。而且，任何一种类型能力的发掘借助具体的行动就可以和其他两种类型能力的调动结合起来，从整体上改善服务对象的生活状况。

二 三种不同类型能力的不同功能

怎样把三种不同类型的能力有机地结合起来？这就需要先了解三种类型的能力各自具有什么作用，发挥什么功能。社会工作者只有明了三种不同类型的能力各自具备的功能，才能根据服务对象的具体生活处境设计不同的服务介入策略，发挥服务对象所拥有的不同类型的能力，保证社会工作专业服务快速、有效。我们来分析一下案例2.8，注意体会服务对象三种不同类型的能力及其具备的功能。

案例2.8 "我想成为英语广播员"

与服务对象第一次见面时，很难把站在你面前的14岁的孩子与精神疾病患者联系起来。在两年前服务对象被医院诊断为精神分裂症，从此开始了持续不断的治疗。最让家人头疼的是，服务对象很容易发脾气、打人。母亲刚从医院回家，因为孩子踢断了她的一根肋骨。母亲说，这两年的日子不知道是怎样过来的，每天都提心吊胆，怕激怒了孩子。服务对象的父亲指责自己的妻子没有尽到做母亲的责任教育好孩子，把更多的时间放在工作上，尽可能减少待在家里的时间。面对这样的家庭，社会工作者并没有把服务介入的目标锁定在对服务对象"问题"的分析和治疗上，而是首先问服务对象：有什么兴趣爱好？有什么自己目前想做的事情？服务对象告诉社会工作者：他目前只想继续上学和学习英语口语，像英语广播员那样说一口流利的英语。于是，社会工作者把最初的社会工作服务介入重点放在服务对象优势中能力的发挥上，帮助服务对象制订每天的学习计划，鼓励服务对象采取具体的行动。接着，社会工作者通过协助服务对象执行学习计划，帮助服务对象学习管理自己的行为和情绪的方法，增强服务对象面对"问题"挑战的能力。在社会工作专业服务开展过程中社会工作者发现，服务对象的暴力行为通常发生在午饭时间和晚上入睡的时间。午饭时间出现暴力行为是因为饭菜不合口，晚上入睡时间出现暴力行为是因为家庭环境不够安静。因此，社会工作者采用了日常生活安排中能力发掘的方法和技巧，帮助服务对象安排好日常的饮食和睡眠。

在案例 2.8 中，社会工作者首先采用了优势中能力发挥的方法和技巧，从服务对象的兴趣爱好、目标入手来推动服务对象制订和执行每天的学习计划。从优势中的能力入手的好处非常明显，可以避免与服务对象产生直接的冲突，并且能够帮助服务对象采取具体的行动来改善目前的状况。在帮助服务对象执行每天的学习计划的过程中，社会工作者运用了"问题"中能力寻找的方法和技巧，协助服务对象学习管理自己的行为和情绪的方法，减少令周围人头疼的暴力行为。社会工作者还在这个个案中运用了日常生活安排中能力发掘的方法和技巧，调整服务对象的日常饮食和睡眠的习惯。这样，服务对象三个方面的能力同时得到调动，相互促进，从而有效改善服务对象目前的生活状况。

通过上面这个案例我们可以发现，服务对象三种不同类型的能力具有不同的功能和作用，社会工作者不仅需要了解不同类型能力发掘和运用的技巧，还需要掌握不同类型能力的功能及其相互之间的关联。这三种不同类型能力的功能如表 2-4 所示。

表 2-4　三种不同类型能力的功能

"问题"中的能力	优势中的能力	日常生活安排中的能力
1. 直接，与"问题"的消除直接关联； 2. 接受度高，有助于服务对象"问题"的解决； 3. 难度大，包含着失败的经验和不愉快的感受 （注重治疗）	1. 比较间接，能够改善或者减轻"问题"； 2. 接受度较高，是服务对象最愿意谈论的主题； 3. 难度小，但容易成为回避的机制 （注重发展）	1. 间接，能够减轻基本生活压力，为改变提供必要的基础； 2. 接受度低，不是服务对象愿意谈论的主题； 3. 难度大，但对服务对象的影响最基本、最长久 （注重预防）

从表 2-4 中可以看到，"问题"中的能力直接与"问题"相关，直接影响服务对象所受困扰的增减，有助于服务对象"问题"的解决。因此，它的接受度高。尤其对被"问题"严重困扰的服务对象来说，极希望得到社会工作者的帮助来解除困扰。但是，"问题"中能力的发掘和运用的难度比较大，因为它总会涉及服务对象不愉快的经验和感受，甚至一些严重的创伤。优势中的能力并不与服务对象的"问题"直接相关，它通常给服务对象带来一些愉快的成功经验和感受，因而它的接受度较高，

是服务对象最愿意谈论的主题。优势中的能力还有另一个很重要的功能：它的发挥能够带来"问题"的削减。但是，过分关注服务对象优势中的能力容易导致服务对象对"问题"的回避。在三种不同类型的能力中，日常生活安排中的能力对服务对象的影响是最基本的、最长久的，能够为服务对象的改变提供必要的基础。但是，因为它根植于服务对象的日常生活习惯中，改变的难度比较大，需要不断练习和重复，而且通常不是服务对象关注的内容。

实际上，每位服务对象都有三种不同类型的能力，只是各有侧重。因此，社会工作者不能只注意服务对象的某种能力，而需要根据服务对象不同类型的能力以及具体的日常生活处境采取不同的社会工作专业服务策略，把服务对象三种不同类型的能力有机地结合起来。如果社会工作者的专业服务策略关注服务对象的"问题"、注重治疗，这样的服务策略比较适合被"问题"困扰主动寻求帮助的服务对象。但是，这样做也会导致服务对象与社会工作者之间关系的紧张以及服务效果很难维持等，需要通过调动服务对象优势中的能力来缓和服务对象与社会工作者之间的冲突，并借助服务对象日常生活安排中能力的发掘来巩固服务介入的效果。如果社会工作者注重服务对象优势中能力的发挥，就可以采取注重发展的服务策略。这样的服务策略比较适合寻求发挥自己潜在能力的服务对象，需要兼顾"问题"中的能力和日常生活安排中的能力，以便消除"问题"的困扰并且为优势中能力的发挥提供必要的基础。如果社会工作者强调服务对象日常生活安排中的能力，就可以采取预防的服务介入策略。这样的服务策略比较适合"普通"的服务对象，但同时需要拓展"问题"中的能力和优势中的能力。

总之，服务对象三种不同类型的能力是紧密相联的。一个好的社会工作专业服务介入策略需要将三种不同类型的能力有机地结合起来，其中需要特别注意以下几个方面。①三种不同类型的能力之间是一种流动的关系，即任何一种类型能力的变化都会影响另外两种类型的能力。例如，服务对象优势中能力的发挥，就会影响"问题"中的能力和日常生活安排中的能力。同样，"问题"中能力的调动或日常生活安排中能力的发掘，也会影响其他两种类型的能力。因此，社会工作者需要用一种整体联系的视角来看待服务对象能力的变化。②三种不同类型的能力之间是一种平衡的关系，即任何一种类型能力的提高都需要与其他两种不同类型能力的改变相互配合。例如，过分突出"问题"中能力的调动很容易导致服务对象与社会工作者之间的关系紧张，从而妨碍服务对象能力的进一步提高。同样，过分强调优势中的能力或日常生活安排中的能力也会面临类似的困扰。

三　三种不同类型能力的整合

在实际的社会工作专业服务活动中，我们有时会发现，服务对象的能力不会轻而易举地被划分为"问题"中的能力、优势中的能力和日常生活安排中的能力三种类型。我们有时会觉察到，服务对象的优势虽然能够给服务对象带来愉快的经验和感受，但同时隐藏着"问题"，就像"问题"中隐藏着能力一样，"问题"和能力交织在一起，很难截然分开。我们来看一看下面这个案例。

案例2.9　10岁的小电气工程师

服务对象是小学三年级的学生，聪明可爱，成绩优异，喜欢电气方面的知识，对电气知识的热爱到了着迷的程度，希望以后成为像父亲一样的电气工程师。服务对象在其他方面也表现优秀，参加过钢琴比赛。据老师反映，服务对象不喜欢参加集体活动，有比较强的个性，喜欢欺负同学，扰乱课堂秩序。为此，父母很头疼，但又没有办法。服务对象的父亲是电气方面的工程师，母亲当过老师，现在在社区居委会工作。服务对象家庭的生活状况和经济状况比较好。

服务对象希望能够在课堂上学习电气知识，认为现在上课的内容太简单、太无聊，没有兴趣。但到目前为止还没有发现一门课上有自己喜欢的电气知识，上课没有动力。服务对象也不喜欢弹钢琴，但是在父母的监督下每天必须练习一个小时。虽然服务对象自己也明白道理，但是控制不了自己，总喜欢欺负同学，扰乱课堂秩序。服务对象自己觉得很成熟，认为同学玩的游戏都太幼稚，和他们不能玩到一起。服务对象的父母因为孩子上课不遵守课堂纪律常常把他的电子积木没收，不让他玩。

服务对象的父亲平时正常上下班，有时工作忙会一两个月不怎么管孩子。老师告状了，又不分青红皂白先打孩子。但多数情况下不会这样，先要问清楚为什么。服务对象的父亲喜欢教给孩子一些电气知识，但是觉得孩子的语文、数学基础还不够好，有时觉得是"对牛弹琴"。服务对象和母亲很亲近，喜欢抱着母亲或坐在她身上，和陌生人说话会让母亲代言；父亲倾向于命令服务对象做某事，很少有商量的余地。

服务对象放学回来先做作业，然后练一个小时的钢琴，剩余时间再玩。用他自己的话说："作业做完了，钢琴练完了，自己才能放心地玩。"因为没有好朋友，平时一个人在家玩电子积木，不允许别人碰他的东西。玩东西、吃东西之后从来不自己整理。

看了这个案例之后我们就会发现，服务对象是一个很优秀的孩子，不仅学习成绩优异，还有很多特长，像喜欢弹钢琴、掌握很多的电气知识等。我们同时也会观察到，服务对象的优势与他的"问题"有着紧密的联系。如果社会工作者注重发挥服务对象优势中的能力，就会不自觉地强调服务对象的"问题"——认为上课很无聊、喜欢扰乱课堂秩序、不愿意与同学交往等。按照这样的服务策略，社会工作者是很难帮助服务对象消除面临的困扰的。因此，社会工作者需要转换自己的角色，从服务对象的日常生活处境出发，无论是"问题"还是优势抑或是日常生活安排，都需要把它们视为服务对象与外部环境互动交流的结果。这样，所谓的能力就必然包含两个不可缺少的部分——积极进取和包容限制。积极进取是指服务对象在面对日常生活的挑战时积极改进自己不足的部分，包容限制是指服务对象在面对日常生活挑战时接纳自己生活中的限制。显然，对于自己限制的接纳和对于自己不足的改进这两个方面是紧密相联的。如果仅仅强调对自己限制的接纳，就会变得比较被动；如果仅仅注重对自己不足的改进，又会变得过于主动。因此，服务对象三种不同类型的能力都包含一定处境下的积极进取和包容限制的平衡。也就是说，任何一种类型的能力通过关注特定情境下的积极进取和包容限制的平衡，就能与其他不同类型的能力联结起来，达到一种内在的整合。

我们以案例2.9为例，服务对象优势中的能力包括成绩优异、钢琴弹得好、喜欢电气知识等。但是，因为服务对象无法包容像上课没有电气知识等日常生活中的限制，所以受到老师的批评，父母也采取没收电子积木的手段来惩罚孩子，这样反而限制了服务对象优势中能力的发挥。因此，社会工作者在运用优势中能力发挥的技巧时，需要同时关注培养服务对象包容限制的能力。同样，在服务对象的"问题"和日常生活安排中都能找到需要积极改进的方面和需要包容自己受限制的方面。借助这样的策略，社会工作者就能够将服务对象"问题"中的能力、优势中的能力和日常生活安排中的能力有机地整合起来，连成一体。简单地说，在整个社会工作专业服务介入过程中社会工作者所要关注的是，在具体的日常生活处境中平衡服务对象的积极进取能力和包容限制能力。

三种不同类型能力的整合方式如图 2-9 所示。

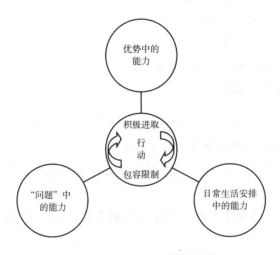

图 2-9　三种不同类型能力的整合

从服务对象的视角出发考察服务对象在与外部环境互动交流过程中的能力，这种评估服务对象需要的方式被称为以能力为中心的服务对象需要评估方式。同理和具体化两种专业服务技巧能帮助社会工作者体会和理解服务对象的能力。服务对象的能力包括"问题"中的能力、优势中的能力和日常生活安排中的能力。社会工作者可以采用对话问题、寻找"问题"中的成功经验和提问程度三种专业服务技巧帮助服务对象寻找"问题"中的能力；或者运用明确目标、寻找兴趣爱好和肯定优势中的成功经验三种专业服务技巧帮助服务对象发挥优势中的能力；或者使用日常作息安排和发掘优秀品格两种专业服务技巧帮助服务对象发掘日常生活安排中的能力。一个好的社会工作专业服务介入策略一定是三种不同类型能力的发掘和运用，根据服务对象的特征在一定的日常生活处境下平衡服务对象的积极进取能力和包容限制能力。

本章关键概念

◇ 以问题为中心的服务对象需要评估

◇ 以能力为中心的服务对象需要评估

◇ 倾听

◇ 同理

◇ 具体化

◇ 能力评估的三种基本类型

◇ "问题"中能力的寻找

◇ 优势中能力的发挥

◇ 日常生活安排中能力的发掘

◇ 积极进取、包容限制

游戏活动："要来就来，要走就走"

目标：学习放松自己，倾听外部环境的不同要求。

步骤：

（1）让学生合上书本，停止手头的工作，找一个自己比较放松的姿势；

（2）调节呼吸，大约 2 分钟；

（3）闭上眼睛，深呼吸，大约 2 分钟；

（4）放松自己，让自己的大脑空白，大约 5 分钟；

（5）对大脑中出现的各种想法和图像说：要来就来，要走就走；

（6）睁开眼睛。

课 外 案 例 练 习

请运用三种不同类型能力整合的方式设计下面案例的社会工作专业服务介入策略，注意从服务对象的整体出发运用不同类型能力发掘和运用的技巧。

课外案例练习 1

服务对象是小学六年级的男生，平时不与任何同学交往，沉默寡言，行动缓慢，有强烈的不安全感。服务对象从不把老师布置的作业抄下来，也不完成学校的作业。父母在家自己给服务对象布置作业，辅导数学、语文和英语。老师认为，服务对象的父母对孩子有不切实际的过高希望；而父母则强调，服务对象只是"时间没到"，到时一定会变得很聪明。班主任似乎对服务对象的改变不抱太大期望。班主任老师（教授语文）和数学老师、英语老师三位老师都放弃了给服务对象布置作业，因为服务对象从不会把老师布置的作业抄下来。父亲的说法是，自己在家里给服务对象布置的作业量超过学校的 2～3 倍，没有必要让服务对象完成学校的作业。

服务对象从一年级就开始学习"阶梯英语"，至今已经有六年了。服务对象的英语朗读和单词拼写能力不错。服务对象希望自己的学习成绩能够提高，语文、数学考试能够及格，英语考试能够取得好成绩。服务对象的母亲则希望服务对象期末作文考试能够写出内容，哪怕是几行字。同时，服务对象的母亲担心服务对象在接下来的初中学习中压力会更大，而自己和孩子的父亲再没有能力辅导他的功课。另外，母亲还担心服务对象上初中要到比较远的中学，在路上要过斑马线，怕服务对象不会走，因为从来没有让服务对象独自上过街。平时一家人也很少走路，出门基本是开车。服务对象的父亲认为，服务对象在先天素质上比一般孩子差，刚生下来的时候曾经窒息，经抢救才从死亡线上拉回来。

服务对象的父母都觉得他们在服务对象教育上下的功夫还不够。服务对象的母亲向社会工作者征求意见时说，自己打算辞职在家专门给服务对象辅导功课，父亲在谈话中也透露了相同的想法。服务对象的父母一周都要上六天班，平时基本围着服务对象转；周末的时候一般会带服务对象外出游玩，周日带服务对象上阶梯英语，时间为下午 2：30～6：00。寒暑假期间，服务对象的父亲会把下学期的主科（语文、数学、英语）课本拿来，给服务对象先上一遍。服务对象的父亲反映，就目前而言，基本上还可以给孩子辅导数学；语文和英语主要是采取让服务对象背诵课文的方式。

课外案例练习 2

服务对象9岁，小学三年级的女生，成绩比较差，语文和数学勉强能及格，英语经常通不过考试。据老师反映，服务对象的性格比较内向，不爱和同学交往，不喜欢参加集体活动，穿着打扮比较邋遢。服务对象的父母是残疾人，享受低保，从事保洁工作。整个家庭的生活环境和经济条件比较差。因父母工作之故，一家人住在中学体育场主席台处的地下室里。屋子里没有什么电器，不要说冰箱、空调，连电视都没有。一家三口挤在差不多30平方米的一间房子里，做饭、吃饭、学习、睡觉都在一起。服务对象每天早上6点就起床搭公交车去小学上学，中午和晚上都回家吃饭。中午的时间一般除了完成功课之外，大概只剩下半个小时的时间，她会选择看书之类的事情；下午一般在4点半左右到家，要是老师加课，要5点半才回家。另外，由于家长工作忙，晚饭的时间不太固定，所以晚上服务对象回到家中先做功课，然后看课外书。周末的时候，7点左右起床，一般也是待在家里，做功课，看书；或者去书店走走；或者到中学体育场边上的运动设备旁玩一玩。同学相约基本不去。

服务对象希望自己的学习成绩能够提高，得到老师的关心和重视。可能由于环境的限制，服务对象的兴趣比较单一，平时除了看课外书，如童话、漫画之外，就是听音乐。相比之下，服务对象的语文还不错，古诗背得挺流利的，一讲就能明白，而且在以前的小测验中拿过满分。服务对象认为自己写作方面不错，特别是写有关于童话方面的作文，有时会得到老师的表扬。

推荐阅读文献

吉尔·佛瑞德门、金恩·康姆斯：《叙事治疗——解构并重写生命的故事》，易之新译，台北：张老师文化事业股份有限公司，2000。

卡尔·罗杰斯：《成为一个人——一个治疗者对心理治疗的观点》，宋文里译，台北：桂冠图书股份有限公司，1990。

De Shazer, S. (1994). *Words were originally magic.* New York：W. W. Norton & Company.

Gergen, K. (1999). *An invitation to social construction.* London：Sage Publications Ltd.

Glicken, M. D. (2003). *Using the strengths perspective in social work.* Boston: Pearson Education, Inc.

Saleebay, D. (1997). *The strength perspective in social work practice* (2nd ed.). New York: Longman.

White, M. & Epston, D. (1990). *Narrative means to therapeutic ends.* New York: W. W. Norton & Company.

第三章　服务对象心理的调适和整合

本章要点 ≫

- 如何有效影响服务对象
- 心理的三个不同层面及其联结的方法和技巧
- 信仰价值层面介入的方法和技巧
- 意识层面介入的方法和技巧
- 无意识层面介入的方法和技巧
- 三个不同心理层面整合的方法和技巧

第一节　如何有效影响服务对象

当社会工作者在实际的日常生活中面对服务对象时，除了需要明确服务对象不同类型的能力之外，同时还需要了解运用什么方式才能有效影响服务对象。因为只有这样，才能使服务对象将三种不同类型的能力充分发挥出来。因此，在了解了服务对象三种不同类型的能力以及联结的方式之后，社会工作者接着面临的挑战是，如何有效地实施服务对象能力发掘和运用的服务介入策略。无论通过直接告知在认知层面上影响服务对象，还是通过具体的活动在感受上引导服务对象，都只是社会工作者影响服务对象的具体方式之一。面对这些不同的影响方式，社会工作者通常会感到不知所措，不知道应该采取什么方式在服务对象的不同心理层面上产生有效的影响，并且将这些不同心理层面的影响有效整合起来。在深入探讨有效影响服务对象的服务方法和技巧之前，我们先来考察一下支持这些服务方法和技巧的基本策略。

一　影响服务对象的两种策略

服务对象个人的内部心理在服务对象改变中发挥什么作用？它与外部环境的关系怎样？任何影响服务对象的具体方法和技巧都会体现社会工作者对这一问题的理解。我们来看一看下面这个案例。

案例 3.1　妈妈的心头肉

服务对象是小学四年级的男生，11岁，刚从其他学校转入目前的小学学习。他的学习成绩不好，语文、数学、英语考试经常不及格，上课不认真听讲，经常扰乱课堂秩序。据老师反映，服务对象的基础比较差，在原来的小学没有打好基础，来到目前市重点小学明显跟不上，但老师又不敢把孩子的表现直接告诉孩子的父亲，因为父亲知道孩子学习不好后，就会粗暴地打骂孩子。服务对象的父亲平时有酗酒的习惯，自从下岗之后经常酗酒打骂自己的妻子和孩子，认为都是孩子给他带来了目前的坏运气。有一次，因为下手过重，把孩子的腿打成骨折。为了躲避父亲的打骂，母亲经常替孩子做作业，保护孩子。母亲发现，孩子对学习没有兴趣，非常被动，总是推托不肯做作业，但母亲又不敢把情况告诉自己的丈夫，怕孩子遭到父亲的打骂。服务对象见到父亲就会发抖，喜欢母亲陪在身边，有什么事直接告诉母亲。由于服务对象的学习成绩差，再加上在学校的表现不好，经常惹麻烦，服务对象以前就读的学校的老师要求服务对象转学。在老师的强烈要求下，服务对象转到目前的小学就读。转到目前这所小学后，服务对象的学习成绩有了一点提高，获得了语文学习进步奖。但是，由于服务对象的基础比较薄弱，学习成绩仍旧是班里最后一名。当社会工作者问及服务对象有什么方面的成功经验时，服务对象的母亲拿出孩子曾获得的语文学习进步的奖状，脸上露出幸福的微笑。

面对这样的案例，社会工作者通常自觉或不自觉地把服务对象与外部环境的关系分成两个部分：个人内部心理和外部环境。当然，外部环境又可以根据与服务对象关系的远近划分为初级社会群体和次级社会群体。这些因素以服务对象为中心形成同心圆的关系。这样，服务对象被理解为处在一定社会环境中的个人。服务对象的心理因素是服务对象个人内部心理的反映，与外部环境有着明显的分界线，并且通过具体的行动影响外部环境。外部环境是影响个人内部心理因素变化的外部条件。这种把心理因素视为内部、把社会因素视为外部的影响服务对象的策略就是"人在情境中"的服务介入策略（高刘宝慈、黄陈碧苑等，1988：5）。如图3-1所示。

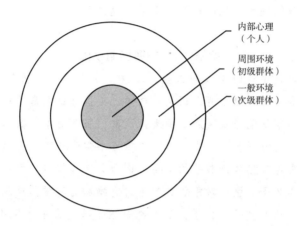

内部心理
（个人）

周围环境
（初级群体）

一般环境
（次级群体）

图3-1　"人在情境中"的服务介入策略

以案例3.1为例，可将服务对象的心理状况简单概括为缺乏安全感、对学习没有任何兴趣、依赖母亲、缺乏与他人平等沟通的能力。这样的个人心理状况与服务对象所处的外部环境有着密切的关系。从初级群体来看，服务对象的家庭是重要的影响因素，父亲粗暴、母亲过分溺爱；从次级群体来看，学校的排斥和社会的忽视（对下岗职工家庭缺乏足够的关注）是明显不可忽视的外部环境因素。把服务对象放在一定的社会环境中理解是"人在情境中"服务介入策略的核心。

把心理因素与环境因素明确分为内部和外部，这与我们日常生活中的经验有明显不一致的地方。例如，当我们与别人发生冲突认为别人做得不对时，我们会发现，每个人都有自己理解冲突的方式和行动的理由；当我们在确定环境因素时，又很难与自己的选择标准区分开来。心理因素与环境因素之间紧密而微妙的关系无法用内部和外部简单地区别开来。很明显，我们无法站在环境之外谈环境，也无法脱离人来看环境，人始终生活在一定的环境中，同时又影响着环境的改变（Orme，2009：65－75）。

现在，我们转换到另一个角度来看一看心理因素与环境因素之间的关系，把心理因素与环境联系在一起。当考察心理因素时，与环境因素结合起来；当考察环境因素时，又与心理因素结合起来，把两者视为相互影响、紧密关联的整体（见图3-2）。

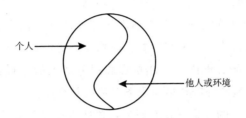

图3-2　"人与情境交融"的服务介入策略

从图3-2中我们可以发现，个人的心理因素和环境因素是紧密联系在一起的，无法截然分成内部和外部，两者相互结合，才能构成一个有机的整体。这样的服务介入策略以"人与情境交融"为基础，强调个人的心理因素与环境因素之间的互动交流。[①] 以案例3.1为例，我们可以把服务对象的心理因素（缺乏安全感、对学习没有任何兴趣、依赖母亲、缺乏与他人平等沟通的能力）与环境因素（父亲粗暴、母亲过分溺爱、学校的排斥、社会的忽视）结合在一起考虑，两者之间不是谁影响谁的关系，而是相互作用、关联在一起，即服务对象的心理因素中有环境因素的影响，环境因素中有服务对象心理因素的作用。这样，我们就能够避免把服务对象的个人心理因素或者环境因素从特定的生活处境中抽离出来，从而失去日常生活的现实基础。[②]

二　两种策略的基本逻辑

在开展社会工作专业服务活动时，我们有两种影响服务对象的服务介入策略——"人在情境中"和"人与情境交融"。这两种服务介入策略各自以不同的基本逻辑作为指导原则。下面，我们来比较一下这两种服务介入策略的基本逻辑，看一看它们所遵循的基本原则。

---

① "人与情境交融"的理论基础可以参阅童敏（2007：124~125）。
② 关注日常生活的现实基础是后现代主义思潮的重要贡献之一，具体内容详见 Sands & Nuccio（1992：481-576）。

"人在情境中"的服务介入策略要求把服务对象放在一定的社会场景中理解，强调服务对象对外部环境的控制能力。它的基本逻辑如下：

（1）把服务对象放在一定的社会处境中，以服务对象个人为标准，个人内部的为心理因素，个人外部的为环境因素。

（2）确定需要调整的内部心理因素和外部环境因素，分别或者同时从内部心理因素和外部环境因素着手影响服务对象。

（3）对于内部心理因素，注重提高服务对象的心理适应能力；对于外部环境因素，强调外部环境与服务对象的契合度。

（4）服务介入的目标是提高服务对象适应外部环境的能力。

如果用图来表示，可以简化为图 3 - 3。

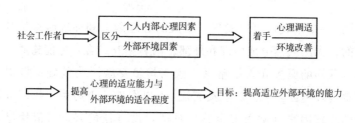

图 3 - 3 "人在情境中"服务介入策略的基本逻辑

显然，"人在情境中"服务介入策略的关注焦点是服务对象的内部心理与外部环境不相适应的方面，并且通过提高服务对象的心理适应能力以及外部环境的适合程度，从两个方面入手提高服务对象适应外部环境的能力。这里，需要特别注意以下三个方面。

（1）"人在情境中"的服务介入策略注重服务对象内部心理因素与外部环境不相适应的方面，而不是服务对象的整个心理状况。虽然有的策略也强调服务对象的优势和能力，但仍旧是服务对象心理的一个方面，不是整体。

（2）"人在情境中"的服务介入策略把心理因素和外部环境因素截然区分为内部和外部两个部分，并且采取不同的介入方式改善服务对象适应外部环境的状况。

（3）"人在情境中"的服务介入策略的目标是提高服务对象适应外部环境的能力。

"人与情境交融"的服务介入策略与"人在情境中"的服务介入策略

不同，它把服务对象与外部环境之间的关系视为互动交流的过程，既注重服务对象个人内部心理的和谐，也关注服务对象与外部环境之间的和谐。它的基本逻辑如下。

（1）置身于服务对象或者周围他人的处境中，从服务对象或者周围他人的角度理解服务对象或者周围他人与外部环境的交流状况，把服务对象或者外部他人的内部心理和外部环境视为一个相互影响、相互作用的整体。

（2）确定服务对象以及周围他人在面对外部环境要求（外部环境因素）时的回应方式（内部心理因素），把服务对象或者周围他人的内部不同心理因素视为一个整体，考察服务对象或者周围他人在回应外部环境要求时的内部心理的整体状况，并且从服务对象和周围他人着手影响服务对象。

（3）提高服务对象以及周围他人回应外部环境要求时的内部心理的整体能力，并且让服务对象与周围他人相互支持。

（4）服务介入的目标是帮助服务对象实现内部和外部的和谐，即不同内部心理因素之间的和谐以及内部心理因素和外部环境因素之间的和谐。

"人与情境交融"的服务介入策略的基本逻辑如图 3－4 所示。

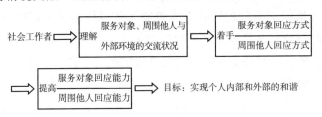

图 3－4　"人与情境交融"服务介入策略的基本逻辑

从图 3－4 中可以发现，"人与情境交融"服务介入策略最显著的特点就是非常注重从整体的角度理解服务对象与外部环境之间的交流。

（1）服务对象或者周围他人的内部心理是一个整体，无论优势还是不足，都是内部心理的一部分。要了解服务对象的心理状况，除了需要了解内部心理中的优势或者不足的部分之外，同时还需要了解各心理因素之间的关系及各心理因素在整体中所占的位置。只有从整体上把握内部心理的不同因素，才能准确理解服务对象或者周围他人在回应外部环境要求时的状况。

（2）服务对象或者周围他人的内部心理因素与外部环境因素是一个整体，需要把两者结合在一起考察。服务对象或者周围他人的内部心理因素是在回应外部环境要求时表现出来的能力，外部环境因素总是与服务对象或者周围他人的回应方式联系在一起。如果把两者拆开来分析，就会破坏服务对象或者周围他人在日常生活中与外部环境的互动交流方式。因此，只有把服务对象或者周围他人的内部心理因素与外部环境因素视为一个整体，才能真正理解服务对象或者周围他人内部心理因素的变化情况及其与外部环境之间的内在关联。

（3）服务介入策略的目标是实现两个方面的和谐：服务对象内部不同心理因素之间的和谐以及心理因素与外部环境因素之间的和谐。在"人与情境交融"的服务介入策略看来，人与环境之间的关系不是人简单、被动地适应环境，而是人在面对外部环境要求时的选择和创造。一个好的服务介入策略应该帮助服务对象充分发挥潜在的各种能力，实现服务对象内部和外部的和谐。

三 如何有效影响服务对象

显然，在开展社会工作专业服务活动时，有效影响服务对象的方式是采用"人与情境交融"的服务介入策略，从整体的视角理解服务对象和周围他人的心理状况及服务对象和周围他人与外部环境的互动交流方式。怎样才能从整体的视角影响服务对象及周围他人？这需要社会工作者改变思维方式，做到如下三个方面的转变：

（1）从关注服务对象或者周围他人的某个或者某些心理因素转变为关注服务对象或者周围他人的整个心理状况；

（2）从关注对服务对象或者周围他人的内部心理因素和外部环境因素的对立分析转变为关注对服务对象或者周围他人的心理因素和外部环境的整体理解；

（3）从关注服务对象或者周围他人如何适应外部环境转变为关注服务对象或者周围他人如何实现内部和外部的和谐。

简单地说，就是转换到服务对象或者周围他人的视角来理解服务对象或者周围他人回应外部环境要求的方式，实现内部和外部的和谐。我们来看一看下面这个案例。

案例 3.2 为了不让母亲生气

服务对象是一位 30 多岁的下岗工人，男，长期患有精神疾病，目前仍在就诊服药。他对自己的病情很敏感，不愿意别人提及，平时睡眠不好，容易被吵醒。服务对象的表现就像一个很听话的孩子，母亲说什么，他做什么，与别人交往时感到明显的紧张和不安，缺乏一般的社会交往能力。因为曾经当过几年工厂机修工，服务对象对机械修理很感兴趣，喜欢阅读相关的资料。另外，服务对象还喜欢抄写歌词（都是 20 世纪 80 年代流行的歌曲），喜欢听邓丽君的歌。服务对象与母亲生活在一起，平时生活起居由母亲照顾。服务对象还有一个妹妹，虽然住在同一个城市，但平时很少走动。服务对象的母亲认为周围邻居不可信，会欺负自己的孩子，不允许服务对象与他人交往，害怕服务对象与别人发生冲突。母亲甚至认为，如果服务对象到社区小卖部买东西，也会被别人蒙骗。母亲一直强调，自己的孩子太老实了。在家里，母亲承担了所有的家务，让服务对象整天待在家里养病，不允许服务对象走出家门。有时，如果母亲有事出门，就会不停地打电话回家，看看服务对象是否在家。服务对象家里的经济条件比较紧张，刚刚超过低保补助标准。为此，母亲还与社区居委会的工作人员发生了冲突，认为居委会欺负他们，没有给他们这些特别需要帮助的困难家庭应有的低保补助。

如果社会工作者只关注服务对象心理因素中不足的方面，就会注意到服务对象心理因素中需要改进的方面：①对自己的病情比较敏感；②行为上像孩子；③人际交往中感到明显的紧张和不安；④缺乏一般的社会交往能力。如果社会工作者强调服务对象心理因素中的优势和能力，就会发现服务对象心理因素中的积极方面：①对机械修理很感兴趣；②喜欢抄写歌词；③喜欢听邓丽君的歌。需要注意的是，无论心理因素中需要改进的方面还是积极的方面，都只是服务对象内部心理的一部分，不是整体。如果社会工作者希望从整体的视角理解服务对象的心理状况，就需要把自身置于服务对象的处境中，体会服务对象在面对外部环境要求时的回应方式，既要观察回应方式中的积极方面，也要体会回应方式中的不足方面，把不同的回应方式结合起来一起考察。从案例 3.2 来看，服务对象面临的外部环境的主要挑战包括三个方面——精神疾病、人际交往和空闲时间。服务对象患有精神疾病多年，他面对和处理精神疾病的方式显然需要社会工作者进一步询问。只有这样，才能了解精神疾病给服务对象造成的影响以及服务对象采用的有效的和无效的回应方式。在人际交往方面，虽然服务对象有需要改进的方面（行为表现上像孩子、缺乏一般的社会交往能力等），但是服务对象仍旧能够每天与母亲沟通交流。在安排自己的空闲时间方面，虽然服务对象几乎每天都待在家里，但喜欢抄写歌词、听邓丽君的歌，而且对机械修理很感兴趣。很显然，这三个方面所表现出来的心理品质是紧密关联在一起的。从关注服务对象心理因素的某个或者某些方面转换到关注服务对象整个心理状况，这不仅仅是范围上的扩展，更为重要的是理解和介入视角的转变，从服务对象的"外部"走进服务对象的"内部"。

社会工作者在走进服务对象的内部心理的过程中，一定会感受到外部环境对服务对象提出的各种挑战以及服务对象内心所产生的不安、紧张、担心、犹豫、兴奋、快乐等情绪变化。社会工作者了解越多，就越能体会到服务对象内部心理与外部环境之间微妙的关联和角力。如果社会工作者把服务对象的心理因素和环境因素简单拆成内部和外部，就容易出现忽视外部环境要求的现象。以案例 3.2 为例，与服务对象内部心理的不足方面相对应的，是服务对象家庭生活中的缺陷：母亲把 30 多岁的儿子视为孩子，不允许他单独与别人交往；服务对象的家庭与周围邻居以及居委会关系紧张。把这些因素加在一起，似乎很容易理解服务对象内部心理存在的不足。但是这样的理解却忽视了服务对象的心理因素与外部环境之间的微妙关系和角力，服务对象的人际交往中既有不足的部分（如缺乏一般的社会交往能力），又有积极的部分（如能够维持与母亲的交流）。在理解服务对象对空闲时间的处理时也一样：有兴趣爱好固然是积极的一面，但同时也有不足的方面。只有把服务对象的心理因素与外部环境因素结合在一起考察，将之视为一个整体，社会工作者才能真正理解服务对象的日常生活状况，在发挥服务对象积极方面的同时，削减不足的方面。显然，从关注对服务对象的心理因素和外部环境因素的对立分析转变为关注对服务对象的心理因素和外部环境的整体理解，这样的努力不是简单地把服务对象的内部心理因素和外部环境因素放在一起，而是需要社会工作者置身于服务对象的处境中，体会服务对象与外部环境的互动交流过程。

在案例3.2中，如果社会工作者把社会工作专业服务介入的目标界定为增强服务对象的社会交往能力、提高服务对象适应外部环境的程度，这样的目标显然忽视了服务对象的内部心理是一个有机整体。虽然这样的目标也可能增强服务对象的社会交往能力，但未必能真正提高服务对象内部心理的整体能力。因为服务对象的内部心理不仅与人际交往有关，还受到精神疾病以及兴趣爱好的影响，只关注服务对象社会交往能力的提高，很容易忽视服务对象其他方面的能力，这样，反过来又会限制服务对象社会交往能力的提高。另外，这样的服务介入目标也没有把服务对象的内部心理与外部环境视为一个整体。虽然也可以通过改变服务对象的母亲为服务对象社会交往能力的提高提供有益的外部环境，但这样的介入方式却忽视了服务对象的改变与母亲的改变之间的相互促进关系，即服务对象的改变为母亲的改变提供机会，母亲的改变也为服务对象的改变提供条件。服务对象的外部环境不仅仅是服务对象内部心理改变的外部条件，同时也是服务对象内部心理改变的必要一环，带动和维持服务对象内部心理的改变。如果服务对象的内部心理改变不与外部环境的改善相互促进，这样的内部心理改变就会缺乏外部环境的支持，很难维持，甚至增加服务对象内部心理与外部环境之间的冲突。把社会工作专业服务介入的目标转变为帮助服务对象实现内部和外部的和谐，是希望社会工作者不要只关注"问题"中的不足，而需要通过服务对象的"问题"看到服务对象内部心理与外部环境之间的整体关联，从整体的视角安排社会工作专业服务介入活动，让服务对象的内部心理与外部环境相互促进。

四　多元化原则

从以上的分析我们可以得出，从"人在情境中"的服务介入策略转变为"人与情境交融"的服务介入策略的关键是从整体的视角理解服务对象内部心理与外部环境之间的互动交流，这样的整体视角依据的是多元化原则，即把服务对象与外部环境或者周围他人之间的交流视为不同生命之间的对话，并且借助这种不同生命之间的对话交流帮助服务对象扩展和超越生命的限制。为了便于理解，我们先从"人在情境中"的服务介入策略入手，看一看它所坚持的单维度原则。了解了单维度原则之后，我们就可以把它与"人与情境交融"的服务介入策略所强调的多元化原则进行比较。

所谓单维度原则就是仅仅把服务对象视为有生命的个体，而外部环境只是服务对象发展的外部条件。服务对象发展变化的规则是以服务对象的内部心理为基点，根据内部心理设计特定的行动，依据特定的行动实现预定的目标，并且根据目标实现的状况调整内部心理，接着调整具体的行动，以便更为有效地实现目标。生命的目标是预先设定好的，生命的变化也只局限于对服务对象单个维度的生命考察中，外部环境只是服务对象实现目标的手段，并不具有独立生命的要素。如果用图来表示，可以简化为图3-5。

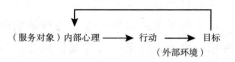

图3-5　单维度原则

从图3-5中可以发现，在单维度原则指导下，服务对象遇到的困扰通常表现在三个方面：目标不够明确、行动无效以及预定目标无法实现。作为社会工作者，就是要帮助服务对象明确目标、提高行动的有效性、保证顺利实现预定的目标。很明显，这样的服务介入策略非常注重服务对象控制能力的提高（控制自己和外部环境），保证服务对象能够很好地利用外部环境实现目标。

提高人的控制能力并不总是有效的，它很容易导致服务对象过分敏感，造成适应外部环境的困难。我们先来看一看下面这个案例。

案例3.3　我总是纠结于一些琐事

服务对象是大学三年级的男生，平时在学校的表现一般，并不引人注意。自从大学二年级下半年开始，服务对象出现了一些奇怪的行为，例如，考试时总是担心被老师误认为作弊，多看同学一眼，就认为老师怀疑他作弊了，想和老师解释，但又担心老师不相信。就这样，考试的时候经常处于矛盾中。另外，还有一件让他很感到头疼的事：上课总是迟到。不是因为出门时间晚了，而是因为在路途中总是担心没有带上课本或者忘了带笔而反复检查几次后才能放心，这样自然耽误了上课时间。服务对象为此感到非常苦恼，明知道这样纠结于生活中的一些琐事不好，但又无法摆脱。开始的时候还能克制自己，要求自己不要想这些无聊的事情，但不久就发现无法控制自己，满脑子都是这些东西。服务对象来自农村，在家排行老二，上学的花费都由哥哥外出打工资助。服务对象的弟弟也快要考大学了。服务对象希望自己毕业后能够找到一份工作，除了养活自己外，还希望能够资助弟弟上学。从大学二年级开始，服务对象开始担心自己在高考中的作弊行为被发现，害怕被学校开除回家。服务对象觉得，如果这样，自己就无法面对哥哥和家人了。于是，开始以匿名的方式咨询法律系的老师。但这并未让服务对象感到轻松一些，反而出现了这些奇怪的行为。

通过分析案例 3.3 我们可以发现，服务对象的困扰来自对自己设定的目标太敏感，担心自己在高考中的作弊行为被发现，被学校开除回家，无法面对哥哥和家人，因而极力想控制自己不要出现这样的情况。对未来变得非常担心，对外部环境和他人的变化变得非常担心，害怕被老师误认为作弊，害怕上课没有带本子和笔。这样，个人内部心理与外部环境之间的张力就会不断加大。就外部环境而言，随着担心的增加，服务对象的注意力越来越集中在自己设定的目标上，目标与日常生活之间的冲突越来越明显；就内部心理来说，因为极力想控制自己的行为以达到目标，服务对象越来越强调内部心理中的意识部分，导致意识与其他部分的内部心理因素之间的冲突加剧。

像这样极端强调对外部环境控制的案例并不多见，但其中反映的单维度原则却是非常普遍的。我们从中可以发现，通过明确目标和提高行动的有效性等方式实现预定的目标，这样的策略隐藏着危险。通常情况下，我们在实现目标的过程中不仅达到了自己希望达到的目标，还会伴随着新的感悟和体会，尤其在经历了困难和不幸之后，对生命都会有更深入、更透彻的理解，不会简单地停留在预定目标的实现上。如果社会工作专业服务的目标只局限于目标的实现上，就会忽视服务对象在实现目标的过程中所获得的新的感悟、体会以及对原有限制的超越，反而限制了服务对象的发展。就服务对象的内部心理而言，只关注目标的实现，就会突出意识的作用，忽视感知觉和其他心理因素的影响，妨碍服务对象心理的健康发展。

显然，要消除单维度原则带来的危险，就需要在帮助服务对象实现目标的过程中增加新的感悟和体会的内容，使服务对象在实现目标的过程中真正感受到与外部环境的和谐交流以及整体能力的提高。同时，在服务对象的内部心理因素方面，不仅需要注重意识的作用，还需要关注意识与其他心理因素之间的关系，让服务对象体会到整个内部心理的和谐。"人与情境交融"的服务介入策略所强调的多元化原则，就是基于这样的考虑提出的，它希望社会工作者在帮助服务对象的过程中不要把目标仅仅停留在目标的实现上，而要通过目标的实现过程使服务对象与外部环境的交流变得更为和谐；也不要把注意力仅仅集中在内部心理中的意识部分，而要通过意识的作用使服务对象内部心理的不同因素之间和谐交流。因此，社会工作者需要将自身置于服务对象的处境中，把服务对象与外部环境或者他人的互动视为多个不同生命之间的交流，帮助服务对象通过目标的实现过程获得对生命的新的感悟和体会，超越生命原有的限制，实现内部和外部的和谐。这样，专业服务过程中的反思就变得尤为重要，它与行动一起构成服务对象实现内部和外部和谐的重要方式（Schön，1983：55）。这就是"人与情境交融"的服务介入策略所坚持的多元化原则。多元化原则可以简化为如图3-6所示的内容。

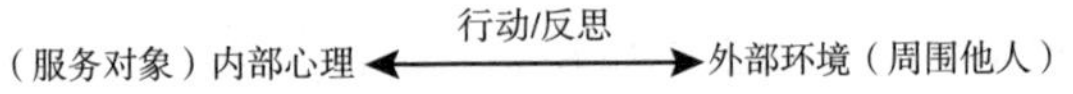

行动/反思

（服务对象）内部心理 ←————————→ 外部环境（周围他人）

图3-6　多元化原则

需要注意的是，这里所说的实现内部和外部的和谐是在实现目标的过程中达到的，也就是说，不要把多元化原则所强调的实现内部和外部的和谐与单维度原则所注重的实现目标对立起来，以上只是为了表述的方便，才将两种不同的原则进行对比，但并不意味着这两种原则就是对立的。在实际的社会工作专业服务介入活动中，如果只关注服务对象如何实现预定的目标，就会使社会工作专业服务介入活动无法深入服务对象的内心，导致社会工作专业服务介入活动缺乏持久性和整体性；如果只注重服务对象如何实现内部和外部的和谐，不关心目标的实现，就会使社会工作专业服务介入活动缺乏着力点，导致社会工作专业服务介入活动缺乏明确性和有效性。可以说，实现目标是社会工作专业服务介入活动的焦点，实现内外和谐是社会工作专业服务介入活动的方向，通过目标的实现带动内外和谐程度的提升，通过提升内外和谐程度选择新的目标。

五 有效影响服务对象过程中容易出现的问题

怎样运用多元化原则？怎样在帮助服务对象实现目标过程中提升服务对象的内部和外部的和谐程度？下面，我们将转向具体的案例，在案例的分析中体会多元化原则的具体运用方式。

服务对象是小学四年级的学生，经过社会工作者几次帮助之后，数学和语文成绩都有了很大提高，尤其是数学，原来都是不及格的，这次考试得了 84 分，母亲非常高兴。

服务对象的母亲：来，来，吃水果（母亲在社会工作者来之前准备好了橘子、香蕉等水果）。

社会工作者：谢谢。

服务对象的母亲：我原来对孩子都不抱什么希望了，没想到这次数学考了 84 分，真是很意外，都是你们补习的结果。

社会工作者：不用客气，我们会尽力的。

经过社会工作者几次帮助之后，服务对象的学习成绩有了明显的提高。这时，服务对象的母亲与孩子之间的关系也发生了某种变化，"我原来对孩子都不抱什么希望了，没想到这次数学考了 84 分，真是很意外"。显然，通过学习目标的实现，改变的不仅仅是学习成绩的提高，同时母子之间的交往关系也在改变。服务对象的母亲强调"都是你们补习的结果"，表明母亲并没有意识到自己的改变对孩子所起的作用。作为社会工作者，此时就需要借助服务对象学习成绩提高带来的机会推动服务对象与母亲和谐沟通。可惜，社会工作者似乎没有发现这次机会，把推动服务对象改变的责任全部放在了自己的身上："我们会尽力的。"这样的回应忽视了服务对象与周围他人之间的互动交流，没有看到服务对象的内部心理变

化与外部环境之间的内在关联。面对这样的处境，社会工作者需要将服务对象母亲的注意力集中在如何改善自己与服务对象的互动交流上。社会工作者可以这样回应服务对象的母亲：孩子的进步也离不开您的努力，您发现孩子在哪方面进步比较大？怎样才能让孩子保持这样的进步？通过提问这些问题帮助服务对象的母亲总结孩子进步的经验和维持孩子改变的具体方法。

除了关注服务对象外部的和谐之外，社会工作者还需要关注服务对象内部的和谐，把服务对象的内部心理视为一个整体。我们看一看下面这个案例。

服务对象：我这次去竞选班里的卫生委员，但是没选上，同学们不选我。

社会工作者：那班里一共有多少个人选你呀？

服务对象：14 个，原来的那个卫生委员有 20 多票。他的成绩比我好。

社会工作者：14 个啊，不错啊！你在班里有 14 个拥护者。别灰心，下次我们再努力，先把学习成绩搞上去。

服务对象：嗯。

在这个案例中，服务对象首先向社会工作者提出自己最近遭受的挫折：竞选班里的卫生委员没选上。在这里，社会工作者运用了寻找"问题"中的成功经验的技巧回应服务对象。但是，社会工作者没有接着把它扩展开来，从内部心理的整体状况推动服务对象改善内部心理状况，而是仍旧把目标集中在学习上。为了从整体上改善服务对象的内部心理状况，社会工作者可以这样回应服务对象：如果要竞选卫生委员，除了提高学习成绩之外，还有其他哪些方面需要改进？怎样才能做到？通过这些提问，可以将服务对象内部心理的不同层面联系起来，提高服务对象内部心理的和谐程度。

帮助服务对象实现目标与帮助服务对象实现内部和外部的和谐是密不可分的，只关注其中的一方面，就会导致社会工作专业服务介入活动的开展出现困难。我们来看一看下面这个案例。

　　服务对象把日记给我们看。在日记中我们发现了很多错别字，很多简单的字用拼音代替，但是服务对象并没有想到要问我们或者查一下字典。我们画出了一些字，教服务对象自己动手查字典，并且帮助服务对象通过查字典订正了一张语文试卷。整张卷子都是看字写拼音，服务对象得了 75 分。虽然老师教过服务对象怎样查字典，但是在开始查字典的时候，我们发现服务对象并不知道如何正确使用字典。在我们教她怎样查字典后，如果没有我们的监督，服务对象宁愿从头到尾花很长时间找那个字，也不愿意通过正确的方法来查找，并且服务对象更喜欢在语文课本里查找生字，很懒得并讨厌查字典。查找了几个字后，服务对象就显得不耐烦了。

　　社会工作者：你都怕查字典了吧！

　　服务对象：（没说话，苦笑，点点头。）

　　社会工作者：如果你问妈妈，万一妈妈也不知道的话，就只有通过查字典来找字了，字典不是很好用吗？

　　服务对象：（还是没有说话，腼腆地笑了一下。）

　　服务对象怕查字典，而查字典是老师和母亲希望孩子做到的。如果社会工作者只关注服务对象怎样达到老师和母亲的要求，就会使社会工作专业服务介入活动缺乏明确性和有效性。面对这样的案例，社会工作者就需要将实现目标与实现内部和外部的和谐结合起来，可以这样回应服务对象：是的，学习新的东西都有压力。我们再试两次！在尝试的过程中加强服务对象与母亲和老师之间的沟通交流。例如，在尝试过程中让母亲和老师给予必要的鼓励，或者把尝试的结果反馈给母亲和老师，在实现目标的过程中提升服务对象内部和外部的和谐程度。

　　影响服务对象的基本策略有两种："人在情境中"和"人与情境交融"。前者以单维度原则为基础，注重服务对象内部心理与外部环境的截然划分以及内部心理的某个或者某些因素；后者以多元化原则为基础，强调关注内部心理与外部环境的整体交流以及内部心理的整体状况。

游戏活动："我管我，它管它"

目标：学会运用多元化原则看待自己的生活，用心记住自己可以做的事情，接纳自己必须面对的事情。

步骤：

（1）每位同学各自准备好两张白纸、一支笔；

（2）对折一张白纸，在对折的白纸左边上方写上"我管我"，右边上方写上"它管它"；

（3）在没有对折的白纸上记录最近一段时间（如一周）以来让自己感到苦恼的事情；

（4）分析苦恼的事情，把其中自己可以做的事情记录在"我管我"的栏目下，把自己必须面对接受的事情记录在"它管它"的栏目下；

（5）记录完之后，仔细阅读"我管我"的内容，用心记住。

课 外 案 例 练 习

请运用"人与情境交融"的多元化原则指出下面案例中需要改进的方面以及改进的具体方法。

课外案例练习 1

社会工作者：在方法上，你教他怎么学习？

服务对象的父亲：我都让他自学。

社会工作者：怎么去培养他自学的能力呢？

服务对象的父亲：这个要靠他自己，我认为学习要靠他自己去学。

社会工作者：那你觉得孩子现在自学的能力怎么样？

服务对象的父亲：不怎么好，这孩子学习不专心、粗心大意，又不勤快，我常叫他多写，我说多写就容易记住了，他就是不听，就是懒。

社会工作者：那能不能想办法多监督他学习呢？

服务对象的父亲：我们做生意太忙，没什么时间，常常辅导到一半就要做别的事，而且我们这边环境很差，没办法。

社会工作者：那可不可以想办法减少环境的影响？

服务对象的父亲：没办法。

课外案例练习 2

社会工作者：我们带你去玩可以，但你要答应我们好好表现。你这两次表现都很不好。

服务对象：要做什么？

社会工作者：要按照计划去做啊，多读英语，课后复习。记得我今天教你的单词和句子，下次要问你啊。还有下次的作文。

服务对象：哦（很不高兴地接受）。

社会工作者：别不高兴的样子。你们上次回老家玩得开心吗？

服务对象：不怎么样，一般。

社会工作者：那你回老家都干什么？

服务对象：没干什么。

社会工作者：就在家里待着吗？

服务对象：（不理睬社会工作者）

社会工作者：吃了很多好吃的吧！

服务对象：没有。就是××鱼……

社会工作者：哇，都是海鲜啊！很好吃吧！

服务对象：不好吃。

社会工作者：那你喜欢吃什么？

服务对象：还有龙虾……

社会工作者：你喜欢吃什么？

服务对象：太恶心了……

（服务对象一直在说自己想说的话，完全无视别人的提问。）

课外案例练习 3

社会工作者：上次教你做的事做了吗？

服务对象：什么？

社会工作者：让你把自己知道的地理知识写到周记上啊，你又忘了？

服务对象：（平静地）哦。

社会工作者：这次又忘了，我们要罚你。罚你听写字吧。来，把语文书拿出来。

（社会工作者帮助服务对象听写了几个词，看看大概错了 10 个字就停了下来。）

社会工作者：看看你错了哪些？每个抄 10 遍。

服务对象："陈旧"是哪个旧？这个明明是"依旧"的"旧"，我没学过"陈旧"。"崇高"是什么，这个明明是"崇山峻岭"的"崇"，你这么说我怎么知道。

社会工作者：那么现在知道了，下次写作文就可以用到了。

（服务对象抄字的时候漫不经心，只抄了 8 次，在社会工作者提醒下才继续下去。）

第二节　心理的三个不同层面及其联结的方法和技巧

通过第一节的学习我们可以得出，一个能够有效影响服务对象的策略应该是从整体入手实现服务对象内外和谐的策略。要让这样的服务介入策略转变为具体可操作性的方法和技巧，社会工作者就必须首先确定服务对象的内部心理包括哪些不同的层面，怎样将这些不同层面的心理内容整合起来。接下来，我们将探讨这些问题，学习从整体的角度入手调适服务对象的心理状况。

一　心理的三个不同层面

我们都知道最早对服务对象开展心理治疗的焦点集中在服务对象的无意识上，它是由弗洛伊德在 20 世纪初提出并倡导的。弗洛伊德认为，决定人们心理和行为最关键的因素不是人们自己意识到的内容，而是深藏于意识背后的因素。[①] 坚持这种观点的学者形成了精神分析学派，他们把心理调适的重点放在了服务对象心理中的无意识部分。精神分析学派的埃里克森非常关注心理因素中意识的作用，他把人的一生分为八个阶段，考察每个阶段中意识发挥的作用（王小章、郭本禹，1998：148～158）。心理

---

① 弗洛伊德，1986，见"自我与本我"篇。

治疗理论中的认知学派则直接把意识视为心理调适的核心部分。[①] 20 世纪四五十年代，由于受到人本主义和存在主义的影响，心理调适的核心转向个人的意义和价值。罗杰斯（1990：18～32）坚信人有自我实现的倾向，罗洛·梅（1996：141～148）则坚持人对生命的关切观点。有趣的是，从心理治疗理论的发展历史来看，心理调适的焦点首先集中在无意识，接着转向意识，再转向意义和价值，由内部心理因素的深层次逐渐向高层次转移，如图 3－7 所示。

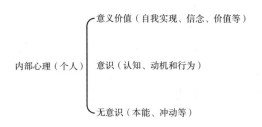

图 3－7　内部心理（个人）

20 世纪六七十年代兴起的超个人心理学（transpersonal psychology）以及随后发展的超个人社会工作（transpersonal social work）扩展了内部心理的层面，认为人的心理不仅仅局限于自我，同时还包括对自我的超越以及与外部环境和他人的联结（Cowley，1993：527－534）。这样，像信仰等超越个人自我的内容也被视为内部心理调适的重要内容（Canda & Furman，1999）。超个人心理学和超个人社会工作的重要启示，不是扩展了内部心理的范围，而是改变了把心理因素只限定在个人内部的传统观点，要求人们把内部心理的变化与外部环境的变化结合起来作为一个整体考察。依据这样的视角，我们可以把服务对象的内部心理因素从原来静态的结构性划分转变为动态的回应性划分，即从原来的意义价值、意识和无意识转变为信仰价值、意识和无意识，如图 3－8 所示。

虽然服务对象的内部心理仍旧分为三个层次——信仰价值、意识和无意识，而且从名称看与静态的结构性划分也十分接近，但是两者有明显的差别。我们来看一看服务对象内部心理每个层次的主要内容，仔细比较两

———————————

① Corsini & Wedding，2000，见第八章"认知治疗"部分。

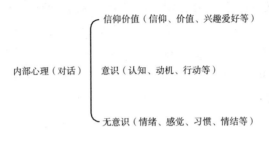

内部心理（对话）

信仰价值（信仰、价值、兴趣爱好等）

意识（认知、动机、行动等）

无意识（情绪、感觉、习惯、情结等）

图3-8　内部心理（整体）

者之间的差异。

（1）信仰价值，涉及信仰、价值、兴趣爱好等。信仰价值不仅包括意义和价值的内容，还包括超越个人的信仰等心理因素。这样，服务对象内部心理的范围扩展了，超越了个人的部分，直接包括与他人相连的内容。

（2）意识，包括服务对象能够清晰认识到的认知、动机和行动等。把行为改成行动，是为了加强服务对象内部心理与外部环境之间的联结。

（3）无意识，包括不被服务对象意识到或者经常被服务对象忽视的情绪、感觉、习惯和情结等内容。这样界定服务对象的无意识是为了让服务对象的内部心理因素与外部环境因素紧密联结起来。

值得一提的是，这里将服务对象的内部心理分为信仰价值、意识和无意识三个不同层面，是出于两个方面的考虑：①从整体理解服务对象的心理状况，让服务对象的内部心理因素与外部环境因素紧密联结起来；②与心理治疗理论流派的发展相对应，便于把不同心理治疗理论流派的方法和技巧融会到社会工作专业服务活动中，并且通过整体的视角将这些不同的方法和技巧有机整合起来。

二　行动的主导地位

服务对象的内部心理分为三个不同层面——信仰价值、意识和无意识。这意味着社会工作者在社会工作专业服务活动中将面对服务对象三个不同层面的心理状况。面对这些不同的心理层面，社会工作者可以采取不同的服务介入方法和技巧，以增强社会工作专业服务活动的针对性和有效性。但同时，社会工作者面临另一个重要的挑战，怎样将不同层面的心理调适整合起来相互促进。在具体介绍三个不同心理层面心理调适的方法和技巧之前，我们先来看一看将三个不同心理层面联结起来的方法和技巧，因为任何一个层面的心理调适都与其他层面的心理调适相关，社会工作者只有保持整体的视角，才能根据实际场景的需要自然地运用不同层面心理调适的方法和技巧。

在整体的视角下，服务对象的内部心理与外部环境始终处于对话交流的状态。在这种互动交流过程中行动起着关键的作用，只有借助具体的行动，服务对象才能回应外部环境的要求，并且根据外部环境的变化调整自己的内部心理状况。可以说，信仰价值、意识和无意识这些不同层面的内部心理只有通过行动，才能与外部环境关联起来，行动是服务对象内部心理与外部环境关联的基本方式。可见，行动不是服务对象实现目标的手段，而是服务对象带动内部心理与外部环境互动交流的关键，是服务对象实现目标的方式和过程。

这样，行动在社会工作专业服务介入活动中就处于主导地位，借助它，可以将不同层面的心理因素联结起来。因此，社会工作者需要将原来的想了或者感受之后再行动的观点转变为行动中想和感受或者想和感受中行动的原则，将行动置于主导位置（Schön，1983：39）。我们来看一看下面这段服务介入对话。

在学校门口见到了服务对象和他的同学，他们没有注意到社会工作者。服务对象拉社会工作者过去见他的好朋友（也是班长）。似乎他很想让班长知道社会工作者常去看他，可以看出服务对象很信任他。在前几次访谈中，服务对象多次提到班长是他的好朋友，并愿意把自己的秘密告诉他。

社会工作者：你们班长上学期成绩怎么样呢？

服务对象：当然是很好了，但不是第一名。

社会工作者：那你呢？上学期成绩怎么样？

服务对象：我啊？不是很好，班里倒数第十名。数学比较好，80多分；英语这次也及格了，69分；语文最差，才70多分。不过，我的英语和数学都达到了要求，我向老师承诺过要考到这么多的。

社会工作者：没关系，慢慢来，已经取得了一点小小的进步。

服务对象向社会工作者讲述了自己的进步："不过，我的英语和数学都达到了要求，我向老师承诺过要考到这么多的。"显然，服务对象的回答中包含着行动的因素，因此社会工作者需要帮助服务对象总结行动中的经验，然后再将经验指向具体的行动。例如，社会工作者可以这样回应服务对象的回答：你怎样做到的？有什么诀窍？接下来你打算怎样安排自己的学习？这个时候，社会工作者经常容易出现的疏忽是，只注意服务对象取得的进步，认为只要鼓励和肯定服务对象，服务对象就能够继续进步。但是，如果只关注服务对象的进步，就会使服务对象只看重结果。让行动处于主导地位的一个关键是，保证服务对象在具体的行动中学会更为有效地回应外部环境的要求，包括选择和确定自己的行动目标。

在实际的社会工作专业服务活动中，社会工作者经常会面临服务对象与周围他人相互冲突的场景。怎样处理这样的冲突场景？强调行动是否会加剧服务对象与周围他人之间的矛盾？我们来看一看下面这个案例。

社会工作者：什么时候不听话？是不是妈妈让你做作业，你不做。回忆一下，说给我听听。

服务对象：不是。我爱看电视，睡得比较晚，妈妈就会管我，让我早点上床睡觉。可我就是不想睡。

社会工作者：妈妈这样做没错啊！不早点睡的话，第二天上课哪有精神啊？

服务对象：嗯，我知道了。

服务对象喜欢看电视，可母亲希望孩子能够早点睡觉，两个人之间有点冲突。显然，社会工作者站在母亲的立场上回答服务对象的提问："妈妈这样做没错啊！不早点睡的话，第二天上课哪有精神啊？"这样的回答很难和服务对象的感受联结起来。其实，服务对象的回答中包含着行动的因素："我爱看电视，睡得比较晚，妈妈就会管我，让我早点上床睡觉。"面对这样的案例，社会工作者可以让服务对象扮演母亲、自己扮演服务对象，表演冲突的过程，并且帮助服务对象总结行动中的经验。如果服务对象的行动可能给自己或者周围他人带来伤害，社会工作者在强调行动的过程中就要小心。

三　未来的发展空间

面对同一个案例，通常有几种不同的解决方法。要在几种不同的解决方法中选择最合适的方法，并不是一件容易的事，尤其是初学的社会工作者，经常处于困惑之中，不知道怎样进行选择。我们来看下面这个案例。

案例 3.4　我想买冰棍

服务对象是小学二年级的男生，学习成绩一般。服务对象的父母都是公务员，家庭的经济状况不错。据服务对象的父母反映，孩子非常聪明，就是不够安静，注意力很难集中，上课坐不住，总喜欢做小动作，玩自己带来的玩具，经常受到老师的批评。为了让孩子上课能够集中注意力听老师讲课，父母决定不给孩子零花钱，防止孩子买各种小玩具。上个星期，服务对象的父母向社会工作者求助，原因是孩子上个星期偷拿了班里同学的钱。当老师查到服务对象口袋里藏的钱之后，服务对象矢口否认。于是，老师打电话找到服务对象的父母，要求他们好好管教一下自己的孩子。孩子偷拿钱的理由很简单，因为看见其他同学吃冰棍，想买冰棍。

服务对象的父母非常恼火，把孩子带回家，心里想着如下三种教育方案。

（1）打一顿，让他知道偷同学的钱是不对的；

（2）打一顿，让他知道偷同学的钱是不对的，同时给他 5 元钱买零食；

（3）打一顿，让他知道偷同学的钱是不对的，同时给他 5 元钱和妈妈一起去买他想要吃的冰棍和零食。

三种方案中，哪一种使孩子改变偷窃行为的可能性最大？显然，第三种方案的效果应该是最好的。因为在第一种方案中，服务对象虽然知道偷拿别人的钱是不好的行为，但并不知道怎样改进。第二种方案要比第一种好，让服务对象了解如果自己想吃零食，可以向父母要。在第三种方案中，不仅给服务对象零花钱，而且让妈妈陪着，增强服务对象积极行动的动力。

实际上，在面对服务对象时，社会工作者经常处于这样的处境：是仅仅帮助服务对象避免困扰发生，还是指导服务对象把注意力集中于未来可改变的空间。前者关注的焦点是修补过去的不足，避免不良行为和心理的发生，但服务对象通常并不知道怎样改进目前的状况；后者关注的焦点是促进未来的发展，让服务对象学习怎样改进目前的状况。显然，只有关注未来，才有可能给服务对象带来改变的空间。作为社会工作者，就需要帮助服务对象把注意的焦点转向未来可改变的空间上，并且通过具体的行动不断扩展服务对象未来的发展空间。需要注意的是，这并不意味着社会工作者不需要关注服务对象的过去和现在，而是说，所有这些关注都只有一个目标：扩展服务对象未来发展的空间。我们都知道，服务对象未来可改变的空间与服务对象的过去和现在有着密切的联系，但是过分关注服务对象的过去和现在只会让服务对象失去未来的发展空间。

我们来看一看服务对象未来发展空间的图示（见图 3 - 9）。

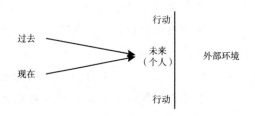

图 3 - 9　未来发展空间

从图 3 - 9 中我们可以看到，服务对象与外部环境或者他人之间只有借助未来的发展空间才能相互交流，无论服务对象的过去还是现在，都只有借助未来的发展空间才能发挥作用。未来的发展空间是服务对象改变的关键。另外，值得注意的是，服务对象与外部环境或者他人之间的相互沟通交流需要借助具体的行动。只有借助具体的行动，服务对象才能将未来的发展空间转变为实际的互动交流方式，并且借助这种互动交流方式创造新的发展空间。因此，一个好的社会工作专业服务介入策略应该集中在服务对象未来的发展空间上，并且借助具体的行动不断扩展服务对象未来的发展空间。我们来看一看下面这个案例。

社会工作者：老师，你能给我们讲讲你们班某某（服务对象）的一些情况吗？

服务对象的老师：她学习很慢，要花很长时间学习一样东西，对已经学过的知识很容易忘记。她是一个比较安静、内向的女孩子，个子小小的。一年级的时候基本是班里倒数第一，不过到了二年级，她好像开窍了，学习有了一些明显的进步。

社会工作者：她学习慢，主要是对哪方面的知识学习慢？

服务对象的老师：比如说学习生字，要教她十几、二十几遍，她才能够记得住。迄今为止，她掌握的生字很少。所以，一年级的时候她的语文成绩基本在 60 分左右。

社会工作者：那她有没有考得比较好的时候？

服务对象的老师：最好的时候也没有超过 70 分，偶尔也会不及格，尤其是在遇到要写作文或者阅读的时候。

老师在描述服务对象的情况时，特别提到，"不过到了二年级，她好像开窍了，学习有了一些明显的进步"。注意，服务对象虽然在一年级基本是班里倒数第一，但到了二年级有了一些明显的进步。也就是说，对服务对象而言，未来发展的空间集中在怎样保持二年级以来的改变。例如，社会工作者可以这样回应老师的描述：二年级开窍了，你指的是什么？她在学习上有一些什么习惯能够让她在二年级发生明显的改变？通过帮助服务对象总结二年级以来的改变经验，就能将服务对象的注意力集中在未来的发展空间上。在此基础上，社会工作者可以进一步问服务对象面临的主要困难以及所拥有的能力，即服务对象能力的发掘和运用需要围绕服务对象的未来发展空间。

四 感受的联结焦点

在实际的社会工作专业服务活动中，社会工作者经常需要接触服务对象以及服务对象的周围他人，不仅仅局限于服务对象一个人。有时，服务对象所说的与服务对象周围他人所说的不一致。这个时候，社会工作者应该怎么办？我们来看一看下面这个案例。

上小学三年级的服务对象将她的听写本给社会工作者看，说她得的分数都在 90 分以上，最近两次都得了 100 分，老师还在每个 100 分的分数后面加了五角星。其他的字词本上也有很多"好"、"优秀"、"有进步"等评语。服务对象的字写得很工整，写字速度也很快，而且有时能记住听写的这个词的下一个词是什么。最近的

> 一次语文考试她得了 79.5 分，其中古诗默写全部正确。服务对象还告诉社会工作者，她以前的语文、数学考过好几个 100 分。社会工作者问她是什么时候，她说是一、二年级的时候。这些信息和社会工作者从老师那里了解的信息有不小的出入。服务对象的班主任说，服务对象的成绩一直都很差，语文成绩都是六七十分，数学经常不及格。

　　服务对象讲述的情况与老师讲述的情况差别很大，要不要与老师进一步核实？面对这样的案例，社会工作者需要牢记以下两点。①无论与老师核实的情况怎样，对服务对象来说，他怎样感受，真实就是什么。如果社会工作者希望通过核实来证明服务对象的想法是错误的，只会增加两者之间的张力。②无论核实还是不核实，都只是为服务对象提供面对不同挑战的机会，关键要看是否能够给服务对象带来更大的发展空间。像上面这个案例，因为社会工作者刚刚开始与服务对象接触，相互之间的信任关系还很脆弱，而且服务对象需要面对的挑战已经很多，如果再加入核实的挑战，就会妨碍社会工作专业服务活动顺利开展。因此，社会工作者与服务对象联结的焦点不是事实，而是感受，即服务对象怎样感受，社会工作者就从这样的感受着手体会服务对象内心不同心理层面的变化。真实存在于感受之中，而不是感受之外的"事实"。

　　需要注意的是，感受到的都是真实的，这并不意味着服务对象的想法和感受都是正确的，错误的同样也可以是真实的。这里所强调的是，社会工作者需要将自身置于服务对象的处境中，设法体会服务对象内心的变化。只有这样，社会工作者才能与服务对象进行有效的沟通交流，影响服务对象。而站在外部的"事实"角度进行评价，是很难真正打动服务对象的。

　　走近服务对象的感受之后，社会工作者接着就需要借助具体的行动带动服务对象与外部环境进行沟通交流，通过沟通交流，服务对象就能明白哪些内部心理因素需要调整、怎样进行调整。我们来看一看下面这个案例。

> 服务对象三十多岁，患有多年的精神分裂症，高中毕业，曾做过工厂的机修工，一直希望自己能够上大学。

社会工作者：你有什么兴趣爱好吗？

服务对象：有。我喜欢读书，希望像你们那样能够上大学，那有多好！你说我能不能上大学？

社会工作者：如果你想上大学的话，最想读什么？

服务对象：读机械修理，我做过几年的机修工。你们学校有没有这样的资料？

社会工作者：我听说社区里就有一个图书馆，我们下次一起去看一看，有没有你喜欢的。

服务对象：好的。

在案例中，服务对象向社会工作者讲述了自己希望上大学的愿望，并且询问社会工作者："你说我能不能上大学？"这个时候，如果根据一般的事实标准，社会工作者的回答应该是否定的，因为根据服务对象目前的状况他是很难上大学的。但是，社会工作者并没有在"事实"层面上回答服务对象的问题，而是抓住服务对象的感受——想上大学的愿望。社会工作者这样回应服务对象："如果你想上大学的话，最想读什么？"让服务对象的注意焦点转向行动。这样，服务对象的愿望就能与服务对象的现实紧密联结起来。社会工作者的回应不能仅仅停留于此，同时还要继续推动服务对象加强与外部环境之间的交流："我听说社区里就有一个图书馆，我们下次一起去看一看，有没有你喜欢的。"在这一小段对话中，社会工作者准确地找到了服务对象的感受，走进服务对象的内心，并且通过具体的行动推动服务对象加强与外部环境之间的沟通交流。

五 面谈的任务布置

社会工作者在开展心理方面的辅导时，他的目的与心理治疗师有所不同。社会工作者是帮助服务对象提高实际生活中的问题解决能力。由于与服务对象进行面谈辅导的时间有限，因此，社会工作者就需要学会运用一项很重要的服务技巧——任务布置，即为实现某一服务目标通过有意识地给服务对象布置特定的行动任务，协助服务对象提高日常生活中的问题解决能力（Reid，1992：44）。

实际上，任务布置的核心是希望把服务对象能做的交给服务对象，由服务对象自己进行尝试，避免出现社会工作者过度介入甚至替代服务对象的现象。正因如此，社会工作者在与服务对象互动的过程中就需要仔细观察服务对象沟通交流的方式，发掘服务对象的改变意愿和改变能力，明确服务对象的改变目标，由服务对象尝试任务中能做的那部分。我们来看一看下面这个案例，注意社会工作者是如何给服务对象布置任务的。

　　社会工作者邀请了一位康复状况不错的精神疾病患者来服务中心作为"四点半课堂"的志愿者。

　　社会工作者： 我们中心有一个"四点半课堂"的项目，是给那些下午放了学但父母还没有下班的小学生辅导功课，你有兴趣参加吗？

　　服务对象： 好，我去。

　　社会工作者： 如果你愿意参加，就要遵守服务中心的规定，如不迟到、遵守课堂秩序、不损害公物等。

　　服务对象： 好的。

　　社会工作者： 这是服务中心的《志愿者服务手册》，里面有工作守则，你先看一看，下周来服务中心之前要记住，好吗？我们到时可是要抽查的。

　　服务对象： 好的。

　　社会工作者： 参加服务中心的志愿服务，你有什么想法吗？

　　服务对象： 不要让我上课，我做不好。

　　社会工作者： 好的，你先过来做志愿者感受一下。

　　在上述案例中，社会工作者不是简单地邀请服务对象参与服务中心"四点半课堂"的项目，而是同时给服务对象布置了任务——记住服务中心志愿者服务的工作守则。这样做除了能够激发服务对象的改变动力外，更为重要的是，转换服务的焦点，让服务对象成为改变的主角，推动服务对象关注自己生活尝试的经验，逐渐学会在生活尝试中寻找生活问题的解决办法，而不是依赖周围他人，根据周围他人的标准安排自己的生活，或者模仿周围他人的标准做法。因此，这里所说的社会工作者的任务布置与我们平时所讲的任务布置不同，有 4 个方面的基本要求：①它是行动任务，是对怎么做的安排，不是怎么想、怎么感受；②它有时间限制，是对

什么时间做的安排；③它有成效要求，可以看到生活改变的状况；④它需要检查，是对尝试经验进行总结，以便在生活经验中找到更有效的问题解决办法（Doel，2002：195－196）。值得注意的是，这里的任务检查并不是指查看服务对象是否按照社会工作者的要求行动，而是看服务对象在行动尝试过程中有什么经验，包括成功的和失败的，以协助服务对象学会从自己的日常生活实践中找到更为有效的问题解决办法。

就布置的任务而言，常见的有三种：第一种是在辅导面谈内针对服务对象的行动尝试而布置的任务，称为辅导面谈内的任务；第二种是在辅导面谈外针对服务对象的行动尝试而布置的任务，称为辅导面谈外的任务；第三种是社会工作者协助服务对象改变所需要的行动尝试任务，称为社会工作者的任务（Reid，1996：618）。显然，这三种任务是相互关联的，其中辅导面谈内的任务和辅导面谈外的任务是针对服务对象的，目的是推动服务对象把辅导面谈内的行动尝试经验与辅导面谈外的行动尝试经验结合起来，相互促进；而社会工作者的任务则是为服务对象的改变布置环境支持的行动任务，以保证服务对象的改变能够获得周围他人的有力支持。

通过这一节的学习，我们可以了解到，服务对象的内部心理分为三个不同的层次——信仰价值、意识和无意识，社会工作者可以采用关注未来、借助行动、在感受中联结服务对象内部心理不同层次的原则调整服务对象的心理状况。接下来，我们将根据服务对象内部心理的三个不同层次分别讲述服务对象内部心理调适的方法和技巧。

游戏活动："有缺点才有希望"

目标：学会让自己从过去的不幸经历中转向未来的发展，让自己放下过去的包袱并使生活充满希望、轻松和喜悦。

步骤：

（1）每位同学准备一张白纸和一支笔；

（2）在白纸上画一条横线（如下所示）；

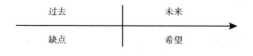

过去　　　　　未来

缺点　　　　　希望

（3）列举让自己感到不满意的三个"缺点"或者经历；

（4）告诉自己"有缺点才有希望"；

（5）在"希望"栏目下写上自己目前想做的事。

课 外 案 例 练 习

请运用内部心理三个不同层面的联结方法和技巧指出下面案例中需要改进的方面以及改进的具体方法。

课外案例练习 1

服务对象带着社会工作者来到他的新家。

服务对象：瞧，那个有摇钱树的就是我家，在 5 楼（很得意的语气）。

社会工作者：真是不错，比以前的条件好多了。妈妈不在家吗？

服务对象：她在上班。这是我的房间。

社会工作者：你有语言复读机了。这些英语磁带也是你的吗？

服务对象：是的。是妈妈的同事送给我的。

社会工作者：那你可要好好读书了。

课外案例练习 2

社会工作者：不会吧，我看她表现也还不错，就是做得有点慢而已，多练练就可以了。

服务对象的父亲：练是可以进步的，但她就是很懒。

社会工作者：不会吧！对了，我上次叫她早上自己起来早读，她做到了吗？

服务对象的父亲：你自己问她吧！

社会工作者：你做到了吗？

服务对象：没有，只有一天做到了。

社会工作者：那天为什么可以做到呢？

服务对象：前一天晚上睡得比较早吧，九点多就睡了。

社会工作者：那其他天呢？

服务对象：快 11 点才睡觉。

社会工作者：那么迟睡觉不好，第二天起不来，听课效率低，精神也不好。你以后可以早点睡吗？以后尽量自己起来早读。我等着你自己完全做到啊。

服务对象：好的。

社会工作者：加油啊！

课外案例练习 3

服务对象的父亲：是的，我的孩子非常喜欢看世界地图，说以后想环游世界。

社会工作者：呵呵，这个愿望很好嘛！

服务对象的父亲：但他的地理知识也不深入，只喜欢看地图上国家的名字，我把以前的地理书拿来给他看，他又不看了。

社会工作者：那你希望他在这方面怎么学？

服务对象的父亲：我经常说他，不仅要看还要学会写，叫他边读边写，但他就是不听。我还经常教他写，他悟性不好，过了就忘了。

社会工作者：他妈妈认为这些都是没用的东西，对学习不起作用。你怎么看？

服务对象的父亲：他妈妈没水平，不懂。这些到中学都是要学的。

社会工作者：你有没有跟她就这方面沟通过？

服务对象的父亲：没有，跟她讲没用，她不明白。

社会工作者：你以后可不可以在这方面跟他妈妈多沟通，让她知道这些知识以后都是要学的，让她支持孩子读这些书？

服务对象的父亲：嗯。

第三节　信仰价值层面介入的方法和技巧

我们先来看一看信仰价值层面介入的方法和技巧。由于服务对象信仰价值层面的内部心理内容主要涉及信仰、价值和兴趣爱好等，这些内容与第一章所讲的服务对象优势中能力发挥的方法和技巧有很多重合的地方，因此像明确目标、寻找兴趣爱好和肯定优势中的成功经验等服务介入的方法和技巧在这里仍然可以使用。不过，优势中能力发挥的方法和技巧更注重与"问题"中能力寻找的方法和技巧以及日常生活安排中能力发掘的方法和技巧相结合，从整体的视角发掘和运用服务对象的能力。而信仰价值层面介入的方法和技巧更强调与意识和无意识层面的介入方法和技巧相联结，以保证从整体的视角入手调适服务对象的心理状况。接下来，我们将着重介绍几种常用的信仰价值层面介入的方法和技巧，包括肯定发展的愿望、区分希望和要求以及强化改变的意愿。[①]

一　肯定发展的愿望

服务对象在讲述自己故事的时候，总是夹杂着一些自己喜欢做的事和感兴趣的活动，社会工作者需要注意倾听服务对象的这些发展愿望，设法借助具体的行动使这些愿望得以实现，并且通过愿望的实现过程调适和整合服务对象的心理状况。我们来看一看下面这个案例。

服务对象：（把书在社会工作者眼前晃了晃）昨天晚上我买了本古诗的书。

社会工作者：（接过来看）《古诗大全》呀！挺好的书。你自己买的吗？

服务对象：和妈妈一起去买的。

社会工作者：你喜欢背古诗呀！

服务对象：对呀，因为特别短。

社会工作者：那你现在会背几首了呢？

服务对象：前面的会几首了吧。

社会工作者：那你背给我听一下。

（服务对象背了几首，不太流利，但在社会工作者的启发下还是背完了。中途有不会的时候，社会工作者就提醒她一些关键字，

---

① 信仰价值层面介入的方法和技巧可以参阅 Turner（1996：chapter 4 and 11）。

引导她，增强她的自信心，让她觉得自己也能在短时间内背完古诗。）

社会工作者：背得真好！你昨天才买的今天就能背这么多，不简单啊。

（服务对象不好意思地笑了）

在这个案例中，社会工作者非常注意倾听服务对象故事中的发展愿望。当服务对象提到自己和母亲一起买了一本古诗的书时，社会工作者很敏锐地回应："你喜欢背古诗呀！"立即抓住服务对象的发展愿望。为了将服务对象的发展愿望转变为具体的行动，社会工作者接着要求服务对象背诵古诗："那你现在会背几首了呢？"在社会工作者的提醒和引导下，服务对象背完了古诗。这个时候，除了需要鼓励服务对象之外，更为重要的是，社会工作者需要推动服务对象进一步采取行动。例如，社会工作者可以给服务对象布置一定的作业，让服务对象背诵更多的古诗，或者要求服务对象在下次见面的时候讲一讲古诗的意义，并且根据古诗的意义自编一些故事，等等。这样，通过古诗就能帮助服务对象培养好的学习习惯和新的发展愿望。

服务对象基于发展愿望所表现出来的行为并不总是与周围他人的要求相一致。当服务对象的发展愿望与周围他人的要求发生冲突，并且遭到周围他人的训斥和排斥时，服务对象的一些合理愿望也因此经常被忽视。作为社会工作者，这个时候，需要特别留意服务对象行为背后隐藏的发展愿望。我们来看一看下面这个案例。

服务对象的母亲：她现在就不懂得积累知识，许多比她还小的孩子都知道不懂的要记住，下次才会做。可是，她就不愿意这样做。我也跟她讲过很多次了，她就是不听，还是老样子。比如，她碰到"30"英语不懂得怎么说，就问我，我告诉她以后，她写上答案就算了。下次，她还是不懂。

社会工作者：看来她在学习上没有什么主动性。

服务对象的母亲：是，她很懒。

社会工作者：她平时有什么方面的知识是比较感兴趣的？

> **服务对象的母亲：** 没有。我给她买了许多书，比如，《孙子兵法》等，她就是没有兴趣去看。我也想让她知识面比较广一点，这样会比较好，可她就是不争气，就喜欢看漫画书。
>
> **社会工作者：** 她喜欢看些什么呢？
>
> **服务对象的母亲：** 那就不用说了，你知道现在许多漫画书的内容没有什么深度。
>
> **社会工作者：** 也是，有一些真的没有什么深度。她也不喜欢看一些故事书吗？
>
> **服务对象的母亲：** 是的，就是很奇怪，我看关键就是懒。唉，也没有办法了，她父亲这样打她都不会改。

在听服务对象母亲的描述时，社会工作者一直试图发现服务对象发展的愿望。当服务对象的母亲强调服务对象很懒时，社会工作者并没有就此停止追问，而是进一步回应服务对象的母亲："她平时有什么方面的知识是比较感兴趣的？"在服务对象的母亲看来，喜欢看漫画书是服务对象不争气的表现，因为漫画书没有什么深度。显然，这样的看法让母亲看不到服务对象喜欢漫画书背后隐藏的发展愿望。可惜，社会工作者也没有看出其中所蕴藏的服务对象的发展愿望。社会工作者如果希望发现服务对象的发展愿望，就可以这样回应服务对象的母亲：可能有些漫画书没有什么深度，但至少是孩子愿意做的事，我们可以看一看孩子喜欢什么样的漫画书，从中发现孩子的其他兴趣。因此，肯定服务对象的发展愿望不仅仅是帮助服务对象发现发展愿望，同时也是为服务对象争取发展的空间和机会。

二　区分希望和要求

在日常生活中，我们通常把希望和要求混淆在一起，有时把希望当作要求，有时把要求当作希望。所谓希望是对自己未来生活的期盼，它同时包含对外部环境不同状况的包容。所谓要求是对自己未来生活的控制，它有意或无意地掩盖外部环境的不同状况。也就是说，当我们说，我希望……的时候，只是强调这是我的愿望，但事实上未必如此；而当我们说，我要求……的时候，就强调事实也是如此。因此，如果混淆希望和要求，就会把自己的希望转变为要求，分不清自己与外部环境的界限，导致的结果是：或者把自己的愿望强加给外部环境或者把外部环境的要求强加给自己，增强两者之间的冲突。我们来看一看下面这个案例。

社会工作者：目标定得太高，孩子一下子达不到的，他也会很受挫。他没达到目标，然后你还买东西给他吗？

服务对象的父亲：有啊，他吵着要，我就买给他了。

社会工作者：这就是关键所在了。他没达到要求你仍然买给他，那个规则就没有用了。他也会无所谓，反正不管表现好不好、有没有达到要求，都能得到他想要的。

服务对象的父亲：但是我如果不买给他，他看上去就非常沮丧，整天想着那东西。孩子整天逛玩具店，就看准了想要什么东西。

社会工作者：他去玩具店看玩具没关系，看后才知道想要什么东西，关键是什么时候买给他。

服务对象的父亲：以前我小时候生活很苦，想要什么东西得不到，很痛苦，所以我看儿子那样子，好像很颓废的样子，就不忍心了。

社会工作者：但是时代不一样了呀，孩子的基本需求你已经满足他了呀。只要他表现出沮丧、颓废，你就满足他，他以后就会一直用这招了。

　　服务对象的父亲看到孩子得不到东西后表现出颓废、沮丧的样子，就想到了自己小时候的经历，他说："以前我小时候生活很苦，想要什么东西得不到，很痛苦，所以我看儿子那样子，好像很颓废的样子，就不忍心了。"看到别人的处境，联想到自己的经历，这是非常自然的一件事情。但是，这里有一个界限的问题。不希望自己小时候的痛苦经历在孩子身上发生，这只是自己的希望，不是要求。在这个案例中，服务对象的父亲把自己的希望转变成了要求，结果不顾孩子的实际情况，过分表现出自己的同情心和爱心。社会工作者可以这样回应服务对象的父亲：每个父亲都希望自己的孩子生活幸福，这是我们的希望，但终究不能替代孩子。

在实际的社会工作专业服务介入过程中，还有另一种常见的混淆希望和要求的现象：服务对象把对自己的希望转变为对自己的要求。例如，服务对象要求自己下一次考试获得优秀、要求自己把事情做得完美无缺、要求自己受人欢迎等，这些要求会使服务对象不顾自身和外部环境的限制，把自己的想法强加给自身，要求自己达到这个标准或者那个标准，加深服务对象内部心理不同层面之间的冲突，最终导致服务对象与外部环境之间的矛盾。因此，无论希望和要求混淆的指向是外部环境还是服务对象自身，都会加剧服务对象与外部环境之间的冲突和矛盾。

在服务对象讲述故事的过程中，社会工作者需要特别关注这样一些描述：① "应该"。例如，我应该……或者你应该……尤其当服务对象与周围他人发生冲突的时候，"应该" 的描述表明服务对象把希望转变成了要求。② "必须"。例如，我们必须……或者你必须……也是常见的混淆希望和要求的描述方式。另外，还有 "一定" 等。当服务对象的描述中出现这样的词时，社会工作者需要特别留心，要分析服务对象是不是把自己的希望转变成了要求。

三　强化改变的意愿

服务对象有了行动的意愿之后，并不意味着就一定能够把意愿转变成具体的行动。实际上，人的意愿与实际行动之间存在着不小的差距。我们都有这样的体会，虽然我们有了改变的意愿，但在实际生活中又会根据实际的要求采取行动，不一定遵循自己的改变意愿。因此，如果服务对象有了改变的意愿，社会工作者不能仅仅停留于此，而要采取特定的方法和技巧来增强服务对象的改变意愿。我们来看一看下面这个案例。

社会工作者：你以前也经常为别人着想，这和现在有什么不同？

服务对象：以前也会从别人角度想一想，但那是害怕与别人发生冲突。现在就不同了，只想从别人的角度看看他的理由，有没有道理，即使与别人不同也会提出自己的想法。

社会工作者：比方说，有位你不太熟悉的人在你面前说美国怎样怎样好，中国怎么怎么差，明显和你的观点不同，你怎么办？

服务对象：我会岔开话题，谈别的。

社会工作者：为什么要岔开话题？是不是担心冷场或者冲突？

　　服务对象： 我怕冷场。

　　社会工作者： 转移话题能够解决冷场吗？

　　服务对象： 短时间行，长时间不可能。

　　社会工作者： 避免冷场有什么好处？

　　服务对象： 是的，解决冷场就已经害怕别人和自己不一样。我想，让别人说吧，那只代表他的想法。

　　服务对象觉得自己已经和以前不同了，"只想从别人的角度看看他的理由，有没有道理，即使与别人不同也会提出自己的想法"。显然，服务对象已经有了明显的改变意愿。如果社会工作者的服务介入只停留在这里，很可能使服务对象的改变仅仅停留在意愿的层面，而且由于没有其他心理层面的配合，这样的改变很难维持。案例中的社会工作者认识到了这一点，所以当服务对象表达了自己的改变意愿之后，社会工作者接着假设具体的行动场景："比方说，有位你不太熟悉的人在你面前说美国怎样怎样好，中国怎么怎么差，明显和你的观点不同，你怎么办？"这是强化改变意愿的常用技巧之一，即通过假设具体的行动场景让服务对象直接面对具体的日常生活场景。接下来的服务介入都是围绕着怎样面对日常生活中的冲突，以便增强服务对象的改变意愿。

　　除了上面介绍的通过假设具体的行动场景的方式强化服务对象的改变意愿之外，社会工作者通常还可以使用其他两种常用的技巧：①布置行动任务，即根据服务对象的改变意愿设计服务面谈之后服务对象需要完成的任务，让服务对象把改变的意愿直接运用于具体的日常生活场景。这种服务介入技巧的好处是，可以直接把服务对象的改变意愿转变成具体的行动，进一步推动服务对象改善目前的生活状况，而且可以将在运用技巧的过程中出现的困难作为下一次服务面谈的内容加以讨论。②角色扮演，即根据服务对象的改变意愿当场设计互动对话的场景，让服务对象把自己的改变意愿转化为行动。这种服务介入技巧的好处非常明显，服务对象可以在社会工作者的指导下把改变的意愿运用于具体的日常生活场景中。这对社会工作者的要求非常高，需要社会工作者当场运用当时的服务面谈场景设计与服务对象的日常互动交流过程。概括起来，强化服务对象的改变意愿有三种常见的技巧——假设具体的行动场景、布置行动任务和角色扮演。

因此，在服务对象的信仰价值层面，社会工作者可以运用肯定发展的愿望、区分希望和要求以及强化改变的意愿三种服务介入的方法和技巧帮助服务对象调整心理状况。

游戏活动：坚持自己的希望

目标：区分自己的希望和要求，了解自己与外部环境的交流界限。

步骤：

（1）每位学生准备好一张白纸和一支笔；

（2）将白纸分为三个纵栏（如下所示）：

与别人冲突的场景	冲突时的想法和表述	把要求转变成希望，区分界限
1.		
2.		
3.		
……		

（3）记录几次与别人发生冲突的场景，仔细区分自己的希望和要求的差别；

（4）把要求的描述转变成希望的描述；

（5）看一看自己能做什么和怎样做。

课外案例练习

请运用信仰价值层面介入的方法和技巧指出下面案例中需要改进的方面以及改进的具体方法。

课外案例练习 1

社会工作者：哦，你常当守门员，是你自愿的吗？

服务对象：（摇头）他们叫我当的。

社会工作者：你自己喜欢当守门员吗？

服务对象：不喜欢。

社会工作者：那你喜欢当什么角色呢？

（服务对象没有回答）

社会工作者：其实如果你不喜欢当守门员，你可以跟其他小朋友说的。你有没有跟他们说过呢？

服务对象：说过。有一次，我说了，但他们每次都叫我当守门员。

社会工作者：其实可以轮流的，这样子才比较公平嘛。

课外案例练习 2

服务对象的父亲：确实我们需要沟通。他妈妈比较严，会打他。而我比较松，认为这样子不一定有用。有时候他妈妈坐在他旁边，还没说话，他就很害怕，一直远离他妈妈，怕他妈妈打他。有时候命令孩子做作业，虽然他人是去了，但心还在电视里。有用吗？

社会工作者：那你有没有把你的这些想法跟阿姨说呢？

服务对象的父亲：说是说了，她也知道不能太急，但一急就控制不了自己。我也能理解她，开家长会都是她去开的，我不去，我都不好意思去了。每次去老师会说孩子怎样，她自然感受到学校的压力。另外，也有朋友的压力，朋友在一起，都比自己孩子的学习成绩，孩子学习不好，我们也很没有面子，所以他妈妈会很急。

社会工作者：叔叔，你很会理解阿姨，确实你们的压力也蛮大的。不过孩子现在四年级，还是来得及的，急不来。

服务对象的父亲：是啊，只能慢慢来。我这个人也是慢慢来的。有时，我妻子说我不急，好像我不关心一样。其实我心里也很急，关键是急也没用。

社会工作者：嗯，是的。

课外案例练习 3

服务对象的父亲：有时，我让孩子讲故事给我听，培养孩子的能力。其实，我不认为现在学习不好，将来就没出路。当然，现在社会和学校认同的是学习好，我也知道。不过，我更注重孩子能力方面的培养。

社会工作者：你让孩子怎么讲故事给你听呢？

服务对象的父亲：我让他看书后把故事复述给我听，他也很愿意讲的。我主要是培养他的语言表达能力。

社会工作者：嗯，叔叔你比较看重能力的培养。这样子有助于促进你们的沟通，增进亲子间的感情，是很好的做法。

服务对象的父亲：但他妈妈就认为考试更重要，要让孩子学习，所以看法又不一样了。

社会工作者：你把你的想法跟阿姨说了吗？

服务对象的父亲：有啊，她还是认为学习课内的更重要。

第四节　意识层面介入的方法和技巧

服务对象内部心理的第二个层面是意识层面，主要包括认知、动机和行动等。这样的划分是和心理治疗理论的流派发展相一致的，以便把心理治疗理论中有关认知、动机和行动的心理治疗方法与技巧运用于社会工作的专业服务中。[①] 在社会工作专业服务中，经常使用的意识层面的服务介入技巧包括强化动机、差异性提问[②]和强化行动三种介入的方法和技巧。这里，将重点介绍这三种服务介入的方法和技巧。

一　强化动机

服务对象的行动是在一定的日常生活处境中发生的，它与外部环境紧密相联。要强化服务对象的行动动机，就需要把服务对象的行动动机与外部环境联系起来。我们来看一看下面这个案例。

社会工作者：你的学习计划想了没有？

服务对象：想了。这是我的学习计划（服务对象给社会工作者一张写着自己计划的纸）。

社会工作者：你打算从什么时候开始？

服务对象：明天。

---

① Corsini & Wedding, 2000, 见第八章"认知治疗"部分。

② 差异性提问的相关内容可以参阅 Boscolo, Cecchin, Hoffman, & Penn（1987：13 – 15）。

　　社会工作者： 你需要妈妈帮什么吗？比如，看看你做完了没有？

　　服务对象： 不需要。

　　社会工作者： 那么说，你自己完全能做到。

　　服务对象： 是的。

　　社会工作者： 让妈妈看看，有什么需要补充的？

　　服务对象的母亲： 周二、周日你要补习语文和数学，周四补习英语。还有，每天三小时看电视太多了。

　　服务对象： 不多嘛！

　　社会工作者： 那好，先做一周怎么样？

　　服务对象： 好的。

　　社会工作者：（对服务对象）你到隔壁房间用空白的纸重新写一下，然后签上你的名字，好吗？

　　社会工作者：（对服务对象的母亲）孩子现在处于非常关键的时期，这一两年对他来说非常重要，如果能够顺利复学，和同学能够顺利沟通，其他的问题就会逐渐消除。现在他非常需要你的帮助。

　　当服务对象有了明确的学习计划之后，社会工作者接着将服务对象的学习计划具体化："你打算从什么时候开始？"具体化是强化服务对象行动动机的常用技巧。除了可以提问具体的时间安排之外，社会工作者还可以提问具体的计划安排。例如，打算怎样做、什么时候做什么、分几步做、最终达到什么目标等，将服务对象的行动动机与日常安排紧密联系起来。

　　"你需要妈妈帮什么吗"、"让妈妈看看，有什么需要补充的"，这些提问是将服务对象的行动动机与周围他人联结起来，建立一种相互促进的关系。将服务对象的行动动机与周围他人联结起来也是强化动机的一种常用的社会工作专业服务介入技巧（White，1988：32）。将服务对象的行动动机与周围他人联结起来，对于自制能力差、身体状况比较特殊的群体来说十分必要。例如，服务对象如果是儿童，就需要周围他人的监督和同伴的支持。周围他人可以和服务对象在行动过程中建立一种相互促进的关系。这样，在动机的强化过程还可以发展出相互支持的社会关系。

　　社会工作者在上面这个案例的最后还运用了具体行动的技巧强化服务对象的动机。社会工作者这样回应服务对象："你到隔壁房间用空白纸重新写一下，然后签上你的名字，好吗?"让服务对象通过重新写一遍、签上名字等具体的行动方式强化学习动机。行动是非常有效的强化动机的技巧，而且通过行动可以使服务对象有新的不同感受，并借助不同的感受调整服务对象的整个心理状况。

二　差异性提问

差异性提问是调适内部心理认知因素经常使用的服务介入技巧。所谓差异性提问是指对两种或者两种以上不同事件或人物进行比较的提问，以便寻找影响事件或者人物的具体因素。它所依据的理由是，人们获得信息的方式不是直接对某个事件进行分析，而是比较不同的事件，是一种差异性信息处理的方法。我们来看一看下面这个案例。

服务对象是小学三年级的男生。母亲说，服务对象在一年级的时候学习成绩还不错，各门功课都是九十几分。那个时候，服务对象也相对比较安静，是一个比较听话乖巧的孩子。到了小学二年级，服务对象开始喜欢玩电脑。从那个时候开始服务对象就不怎么学习了，而且变得很调皮、不听话，成绩也变得很差。提到服务对象的时候，母亲时不时会表现出无可奈何的表情。但是，她还是希望服务对象能有所改变。服务对象的父亲说，服务对象在小学一年级的时候成绩还是很好的，现在变差了，希望服务对象能够不那么贪玩，能够静下来学习。

服务对象的老师介绍说，服务对象在学校经常欺负同学，学习成绩不好，特别是语文，经常不及格，相比之下数学成绩相对好一点，但也不是很好。服务对象的主要问题是对学习没有什么兴趣。

在案例中，服务对象的母亲和父亲都运用了差异性信息处理的方法。母亲比较了解服务对象在小学一年级和二年级的表现，认为一年级的时候服务对象比较安静、听话，学习成绩也比较好。到了二年级，服务对象变得调皮、不听话，学习成绩很差。比较的结果是，服务对象的母亲发现，到了二年级，服务对象开始喜欢玩电脑。服务对象的父亲也做了类似的比较。仔细分析一下就会发现，服务对象的老师在介绍服务对象的时候也运

用了比较的方式。例如，服务对象的学习成绩不好，这是与服务对象的同学进行比较；服务对象的数学成绩和语文成绩相比，数学要好一些。但是，无论服务对象的父母还是老师，在运用差异性信息处理的方法时都不够仔细、全面，因此比较的结论也就不那么可靠。社会工作者运用差异性提问就是要帮助服务对象进行全面、细致的比较。在上面的案例中，社会工作者可以这样回应服务对象父母的描述：除了服务对象喜欢玩电脑之外，还有什么变化比较大的方面？

差异性提问常用的方式之一就是提问不同的时间，即把服务对象一段时间内的表现与另一段时间内的表现进行比较，帮助服务对象寻找成长过程中的变化因素。社会工作者可以先问服务对象在两段不同时间内的表现，然后总结表现上的差异，接着再问影响变化的因素。时间上的差异性提问既可以是过去两个不同时间段的比较，也可以是过去和现在的比较，也可以是现在和未来进行比较。需要注意的是，不管哪两个时间段进行比较，最终都要把服务对象的注意焦点集中在未来的发展空间上，否则比较的结果很难带动服务对象改变。

场景的差异性提问是另一种常用的方式，经常运用于场景变化的处境，尤其是服务对象的生活处境发生了明显的改变，例如，开始上学、开始工作、迁居等，场景的变化会导致服务对象整个生活方式的改变。社会工作者可以让新的生活场景与服务对象习惯的旧的生活场景进行比较，看一看生活场景的改变给服务对象造成了什么压力。社会工作者在运用场景的差异性提问时需要特别注意，考察的关键不是场景发生了什么改变，或者场景改变给服务对象造成了什么影响，而是服务对象怎样面对和处理面临的压力，分析一下哪些方法是有效的，哪些方法需要改进。

还有一种常用的方式就是对人物的差异性提问，尤其当服务对象与某个人或者某些人的关系不同时，为了了解服务对象的内心想法和感受，社会工作者经常运用对人物的差异性提问方式。例如，如果服务对象特别喜欢某个人，社会工作者就可以这样回应服务对象：他和别人有什么不同？或者和他在一起有什么不同的感受？如果服务对象特别不喜欢某个人，社会工作者也可以运用差异性提问回应服务对象：他和别人有什么不一样的地方？或者和他在一起让你有什么不舒服的感受？这样，通过对人物的差异性提问，社会工作者就可以帮助服务对象调整与周围他人的互动交往方式。

当然，有关认知的内部心理调适方式不仅仅只有差异性提问，像再标签、症状处方等（杨，1996：129~148），都是常用的服务介入技巧，这些技巧在心理治疗的有关理论中有详细的介绍，这里不再赘述。

三　强化行动

如何调整服务对象的行为在行为治疗模式中有专门的论述，这些具体的方法和技巧可以运用于社会工作专业服务活动中。不过，需要注意的是，在运用行为治疗模式的方法和技巧时，需要把这些方法和技巧置于服务对象与周围他人的互动交流过程中。这里将重点介绍如何在与周围他人的互动交流中强化服务对象行动的方法和技巧。我们来看一看下面这个案例。

社会工作者：你有没有比较不喜欢的老师呢？

服务对象：（不假思索）数学老师。他很坏。

（数学老师和服务对象的母亲联系，叫她把服务对象带回家里反省两天，他认为服务对象在学校既然不学习，还会影响其他同学，不如在家反省一下，也许会有改正的效果。）

社会工作者：啊？为什么呢？

服务对象：数学老师会骂人，很讨厌他。

社会工作者：数学老师对你不好吗？

服务对象：嗯。

社会工作者：可以告诉哥哥老师怎么不好吗？我也许可以去找老师说说。

服务对象：不要去找他，他很坏。

在上面的案例中，服务对象谈到了自己不喜欢数学老师，认为他很坏。作为社会工作者，这个时候就需要了解服务对象与数学老师的互动交流方式和过程，分析一下服务对象所说的"坏"是什么意思。如果追问为什么，就会不自觉地运用服务对象的价值标准或者自己的价值标准。社会工作者可以这样回应服务对象：他做了什么让你感到不舒服？"数学老师会骂人，很讨厌他。"这是服务对象的回答。此时，社会工作者需要进一步追问服务对象，让服务对象与数学老师之间的互动过程显现出来。社

会工作者可以这样追问服务对象：数学老师骂了什么，那么难听？然后，社会工作者可以接着追问服务对象是怎么想、怎么做的。强化行动的一个常用技巧是从服务对象的感受出发提问服务对象与环境周围他人的互动过程。注意，社会工作者要投入服务对象的感受中，通过感受层面的同理才能真正感动服务对象，带动服务对象行动。

另一种常用的强化行动的方式是，社会工作者在设计场景时注意把问答过程转变成互动过程，即在社会工作专业服务介入过程中，社会工作者的关注焦点不是解答服务对象的疑问，而是通过与服务对象的互动过程促进服务对象与周围他人互动交流。这样，如何运用语言只是场景设计中的一部分，要配合相应的态度、表情和行动并充分利用当时的场景。简单地说，社会工作者要让服务对象行动，首先自己要行动。我们来看一看下面这段服务介入对话。

社会工作者：该轮到我们的圣诞聚会了吧？我们都是有备而来的，歌词我都抄来了。

服务对象：你抄了什么歌词啊？

社会工作者：你看，《鼓浪屿之波》的歌词。

服务对象：好，那我们开始吧！（服务对象往钢琴椅上一坐，准备开始演奏的架势。）

社会工作者：今天是你来负责，你还要主持一下开幕式，还要介绍本场晚会的嘉宾，对不对？

服务对象：哦，对！（站到中间空地上）今天在这里举行的是圣诞聚会，来的嘉宾有……

社会工作者：还有谁呢？（指着父母）

服务对象：还有爸爸、妈妈。

社会工作者：你对我们嘉宾有什么祝福吗？

服务对象：祝大家圣诞节快乐、开心！

社会工作者：我们也祝你圣诞快乐！

在案例中，社会工作者运用了游戏活动的方式强化服务对象的行动。社会工作者的提问都集中在如何促进服务对象与周围他人的互动交流上，

像"我们都是有备而来的，歌词我都抄来了"，"你看，《鼓浪屿之波》的歌词"等，都是为了带动服务对象具体行动。因此，强化行动的一种很重要的方式，是把社会工作专业服务介入的主要手段从语言转向整体，把社会工作专业服务介入的目标从问答转向互动。

意识层面的内部心理调适主要包括认知、动机和行动三个方面，这里主要介绍了与这三个方面相对应的强化动机、差异性提问和强化行动三种常用的社会工作专业服务介入的方法和技巧。

游戏活动：闭上眼睛，打开感觉

目标： 让学生学习在行动中充分运用自己的各种感觉方式与周围他人交流。

步骤：

（1）每两位同学一组，由一位同学扮演领路人，另一位同学扮演跟随者；

（2）两位同学伸开手，将手轻轻握在一起；

（3）扮演跟随者的同学闭上眼睛，直到游戏结束；

（4）领路人只能通过握着的手给对方指引，不能说话，带着跟随者在教室里转一圈回到起点的位置。

课 外 案 例 练 习

请运用意识层面介入的方法和技巧指出下面案例中需要改进的方面以及改进的具体方法。

课外案例练习 1

因为服务对象和父亲互相指责，于是社会工作者决定先不谈能不能实现哪些愿望。

社会工作者： 那我们先不说这个，你告诉哥哥姐姐，你最想做的是什么？有什么愿望？我们写下来。

（服务对象在社会工作者的引导下，一一讲出自己的愿望，然后服务对象逐渐接受了让父亲带自己做哪些的协议。)

　　社会工作者：你自己打算做些什么交换来实现这些愿望？

　　(服务对象一一讲了出来，中途还和父亲以及社会工作者进行了一些讨价还价，最后拟定了服务对象自己要完成的任务。)

　　在社会工作者的提议下，父亲给电脑设置了密码，答应在服务对象完成任务之后给服务对象开电脑。

课外案例练习 2

　　社会工作者：你觉得有没有必要去给他制订一个学习计划，然后监督他实施？

　　服务对象的父亲：这个还是很有必要的，你帮他制订一个学习计划吧！

　　社会工作者：这个计划不是我制订而是你们制订，然后我们大家一起来监督实施。

　　服务对象的父亲：好！

　　(让服务对象和父亲一起谈论如何制订学习计划，并且把学习计划写在纸上。然后，社会工作者要求服务对象亲自抄一遍，再由服务对象、服务对象的父亲以及社会工作者签字。社会工作者保留一份，另一份贴在墙上。)

　　(下面是服务对象在抄写计划的过程中社会工作者与服务对象的对话。)

　　服务对象：一份就够了，我不抄了，我的字很丑。

　　社会工作者：可是一份很容易丢，你和我们各一份，将来你爸爸妈妈要是违约，我们就来监督他们，好不好？

　　服务对象：(拿出纸和笔，开始抄计划) 我的字真的很丑。

　　社会工作者：不会啦，你只要好好写就会好的，你看你现在一笔一画就写得不错嘛！

　　服务对象：(看了原来定的计划，觉得有点难度，想要赖) 语文70太高了，还有英语……

　　社会工作者：不行，原来不是说好的吗？现在不能反悔。

课外案例练习 3

　　社会工作者：你平时都是怎么辅导他学习的？

服务对象的父亲：我经常跟他讲啊，作业我都有检查。不过事情太多，常常忘记给他辅导。

社会工作者：忘记辅导是因为做生意太忙吗？

服务对象的父亲：是啊。

社会工作者：有没有什么好的方法改变这一点呢？

服务对象的父亲：这个没有办法改变，我们要做生意就没有办法，除非生意不做。

社会工作者：你平时辅导他时有没有发现什么好的方法？

服务对象的父亲：这个没有想过。

社会工作者：他现在学习跟以前比起来有什么变化吗？

服务对象的父亲：变化大了，他以前回到家都不知道写作业的，现在会主动把作业写完。以前都不爱去上课，现在他舅舅结婚，我们让他请一天假他都说不愿意。以前他成绩差得不得了，每次都不及格，现在比以前好多了。

社会工作者：你认为他为什么能进步这么大？

服务对象的父亲：嗯。我们都教他啊，我整天都跟他讲。

第五节　无意识层面介入的方法和技巧

虽然服务对象无法意识到无意识层面的心理活动，但是它体现在服务对象的日常生活中，对服务对象的生活起着重要的作用。深入服务对象的无意识开展服务介入工作，是内部心理调适的重要内容之一。不过，需要注意的是，这里所说的无意识不是指意识底层的个人心理的部分，而是指与意识、信仰价值结合在一起并在人际互动过程中表现出来的某种心理状态。它总是与人的日常互动交流联系在一起。因为无意识涉及不被服务对象意识到的心理状况，而且与服务对象的日常基本生活方式紧密相联，相比较而言，介入服务对象的无意识层面比较难，但它的影响比较大，需要社会工作者小心处理。这里，我们将重点介绍关注情绪的表达方式、关注感觉的方式以及包容习惯和情结三种无意识层面心理调适的方法和技巧。

一 关注情绪的表达方式

每个人都有自己的情绪表达方式，有的人平缓而持久，有的人剧烈而短暂。这些不同的情绪表达方式意味着不同的回应外部环境要求的方式。由于情绪是人回应外部环境的基本方式之一，因而对人的生活起着非常重要的影响，对人的生理和其他心理因素都有着重要的影响。我们来看一看下面这个案例。

服务对象是小学一年级的男生，7岁，不仅学习困难，而且行为表现都与同年龄的孩子有一定的差距。当社会工作者第二次进入服务对象家里时，目睹了服务对象与母亲发生冲突的场景。母亲拿出服务对象尚未完成的数学练习册让服务对象做，还没打开服务对象就开始哭闹，"那个'比大小'的我不会嘛！为什么要比大小啊？28页的我都不会嘛！"母亲安慰他说："不会，妈妈可以教你嘛！"但服务对象不予理会，依然重复这几句，声音很大，眉头也皱起来了，眼泪掉了下来。他走到妈妈身边，想钻进妈妈怀里，用自己的脸靠近妈妈的脸。当这些都没有什么效果的时候，就生气地夺妈妈手中的练习册，用橡皮把已经做好的练习题答案擦掉。母亲非常恼火，生气地把练习册夺了回来，表情非常严肃，说："你看，妈妈的头发都被你气黄了，气卷了（服务对象的母亲这周刚去烫染了头发）。"服务对象还是不听，看母亲要发火的样子，就跑到爷爷的房间里，不再出来。

在上面这个案例中，服务对象的情绪表现得非常激烈，母亲还没打开数学练习册，服务对象就开始哭闹，而且情绪非常强烈。在这样强烈的情绪对抗中，服务对象自然很难接受周围他人的意见。这个时候，好好劝说很难起作用，比较合适的处理方式是：先让服务对象安静一会儿，等服务对象情绪相对稳定一点的时候让服务对象自己选择，问他打算做多长时间的数学练习，15分钟还是30分钟。在这里，社会工作者需要注意，当服务对象情绪不稳定的时候，社会工作者的首要工作是稳定服务对象的情绪，不要在服务对象情绪不稳定的时候和他谈论需要完成的任务。等服务

对象情绪相对稳定一些的时候，再和他具体商谈要求完成的任务。在提出需要完成的任务时，最好给服务对象一定范围内的选择空间。例如，上面案例中提到的完成时间，也可以是完成的数量或者完成的种类等，增强服务对象自己选择和控制的能力，当然也是提高服务对象控制和管理情绪的能力。

由于人的情绪是回应外部环境要求的基本方式之一，它的培养自然离不开日常生活经验的积累。社会工作者可以通过调整服务对象的日常生活安排的方式影响服务对象，如服务对象日常的起居安排、饮食习惯等，帮助服务对象形成健康的生活方式。除了日常生活习惯的培养之外，社会工作者还可以运用讲故事或者玩游戏的方式增加服务对象表达情绪的机会，提高服务对象情绪表达的能力。[①] 我们来看一看下面这段服务介入对话。

社会工作者： 我们一起读这首古诗，好不好？

（服务对象点头。一起读古诗，服务对象声音较小。）

社会工作者： 我们来一句一句地分析一下古诗。不过，我有个小要求。现在你的任务就是每分析完一句，你就告诉我你想到什么，你脑海中的图像是什么？好不好？

服务对象：（点头，有点期待的样子。）

社会工作者： 现在我们一起想一下从这首诗（《渔歌子》）能想到什么。我说一个你说一个，看谁说得多。我先说，我看见……西塞山，到你。

服务对象：（犹豫了一下，声音很小）白鹭。

社会工作者： 很好。那……还有山前的桃花。

（望着服务对象，当目光相遇时，服务对象移开了目光。）

服务对象： 流水。

（情绪有些提高）

社会工作者： 鳜鱼，而且是很肥的。嘿嘿。

服务对象： 箬笠。绿色的。

社会工作者： 箬笠？是地上放着一顶帽子吗？

---

① 玩游戏和讲故事的介入方法和技巧可以参阅 Kaduson & Schaefer, 2004 和 Gardner, 2003。

服务对象：嗯……有人，人戴的。

社会工作者：是谁？

服务对象：钓鱼的。

社会工作者：对嘛，是渔民。你看，老师说得很对，你的想象力很好。

（服务对象笑一笑，积极性有明显提高。）

社会工作者：还有渔民的绿色蓑衣，躲雨的。

服务对象：风、雨。

社会工作者：哇，你说了两个。我都没有说的了。那是什么样的风和雨，形容一下？

服务对象：斜风细雨。

社会工作者：对，微风小雨。到我了，还有……渔竿……呵呵。

（服务对象笑笑，不同于前面礼貌性的微笑，是发自内心开心的笑。）

服务对象：嗯……

社会工作者：够了，这幅关于诗的画已经很充实了，有景色，有人物，有色彩，有动有静。我们以后写作文的时候，也可以从这些方面入手，对不对？这样就会给读的人一个美丽的画面、一个想象空间。

（服务对象点点头，有些满足的表情。）

从上面这段服务介入的对话中我们可以发现，服务对象在游戏开始时非常拘谨，很难直接表达自己的情绪，但是在游戏过程中就能比较好地学习把握情绪表达的方式。

二　关注感觉的方式

在与外部环境的互动交流中，每位服务对象接受外部环境信息的方式是不同的，有的听觉特别丰富，有的视觉非常敏感，有的触觉特别敏锐，不同的感觉方式意味着不同的学习方式。了解服务对象的感觉方式，可以深入地把握服务对象与外部环境的互动交流方式。我们来看一看下面这个案例。

服务对象是小学一年级的男生。据老师和家长反映，孩子有点"特别"，感觉和反应方式与一般的孩子不同。

服务对象的母亲：有的故事他喜欢，有的他不喜欢。他好像对声音比较敏感，听到声音，他就不喜欢。

社会工作者：什么声音呢？

服务对象的母亲：比如说瀑布声或者鸟叫声。

社会工作者：你是指在录音机里的声音吗？

服务对象的母亲：嗯。

社会工作者：他会有什么反应呢？

服务对象的母亲：他就说"我不想听了"。

社会工作者：可能他会感到害怕吧！

服务对象的母亲：可能是吧。他比较喜欢听姐姐讲故事。

社会工作者：也是录音机里的吗？

服务对象的母亲：嗯，就是那种比较平淡的，他反而爱听。

在案例中，服务对象的母亲对孩子的感觉方式有特别的描述："他好像对声音比较敏感，听到声音，他就不喜欢。"不喜欢听"瀑布声或者鸟叫声"，比较爱听"那种比较平淡的"。对于这些描述，社会工作者需要特别关注。社会工作者只有运用服务对象喜欢的感觉方式与服务对象交流，才能有效地影响服务对象。同样，服务对象只有运用自己喜欢的感觉方式，才能与外部环境顺利地沟通交流。对于上面这个案例，社会工作者在接下来的社会工作专业服务介入过程中需要避免采用服务对象不喜欢的声音，多运用感知觉方面的训练。接着上面的案例，我们来看一看下面这段服务介入的游戏活动过程。

为了帮助服务对象提高沟通交流的能力，社会工作者决定采用游戏的方式。社会工作者首先讲了一下游戏规则，由社会工作者比划动作，服务对象来猜意思。服务对象猜得有点勉强，参与的热情不是非常高。当看到"漱口"这个词时，服务对象的母亲开始很主动地比划起动作来了。社会工作者发现，服务对象母亲的动作更形象生动，

而且更懂得运用服务对象能够理解的日常生活中的动作，所以服务对象很容易猜到。同时为了让服务对象与周围他人有更多的互动交流，社会工作者马上邀请服务对象的母亲来比划剩下词语的动作，由服务对象来猜，服务对象的积极性明显提高。比划完了，社会工作者就反过来邀请服务对象比划动作，让服务对象的母亲来猜。这主要是让服务对象学习更好地表达与交流。起先服务对象还有点勉强，后来在社会工作者和服务对象母亲的辅助下，服务对象比划得越来越积极，母亲猜得也很开心。

通过上面这个案例可以发现，运用游戏的方式可以充分打开服务对象不同的感知觉，而这仅仅借助问答方式是很难实现的。需要注意的是，社会工作者在运用玩游戏和讲故事的方式开展社会工作专业服务活动时，需要避免两种情况的出现：①把玩游戏和讲故事作为帮助服务对象掌握某种抽象意义的手段，例如，要求服务对象概括游戏和故事的主要含义。这种方式忽视了游戏和故事中服务对象与外部环境进行丰富交流的事实。②把玩游戏和讲故事作为服务对象娱乐的手段，让服务对象开心地玩，无视服务对象与外部环境互动交流的方式和途径。前者容易导致社会工作者过窄地理解游戏和故事的作用，后者容易让社会工作者失去服务介入的目标和方向。

三 包容习惯和情结（在行动中改变行为习惯、解开心理情结）

服务对象的行为习惯和情结也是服务对象无意识的重要内容之一，它深藏在服务对象的日常生活方式中，通常与服务对象的重要经历密切相关。社会工作者在服务介入过程中不要希望通入一次服务介入就能改变服务对象的行为习惯、解开服务对象内心的情结。因此，一个好的服务介入策略需要包容服务对象的习惯和情结，并且在此基础上发展新的互动交流方式，通过新的互动交流方式带动服务对象行为习惯的改变并解开心理情结。我们来看一看下面这个案例。

服务对象是小学三年级的女生，10 岁。她有一个妹妹，3 岁。3年前服务对象的父亲因为想要一个儿子，要求服务对象的母亲再生一

个孩子，并且答应不管是男孩还是女孩，都不会和她离婚。当服务对象的父亲得知仍旧是一个女孩时，就与服务对象的母亲离了婚。服务对象的母亲现在带着两个孩子，生活非常紧张。

服务对象的母亲：我就跟她说小孩子不要撒谎，就算考 0 分也要讲。她说了，我也不会骂她。在我看来，人要先做好；没做好，其他什么都是没有用的。

社会工作者：她没有告诉你，是怕你骂她，怕你难过。你要相信她会做的。

服务对象的母亲：我从小看她长大的，刚开始都会表现得好，后来……

社会工作者：可你也要看到她的优点，她比别的孩子都乖。

服务对象的母亲：她会一直哭，哭到我都没有主意了。

社会工作者：阿姨，你也应该多看看她的优点呀，不要总看她的缺点。

服务对象的母亲：我虽然说看到她的缺点，可我还会管她，管得比别人还要多呢。我跟她说，我最近压力真的很大，我跟她说不要别人一说你，你就哭，来增加妈妈的负担。我叫她可以自己去别人家告状。

服务对象：（生气地反驳）我又不认识她家，我怎么知道呀！

在上面的案例中，服务对象的母亲一直只盯着服务对象的不足和缺点，社会工作者几次试图改变服务对象母亲的行为习惯，例如，要求服务对象的母亲相信服务对象、看到服务对象的优点，但是没有什么效果。可以理解，服务对象母亲的行为习惯与她的处境和生活经历密切相关，仅仅要求她改变，很难收到效果。此时，比较可行的方式是，帮助母亲与服务对象培养新的交往方式，并由此带动服务对象母亲行为习惯的改变。例如，可以以服务对象的学习为中心，改善服务对象与母亲在学习中的支持关系，并由此扩展到服务对象其他日常的互动交流方式。因此，面对这样的案例，社会工作者首先需要包容服务对象的习惯和情结，而不是指责，因为指责只会增加服务对象的压力，妨碍服务对象行为习惯和心理情结的调整。

总之，服务对象的无意识深藏于服务对象的日常互动交流过程中，对服务对象的生活起着非常重要的作用。社会工作者可以采取关注情绪的表达方式、关注感觉的方式以及包容习惯和情结的方法和技巧介入服务对象心理的无意识层面。

游戏活动：用感觉猜一猜

目标：增强学生运用感觉的能力。

步骤：

（1）每5~6位学生一组，选择其中一位作为猜谜者；

（2）让猜谜者闭上眼睛，其他小组成员围着猜谜者；

（3）由老师出题，如"下雨"等，给每个小组2分钟时间准备，然后让围着猜谜者的小组成员根据自己的想象发出声音，但不允许说话；

（4）由猜谜者根据小组成员的声音猜测是什么意思。

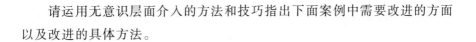

课 外 案 例 练 习

请运用无意识层面介入的方法和技巧指出下面案例中需要改进的方面以及改进的具体方法。

课外案例练习 1

服务对象找不到东西时也会哭闹。服务对象的母亲说，他的性情比较急躁。社会工作者第二次进入服务对象家里时，他拿出迷宫书走迷宫玩。开始好好的，后来突然叫嚷着说，里面有一幅图找不到了，说是别人给撕掉了，眼泪都掉了下来。母亲接过来说："不会啊，这本书是昨天才买的，谁给你撕了啊？没人给你撕啊！"然后就一页页认真地翻看，把服务对象要找的那幅图找到了，孩子才停止了哭闹。

课外案例练习 2

服务对象的母亲： 培训班的老师会用图画比较形象地教他们。

社会工作者：前两次我们让他复习培训班学的汉语词语，发现他看彩图可以很顺利地读出，但翻到背面不看图的时候，他就读不出来了。平常也是这样吗？

服务对象的母亲：有的词他可以，有的词不行，比较熟的就可以。一般星期一是看正面的字和彩图；星期二把正面下方的彩图遮住，直接看上面的字，如果忘记了，可以再看一下下面的彩图；星期三才看背面的字。所以如果直接让他看背面，他会读不出来。

社会工作者：哦，原来是这样啊。这个方法是培训班老师教的吗？

服务对象的母亲：嗯，老师说要慢慢地按照这个步骤一步一步来。

社会工作者：看起来蛮有效的。还是阿姨你们对他比较熟悉，知道什么样的方法适合他。那哪些是他懂得的，哪些是他觉得比较难的、不熟悉的，你有没有把它们分开呢？

服务对象的母亲：有啊，我把它们分开。

课外案例练习 3

社会工作者：是啊，我到过小区的几个家庭，发现你们真的非常用心。你们自己没有觉得吗？

服务对象的父亲：有啦，因为以前我们也做得非常不够，都忽略他。

社会工作者：其实也还好，最主要的是你们现在很用心，还是来得及的，他才上一年级。而且你们真的已经做得很好了，所以我认为也不一定要想着以前，觉得以前做得怎么不够……

服务对象的父亲：而觉得愧疚，是吗？

社会工作者：嗯，因为过去的事已经过去了，关键是现在你们已经做得很好了，是不是？

服务对象的父亲：嗯，是的。

第六节　三个不同心理层面整合的方法和技巧

接下来，我们来看一看怎样将三个不同心理层面的介入整合起来。社会工作者需要牢记，任何一个心理层面的介入，都与其他两个心理层面紧密相联。虽然社会工作者每一次介入的焦点都集中在某一心理层面，但并不意味着它的影响只限于这一层面的心理因素。尤其对初学的社会工作者来说，要在一个心理层面的介入中看到其他两个心理层面的影响，并不是一件容易的事，需要社会工作者在实践中不断地总结和提高，真正做到把服务对象的内心变化视为一个有机整体。我们先从总结不同心理层面介入的方法和技巧入手，然后介绍不同心理层面介入的功能，最后探讨一下不同心理层面整合的方法和技巧。

一　三个不同心理层面介入的方法和技巧的总结

经过上面章节的学习我们已经了解了三个不同心理层面介入的具体方法和技巧，这里，我们将重点介绍怎样把这些不同的介入方法和技巧自然地联结起来，在实际的社会工作专业服务活动中能够根据服务对象的具体情况推进服务介入工作。我们先来看一看信仰价值层面介入的方法和技巧（见图 3 – 10）。

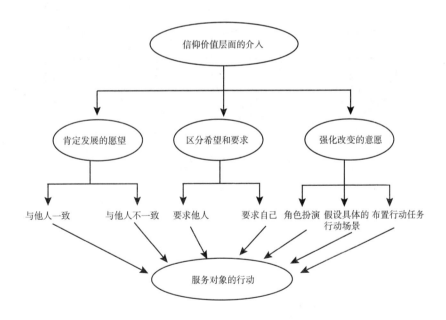

图 3 – 10　信仰价值层面介入的方法和技巧

从图 3 – 10 中可以发现，信仰价值层面介入的第一步是根据服务对象的发展愿望和改变要求采取肯定发展的愿望、区分希望和要求以及强化改变的意愿三种方法和技巧来推进社会工作专业服务介入活动。根据具体的情况又可以将这三种方法和技巧分为 7 种介入的技巧：与他人一致、与他人不一致、要求他人、要求自己、角色扮演、假设具体的行动场景和布置行动任务。信仰价值层面介入的第二步是运用这 7 种具体的服务介入技巧推动行动服务对象采取具体的行动。

社会工作者除了可以选择信仰价值层面作为内部心理调适的焦点之外，也可以选择意识层面作为内部心理调适的焦点。意识层面介入的方法和技巧包括强化动机、差异性提问和强化行动（见图 3 – 11）。

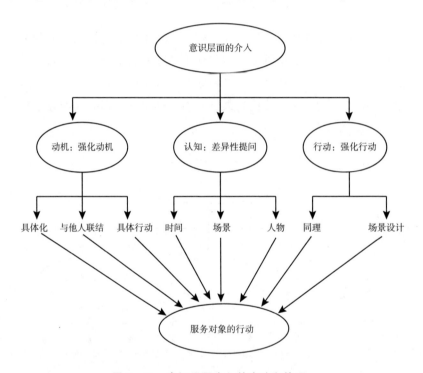

图 3 – 11　意识层面介入的方法和技巧

由图 3 – 11 中可以看出，意识层面的介入可以分为两个基本步骤。第一步，根据意识层面的内容（动机、认知、行动）采取强化动机、差异性提问和强化行动三种方法和技巧来调适服务对象心理的意识层面的状况。这三种方法和技巧又可以具体分为具体化、与他人联结、具体行动、时间、场景、人物、同理和场景设计 8 种技巧。第二步，运用这 8 种具体的意识层面介入的方法和技巧促进服务对象采取具体的行动，其中强化动机的行动、强化行动的同理和场景设计是直接与服务对象的行动相联结的。

　　服务对象无意识层面的介入是最困难的，也是最微妙的，但是它对服务对象的生活有着重要的作用。社会工作者可以采用关注情绪的表达方式、关注感觉的方式以及包容习惯和情结三种方法和技巧调适服务对象心理的无意识层面的状况（见图3－12）。

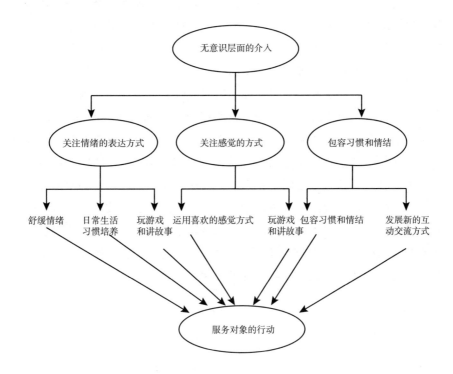

图3－12　无意识层面介入的方法和技巧

　　从图3－12中可以发现，社会工作者可以采用两个基本的步骤调适服务对象心理的无意识层面的状况。无意识层面的心理调适的第一步是根据服务对象心理的无意识层面的内容（情绪、感觉、行为习惯和情结）运用关注情绪的表达方式、关注感觉的方式与包容习惯和情结三种方法和技巧影响服务对象的无意识。这三种方法和技巧又可以具体分为6种技巧：舒缓情绪、日常生活习惯培养、玩游戏和讲故事、运用喜欢的感觉方式、包容习惯和情结以及发展新的互动交流方式。无意识层面心理调适的第二步是运用这6种具体的方法和技巧推动服务对象采取具体的行动。

通过上面的分析我们可以看到，内部心理三个不同层面的调适可以通过具体的行动整合起来，即任何一个层面的心理调适都可以通过具体的行动与其他两个层面的心理调适紧密相联。这样，各层面的心理调适不再是相互分割的，而是相互关联的有机整体。社会工作者应把服务对象的内部心理视为一个整体，从整体的角度介入服务对象的不同心理层面，并让每个心理层面的服务介入联结起来，使之相互促进，提高社会工作专业服务的效果。从整体的视角介入服务对象不同心理层面还有另外一个好处：增强社会工作专业服务的灵活性和有效性。因为在日常生活处境中服务对象展现给社会工作者的心理层面不是固定的，有的时候表现为信仰价值层面的内容，有的时候表现为意识层面的内容或者无意识层面的内容，如果社会工作者只从一个心理层面或者一种心理因素（如认知、动机、行为等）入手开展社会工作专业服务，就会错失很多机会，更为重要的是，当社会工作者强行把其他心理层面的内容转换为可以介入的心理层面的内容时，社会工作者与服务对象之间的张力就会增加。如果社会工作者根据服务对象所呈现的心理层面的内容决定服务介入的具体方法和技巧，就可以随时开展社会工作专业服务介入活动，并且可以通过具体的行动将针对服务对象不同心理层面的介入有机地联系起来，使不同心理层面的介入相互促进，从而增强社会工作专业服务的灵活性和有效性。

二　三个不同心理层面介入的功能

在实际的社会工作专业服务活动中，服务对象呈现出来的心理层面的内容往往不是局限于某个层面，而是或者同时呈现几个心理层面的内容，或者随着时间的推移逐渐展现不同心理层面的内容。面对这样的情况，社会工作者如果希望提高社会工作专业服务的效果，就不能仅仅运用某个心理层面介入的方法和技巧，而需要将三个不同心理层面介入的方法和技巧整合起来，根据服务对象的具体情况以及三个不同心理层面介入的具体功能采取不同的组合方式。我们来看一看下面这个案例。

案例3.5　希望不被老师留下来

服务对象7岁，是小学一年级的男生。他在学习方面有一定程度的困难，语文成绩不好，两次考试都不及格，数学相对还不错。他的适应能力也不如同龄的孩子。据老师反映，服务对象的最大困难是在学校不开口、很沉闷、不活泼，连回答问题的声音都很小。此外，有点自闭、胆小害羞，不主动跟人交流说话，不知道怎样和同学做游戏。服务对象的父母则反映，服务对象在外都很乖、人见人爱，但在家里就不是了，不爱做作业。服务对象的父亲归纳造成这种情况的原因是服务对象小时候没有受到足够的重视，常常被关在家里，很少出门，智力开发得比较迟。

服务对象最大的愿望是学好汉语拼音，可以不被老师留下来。在各门科目中，服务对象比较喜欢数学，因为学得相对好一些；不喜欢语文，因为有很多生词，学得不好，常常被老师留下来。但服务对象喜欢上智能培训班，老师教学时声情并茂，每次只学四五十个词，服务对象掌握得不错。服务对象经常自己一个人拿着羽毛球玩，或者独自玩简单的游戏。服务对象的父母反映，服务对象在学习上比别人"慢半拍"，上幼儿园小班和中班时也是不适应，但经过比较长时间的接触，到了大班就好了很多，学习能跟得上，和同学也能玩得来。上小学之后，服务对象起先不抄作业，都是爷爷帮他抄回来。10月以后学校规定家长只能在校门口等，于是老师请同桌的班长帮他抄作业。当社会工作者介入服务对象的家庭时，服务对象的父亲很兴奋地告诉社会工作者，现在服务对象已经学会自己抄作业了，而且进步相当大，知道不会写的字用拼音代替。

据老师反映，服务对象的反应很慢，同学们在玩老鹰捉小鸡游戏时，班主任特意拉他进来玩，教他要抓住同学的衣襟。但大家跑动时，他还待在那边，所以很快就自己站在一边了。因此，同学们也很少和他一起玩。

上面案例中的服务对象面临的主要困难集中在无意识层面，在学校"不开口、很沉闷、不活泼，连回答问题的声音都很小"，反应很慢，智力开发比较晚，经常自己一个人拿着羽毛球玩，或者独自玩简单的游戏，喜欢声情并茂地学习。显然，对这个案例，玩游戏和讲故事是比较好的介入技巧，其他的介入技巧还有行为习惯的调整、情绪的表达方式和感觉的方式。除了关注无意识层面的心理内容之外，社会工作者还要看到，服务对象同时也需要意识层面的介入，因为服务对象在学习上面临不小的困难，尤其是语文学习。此外，还有大声说话、人际交往的改善等，都需要社会工作者的介入。在信仰价值层面，服务对象喜欢数学，希望学好汉语拼音不被老师留下来，这些都是服务对象重要的发展愿望，社会工作者需要给予足够的关注。因此，面对上面这个案例，社会工作者可以以无意识层面的介入为主，同时结合意识层面和信仰价值层面的介入，把这三个层面的心理调适整合起来。

要设计一个有效的社会工作服务介入计划，就需要了解各个不同心理层面介入所具有的功能。下面，我们来分析一下三个不同心理层面介入的功能，具体的内容列在表 3 - 1 中。

表 3 - 1 三个不同心理层面介入的功能

信仰价值层面的介入	意识层面的介入	无意识层面的介入
1. 服务对象明确意识到，比较容易沟通和解释； 2. 影响比较深远，动力比较持久； 3. 容易忽视现实的要求，与现实产生张力。 （注重长久）	1. 服务对象明确意识到，比较容易沟通和解释； 2. 注重现实的要求，强调实际的效果； 3. 影响比较小，动力的持续时间比较短暂。 （注重现实）	1. 服务对象没有明确意识到，比较难以沟通交流； 2. 服务对象互动交流的基本方式，对服务对象有持久的影响； 3. 影响非常大，是基础性的。 （注重基础）

通过分析表 3 - 1 中的内容我们可以看到，信仰价值层面介入的功能主要表现在以下三个方面。①服务对象明确意识到，比较容易沟通和解释。信仰价值层面的内容通常表现为愿望、兴趣和要求等，能够被服务对象明确意识到，也能够比较容易地与他人（包括社会工作者）沟通交流。②影响比较深远，动力比较持久。信仰价值层面的内容与服务对象内心深处的感受、动力以及对生命意义的理解联系在一起，它的改变往往可以影响服务对象很长时间，甚至一生。③容易忽视现实的要求，与现实产生张力。正是由于信仰价值层面的内容可以为服务对象提供持久的动力和生命意义的解释，因而也容易出现忽视现实要求的现象，导致与现实之间的冲突和矛盾。

意识层面介入的功能也主要表现在以下三个方面。①服务对象明确意识到，比较容易沟通和解释。这一点与信仰价值层面的介入类似，但两者仍然有些不同，信仰价值层面的内容包括更为强烈的情感和愿望，而意识层面的内容更为理性。②注重现实的要求，强调实际的效果。由于意识层面的介入是相对于某个具体明确的目标而言的，它比较注重对现实要求的分析、理解和回应，比较强调是否会带来实际的改变。③影响比较小，动力的持续时间比较短暂。相对于信仰价值层面和无意识层面而言，意识层面介入的影响比较小，行为动力的持续时间也不长。

无意识层面的介入与信仰价值层面和意识层面的介入明显不同，它的内容处于无意识状态，主要表现出以下三个方面的功能。①服务对象没有明确意识到，比较难以沟通交流。因为无意识层面的内容不仅是服务对象无法意识到的，而且通常模糊不清，因此很难与别人沟通交流。②服务对象互动交流的基本方式，对服务对象有持久的影响。无意识层面深藏于服务对象与外部环境交流的过程中，它的变化会影响服务对象的整个生活状况。③影响非常大、非常基础。无意识层面是服务对象与外部环境沟通交流的基础，它直接关系到服务对象能否顺利适应外部环境的要求、能否有效地与外部环境进行沟通交流。因此，它的影响非常大，是基础性的。

值得注意的是，三个不同心理层面介入功能的划分只是为了帮助社会工作者更好地理解服务对象在实际生活场景中所呈现的心理层面的内容，并且根据服务对象呈现的不同心理层面的内容来设计有效的社会工作专业服务介入计划，目的是帮助服务对象建立一种整体的视角。虽然不同心理层面的介入具有不同的功能，但并不意味着某个心理层面介入的功能比其他心理层面介入的功能重要。社会工作者需要牢记，一个好的社会工作服务介入策略是在促进服务对象发展过程中保持不同心理层面的平衡。

三 三个不同心理层面介入的整合

以上所谈的三个不同心理层面介入的整合相对比较宏观一些，除了宏观上的考察之外，在实际的社会工作专业服务介入过程中，社会工作者还需要在具体的对话过程中依据服务对象所呈现的不同心理层面的内容，将不同心理层面的介入自然地联结起来，形成有机的整体。我们来看一看下面这段服务介入对话。

社会工作者：这次孩子进步这么大，老师有没有表扬他啊？

服务对象的母亲： 有啊，我问他："老师有没有表扬你？"他说"有"。我问他："老师表扬你高不高兴？"他说："高兴！"

社会工作者： 嗯，老师怎样表扬他的？

服务对象的母亲： 这个我不知道，没有问他。

社会工作者： 一会儿我们可以问问他。

服务对象的母亲： 其实我觉得老师如果能发些小红花呀，孩子们会很高兴的，虽然在我们大人看来这些红花不算什么。我的一些比较有经验的朋友也是这么说的。

社会工作者： 是啊，孩子们是非常在意这个的。他们老师没有奖励小红花或者小星星之类的吗？

服务对象的母亲： 好像没有。

社会工作者： 这个我们可以跟老师建议建议。以前我们到过其他班级，有的老师奖励学生"进步明星卡"，就是如果你进步了她奖给你的。我们发现那些学生很高兴，很喜欢，很受鼓舞。

服务对象的母亲： 是啊。

社会工作者： 不过也有一些老师没有设置这些奖励，他们反映说很忙，照顾不到这么多学生。可能也真的是很忙，没法做到这么细吧，这个也是可以理解的。不过，我想即使老师做不到，父母也应该认真想想并去做的。

服务对象的母亲： 你是说也奖励他小红花吗？

社会工作者： 可以啊，不过也不一定吧。

服务对象的母亲： 我想对孩子来说，学校的老师可能比我们更重要。

社会工作者： 有可能，毕竟孩子大部分时间是在学校，我们下周有机会的话会向老师提提建议的。这次他考试进步这么大，你们有没有奖励他什么或者打算奖励他什么呢？

服务对象的母亲： 这个哦，还没想到，呵呵。

社会工作者： 我想这次肯定要奖励他了，他最近有没有想到哪里去玩？

服务对象的母亲： 最近，他说想跟伙伴们一起过生日。

社会工作者： 是吗？跟哪些伙伴啊？

　　社会工作者在了解了服务对象最近的进步之后，问服务对象的母亲："这次孩子进步那么大，老师有没有表扬他啊？"当得到肯定回答之后，社会工作者运用了强化动机中的具体化的技巧，问服务对象的母亲："老师怎样表扬他的？"希望进一步强化服务对象母亲行动的动机。在服务对象的母亲给出了否定的回答之后，社会工作者接着采用了强化改变愿望中的布置行动任务的技巧，要求服务对象的母亲："一会儿我们可以问问他。"服务对象的母亲混淆了希望和要求的区别，要求学校发给孩子小红花之类的奖励。社会工作者这样回应服务对象的母亲："不过，我想即使老师做不到，父母也应该认真想想并去做的。"帮助服务对象的母亲进一步明确希望和要求的界限。在服务对象的母亲坚持老师的作用更为重要的想法下，社会工作者采取了行动的策略，即通过行动为服务对象的母亲增加新的经验。社会工作者这样问服务对象的母亲："这次他考试进步这么大，你们有没有奖励他什么或者打算奖励他什么呢？"这里，社会工作者运用了强化动机的具体化技巧。服务对象母亲的回答是"还没想到"。但是，社会工作者并没有就此停止提问，仍旧运用强化动机的具体化技巧提问服务对象的母亲："我想这次肯定要奖励他了，他最近有没有想到哪里玩？"在这段服务介入对话的最后，社会工作者还找到了帮助服务对象建立社会支持关系的具体途径。

　　通过上面这段对服务介入对话的分析可以发现，要将三个不同心理层面介入的方法和技巧在实际案例中自然地整合起来不是轻易就能做到的，需要社会工作者在实际的社会工作专业服务活动中不断总结自己的经验，提高自己运用专业方法和技巧的水平。内部心理调适的方法和技巧有很多，经常让初学的社会工作者不知所措，我们可以把这些方法和技巧简化为：

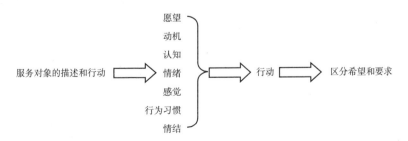

即在服务对象的描述和行动中识别愿望（发展的愿望、改变的意愿）、动机、认知、情绪、感觉、行为习惯和情结等因素，把这些因素转变成具体的行动，并且在行动中区分服务对象的希望和要求。当然，也可以反过来，从区分服务对象的希望和要求着手，通过行动，改变服务对象的愿望、动机、认知、情绪、感觉、行为习惯和情结等。如果发现服务对象坚持自己的愿望、动机、认知、情绪、感觉、行为习惯和情结等，社会工作者也可以从行动着手，通过行动为服务对象增加新的经验和感受。

三个不同心理层面介入方法和技巧的整合可以简要概括为下面的图示（见图3－13）。

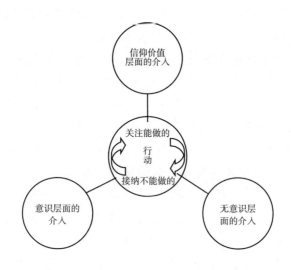

图3－13　三个不同心理层面介入的整合

从图3－13中可以发现，服务对象内部心理的三个不同层面是紧密相关的，在具体的行动中三者联结成有机的整体。因此，在社会工作专业服务活动中，社会工作者需要保持内部心理三个不同层面之间的平衡，如果过分强调其中的一个层面，就会与其他两个层面产生张力。例如，如果过分强调服务对象信仰价值层面的介入，让服务对象专注于自己的愿望和价值，就会与现实（意识层面）以及服务对象的无意识交流方式（无意识层面）发生冲突。服务对象任何一个内部心理层面的变化都会影响服务对象其他两个层面的心理状况。三者之间相互影响、相互促进，在动态过程中保持平衡。平衡的中心点是让服务对象在行动中关注自己能做的，同时接纳自己不能做的。

在实际的社会工作专业服务活动中社会工作者有两种影响服务对象的方式："人在情境中"的服务介入策略和"人与情境交融"的服务介入策略。"人与情境交融"的服务介入策略的核心是从整体的视角理解服务对象的心理状况，并把服务对象与外部环境的互动交流视为一个整体，注重服务对象与外部环境之间的和谐交流。"人与情境交融"的基础是多元化原则，即把服务对象与外部环境之间的互动交流视为不同生命之间的对话。服务对象的心理状况可以被分为三个不同的层面——信仰价值层面、意识层面和无意识层面。三个不同心理层面整合的原则是：关注未来、借助行动，在感受中联结和调整心理的不同层面。具体而言，信仰价值层面介入的方法和技巧有肯定发展的愿望、区分希望和要求、强化改变的意愿；意识层面介入的方法和技巧包括强化动机、差异性提问和强化行动；无意识层面介入的方法和技巧涉及关注情绪的表达方式、关注感觉的方式以及包容习惯和情结。

本章关键概念

◇ "人在情境中"的服务介入策略

◇ "人与情境交融"的服务介入策略

◇ 多元化原则

◇ 心理的三个不同层面

◇ 行动的主导地位

◇ 未来的发展空间

◇ 感觉的联结焦点

◇ 面谈的任务布置

◇ 信仰价值层面

◇ 意识层面

◇ 无意识层面

◇ 关注能做的、接纳不能做的

游戏活动："我们的故事"

目标：积累学生与周围他人沟通交流的经验。

步骤：

（1）每十个学生一组，排成一列；

（2）每组的第一个学生准备好一张白纸和一支笔；

（3）由老师出题，给出一句话，如"我坐在教室里"；

（4）按照顺序，每位小组成员根据前面同学所写的内容迅速增加一句话，每个同学只能增加一句；

（5）到小组最后一位同学写完，就完成了"我们的故事"——由学生阅读小组成员共同创作的故事。

课 外 案 例 练 习

1. 请运用三个不同心理层面介入整合的方法和技巧指出下面案例中需要改进的方面以及改进的具体方法。

课外案例练习 1

社会工作者和服务对象一起做一张手抄报，这是数学老师要求做的。她让学生在彩色卡纸上剪对称图形，然后粘贴到白纸板上，拼成一幅图画，而且要求自己给手抄报命名。

社会工作者：你给这张手抄报取了什么名字呀？

服务对象："美丽的世界"。（冲着我们笑）

社会工作者：真不错。这个名字很好听。为什么要取这个名字呢？

服务对象：因为世界应该是美丽的吧？

社会工作者：那你觉得美丽的世界里该有些什么东西呢？

服务对象：房子、树，还有太阳。

社会工作者：嗯，还有什么呢？天上除了太阳还有什么呀？

服务对象：白云。可是白云不是对称的。

社会工作者：也有的是啊。我们画给你看看，看是不是对称的？是的话，你就把它剪下来，贴上去，好不好？

（社会工作者画了几朵白云，由双数的半圆形组成。）

服务对象：呵呵，是对称的。

（服务对象很欣喜地自己剪下来贴到白纸板上）

（接下来，社会工作者也是用这种方法引导服务对象分别剪了几棵树，还有一座大房子。）

社会工作者：好了，我们的作业全都做好了。你让妈妈出来和我们一起画小红旗好吗？我们一起用你的彩笔画"总分"这一栏吧。

课外案例练习 2

社会工作者：老师说你们好像每个人都有一个专门的本子来记录每周的表现情况，是不是呀？

服务对象：嗯。

社会工作者：能给我们看一下吗？

（服务对象没说话就跑进屋子拿了出来）

社会工作者：哇！这周有这么多星星啊！

（社会工作者翻了一下她的本子，以前每周只有五六颗星星，这周有12个，几乎是以前的2倍。太不可思议了！）

社会工作者：你太棒了！

服务对象的母亲：我看看，你这周还没给妈妈看。

（边看边笑，也抑制不住内心的喜悦。）

社会工作者：嗯，总的来说，这周表现得很不错，多亏有阿姨监督啊！

2. 请运用三个不同心理层面介入整合的方法和技巧设计下面案例的介入方式。

课外案例练习 3

服务对象是小学二年级的男生，8岁。据服务对象的家长反映，服务对象喜欢在课堂上走动、玩耍，上课不能很好地遵守课堂纪律，大部分时间没有认真听讲，学习成绩不好。老师对他没有威慑力，如果老师批评他的话，他敢同老师对着干。服务对象做作业一定要有人盯着才能做完，不然就很容易走神。小学一年级上学期服务对象的情况也还好，但是之后班主任频繁更换，情况开始变得不好；二年级上学期时，情况变得更为严重。现在，原来的班主任回来了，服务对象有明显的进步，不再与老师对着干，愿意接受老师的批评。服务对象以前有偷钱的习惯，现在逐渐改掉了。因为工作的原因，服务对象的母亲一直把服务对象全托在幼儿园（私立幼儿园，只是看着孩子，教育的内容不多），自己管得很少。上学之后因为服务对象经常违反纪律、不专心听讲、不听老师话，妈妈只好辞职，自己在家带服务对象。

服务对象希望自己可以被老师调到第一组（第一组由成绩比较好、进步比较大的同学组成），希望母亲让他去上兴趣班学象棋。在社会工作者介入之前，服务对象因为课堂表现有进步得到了老师的表扬。服务对象的母亲希望服务对象能够把以前不足的部分赶快补上，在期末考试中取得较好的成绩，不用再重读二年级。当服务对象做错事的时候，服务对象的母亲通常用严厉的眼神示意服务对象做错了，希望服务对象能够通过别人的眼神感受到自己的错误。现在服务对象不会在上课的时间爬窗户了，也不会无故走动，最多只是玩自己带来的玩具。如果老师没收的话，也不会上去同老师抢。服务对象很讲信用，说好几点之后开始做作业，到了时间就开始。在教育孩子的过程中，服务对象的母亲觉得自己有时都快没有耐心了。

▌推荐阅读文献

Corsini, R. J. & Wedding, D.：《当代心理治疗的理论与实务》，朱玲億等译，台北：心理出版社股份有限公司，2000。

Gardner, R. A.：《故事治疗——说故事在儿童心理治疗上的运用》，徐孟弘等译，台湾：五南图书出版公司，2003。

卡伦·霍尔奈：《神经症与人的成长》，张承谟、贾海虹译，上海：上海文艺出版社，1996。

Kaduson, H. G. & Schaefer, C. E.：《儿童游戏治疗法》，林维君译，台北：Hurng-Chih Book C., Ltd., 2004。

R. D. 莱恩：《分裂的自我——对健全与疯狂的生存论研究》，林和生、侯东民译，贵阳：贵州人民出版社，1994。

王小章、郭本禹：《潜意识的诠释》，北京：社会科学文献出版社，1998。

Cowley, A. (1993). Transpersonal social work: A theory for the 1990s. *Social Work*, 28 (5): 527 – 534.

Turner, F. J. (1996). *Social work treatment: Interlocking theoretical approaches* (3th ed.). New York: The Free Press.

第四章　服务对象社会支持关系的建立和扩展

本章要点 ≫

- 如何有效启动和维持服务对象的改变
- 社会支持关系建立的方法和技巧
- 多元社会支持关系建立的方法和技巧
- 社会支持关系扩展的方法和技巧
- 在社会支持关系中平衡共生和发展关系的方法与技巧

第一节　如何有效启动和维持服务对象的改变

在介绍了全面评估服务对象的需要和有效影响服务对象的策略之后，接下来，我们看一看如何维持服务对象的改变，这也是社会工作专业服务中不可忽视的重要问题之一。我们都知道，服务对象的改变不是一夜之间就能完成的事情，需要一定的时间维持，才能达到改变的目标。从服务对象自身的发展来说，维持服务对象的改变是社会工作专业服务中必不可少的部分，因为社会工作者的帮助只是暂时的，社会工作专业服务是否成功取决于服务对象在离开社会工作者的帮助之后是否能够继续维持改变。也就是说，对社会工作者而言，社会工作专业服务策略是否有效，除了需要考察是否能够全面评估服务对象的需要、是否能够有效影响服务对象之外，还需要考察是否能够有效维持服务对象的改变。

一　两种维持服务对象改变的策略

社会工作者在面对服务对象的时候，都会面临一个无法回避的难题：如何有效启动和维持服务对象的改变？对初学的社会工作者来说，这也是个令人非常头疼的挑战，因为实际的社会工作处境总是与书本上的理论存在不小的差距，很难按照一个固定模式顺利开展专业服务。我们先来看一看下面这个案例。

案例 4.1　地上的落花真漂亮

服务对象是 16 岁的女孩，在居委会的记录本上登记的情况是弱智，从没有上过学，不识字。服务对象的父亲残疾，依靠低保养活 16 岁的女儿和 14 岁的儿子。有时为了维持生计、支持儿子上学，父亲还捡些破烂卖钱。服务对象的母亲是精神疾病患者，经常打骂孩子，在服务对象 6 岁时因精神疾病发作出走，至今下落不明。自服务对象的母亲走失之后，因为担心服务对象的安全问题，父亲将其关在家里 10 年不准出门。服务对象不会说普通话，只会数 10 以内的简单数字；除了家人之外，不和其他人交往；如果见到陌生人，就会躲到自己的房间里，非常害羞。服务对象的弟弟上初中，学习很努力，但成绩不好，感到压力很大，平时也很少和姐姐说话，认为姐姐精神不正常。服务对象的父亲把所有的希望都放在儿子身上，希望儿子以后有出息。因此，服务对象的父亲对儿子的要求特别高，不允许儿子玩，只要他好好学习。对于女儿则完全不同，父亲对她的唯一要求是不要出门。整个家庭的责任都落在父亲身上，除了承担所有的家务之外，还要为家里的开支担心，服务对象的父亲感到压力很大。

社会工作者的服务介入活动首先从服务对象入手，但是遭到父亲的拒绝。父亲认为，女儿如果学会了一些东西之后，就会像她母亲一样走失。显然，服务对象以及整个家庭都需要社会工作者的帮助，只是目前这样的专业社会工作服务需要还没有被社会认可。于是，社会工作者改变了服务介入策略，从服务对象的弟弟入手进入服务对象的家庭，在调整整个家庭的互动关系中改善服务对象的生活状况，最后整个家庭可以融洽地一起参加社区组织的活动。在帮助服务对象的过程中，社会工作者印象最深的一次是服务对象站在窗前看着窗外草地上的落花出神。

在案例 4.1 中，社会工作者面临两种启动和维持服务对象改变的服务策略。第一种，直线服务策略，即从服务对象着手，围绕服关务对象充分利用外部环境的资源，推动服务对象改变。社会工作者首先采用的是这种策略，希望直接帮助服务对象。但是，遭到了服务对象父亲的反对。接着，社会工作者转向了第二种服务策略——循环服务策略，即把服务对象放在与周围他人的互动关系中，通过调整互动关系改善服务对象的状况。在案例 4.1 中，社会工作者首先从服务对象的弟弟入手，辅导服务对象弟弟的功课；接着，借助与服务对象及其弟弟接触的机会，改善服务对象与弟弟之间的互动交流方式；然后，以服务对象弟弟的学习为中心调整服务对象的父亲与服务对象的弟弟之间的沟通交流方式，减轻各自感受到的压力；最后，改善服务对象与父亲之间的互动交流方式。显然，第一种、第二种服务策略在启动和维持服务对象的改变方式上是不同的，第一种服务策略直接从服务对象入手，利用外部环境的资源维持服务对象的改变；第二种服务策略以人际互动为中心，注重服务对象与周围他人一起改变，让两者相互促进。

二　两种维持服务对象改变策略的基本逻辑

直线服务策略与循环服务策略到底有什么不同？两者所坚持的基本逻辑是什么？这一部分将重点探讨两种维持服务对象改变策略的基本逻辑。我们先来分析一下直线服务策略所依据的基本逻辑。

直线服务策略直接以服务对象作为服务介入的启动点，并把服务对象的改变视为社会工作专业服务的直接目标，通过社会工作者不断施加的影响使服务对象逐渐积累已经发生的变化，达到最终的改变目标。服务对象的改变以直线的方式展开，经历开始阶段、中间阶段和结束阶段。在整个社会工作专业服务过程中，社会工作者要尽可能地运用自身拥有的资源影响服务对象、调动服务对象外部环境的资源促进服务对象发生改变。这样的服务方式追求大而明显的改变。（见图 4－1）①

从图 4－1 中可以发现，直线服务策略所依据的是以下一些基本的逻辑。

---

① 直线服务策略的基本逻辑可以参阅心理与社会治疗模式，这是比较典型的运用直线服务策略的社会工作服务模式。参见许莉娅，2004：第七章。

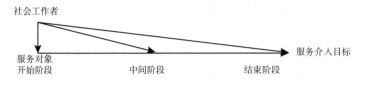

图 4-1　直线服务策略

（1）以服务对象作为介入的启动点。整个社会工作专业服务活动的关注焦点是服务对象的改变，因此作为社会工作专业服务活动介入的启动点自然也就落在服务对象身上。在直线服务策略下，社会工作者首先需要掌握的服务介入技巧是如何影响服务对象，让服务对象发生改变。

（2）以服务对象的改变作为服务介入的目标。正是由于整个社会工作专业服务活动关注服务对象是否改变，所以社会工作者在制定服务介入目标时，自然把服务对象的改变作为重要的标准。如果经过社会工作者的努力，服务对象发生了改变，这样的社会工作专业服务活动就被认为是成功的。如果经过社会工作者的努力，服务对象没有发生改变，这样的社会工作专业服务活动自然就被当作失败的案例。

（3）服务对象的改变过程以直线方式展开。服务对象的改变过程是一种渐进的、直线的方式，即从开始阶段，经过中间阶段，最后到达结束阶段，实现服务介入的目标。因此，社会工作者追求的是一种大而明显的改变，能够帮助服务对象迅速实现服务介入的目标。

（4）社会工作者作为服务对象的主要影响者。无论开始阶段服务对象改变的启动，还是中间阶段服务对象改变的维持以及结束阶段服务介入目标的实现，都需要社会工作者持续不断地推动。即使是服务对象外部环境的资源，也需要社会工作者组织和调动。因此，服务对象的整个改变过程都离不开社会工作者的直接介入和影响。社会工作者需要具备不断推动服务对象改变的方法和技巧。

与直线服务策略不同，循环服务策略希望把服务对象放到具体的与周围他人互动交流的处境中理解，注重服务对象与周围他人之间的关联。它把服务对象的改变与周围他人的改变联系起来，认为两者相互促进、相互循环，逐渐从微小的改变扩展成大而明显的改变。因此，循环服务策略的服务介入启动点比较灵活，既可以是服务对象，也可以是服务对象的重要他人，甚至可以是服务对象周围的其他人。服务介入的目标不仅包括服务对象的改变，还包括周围他人的改变，并且让两者之间形成相互促进的关系。服务对象的改变也不是一种直线的方式，而是服务对象与周围他人在相互影响的过程中以相互循环的方式逐渐展开的。在这样的服务策略下，社会工作者追求的是微小的改变，注重服务对象及周围他人自身能力的发掘和运用（O'hanlon & Weiner-Davis，1989：41 – 42）（见图 4 – 2）。

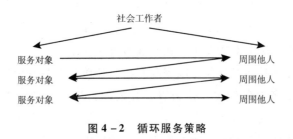

图 4 – 2　循环服务策略

从图 4 – 2 中可以看到，循环服务策略所坚持的基本逻辑与直线服务策略根本不同，它具有自己的侧重点和要求。

（1）以服务对象及周围他人作为服务介入的启动点。社会工作者既可以从服务对象着手开展社会工作专业服务，也可以从周围他人入手开展社会工作专业服务，甚至可以同时把服务对象和周围他人作为服务介入的启动点来开展社会工作专业服务。这样，不仅扩展了社会工作专业服务介入的范围，而且增强了社会工作专业服务介入的效果，让社会工作者可以从多个不同介入点入手同时启动社会工作专业服务介入活动。尤其对中国本土的社会工作者来说，有着非常重要的意义，因为目前情况下需要社会工作者主动拓展社会工作专业服务的领域，寻找服务对象。灵活的介入方式可以保证社会工作者顺利与服务对象建立专业的合作关系。

（2）以服务对象和周围他人的改变作为服务介入的目标。不仅需要把服务对象的改变作为服务介入的目标，还需要把周围他人的改变作为服务介入的目标，并且需要让两者之间形成一种相互促进的关系。仅仅以服务对象的改变作为服务介入的目标，这样的服务介入效果很难维持，因为缺乏周围他人必要的社会支持，服务对象的改变就难以得到肯定和维持，甚至可能增加服务对象与外部环境之间的紧张和冲突。

（3）服务对象的改变过程以循环的方式展开。服务对象的改变可以影响周围他人，同样，周围他人的改变也可以影响服务对象。服务对象与周围他人处于一种相互影响、相互促进的循环过程中。社会工作者追求的是一种微小的改变，通过服务对象与周围他人之间的相互影响和相互作用，逐渐将小的改变扩展成大的改变。

（4）社会工作者只是服务对象改变的启动者和联结者。在整个社会工作专业服务介入活动中，社会工作者所起的作用是启动服务对象的改变和联结服务对象的改变，发掘和调动服务对象及周围他人自身的能力，让他们成为自己生活的主要影响者。在这样的服务策略下，社会工作者所需要具备的服务介入技巧是启动改变和联结改变。

三　如何有效维持服务对象的改变

通过以上的分析可以看到，要想有效维持服务对象的改变，社会工作者就需要从直线服务策略转变成循环服务策略，依据循环服务策略的基本逻辑开展社会工作专业服务活动。我们来看一看下面这个案例，仔细体会循环服务策略的基本要求。

案例4.2　"我希望爸爸妈妈多陪陪我"

服务对象是小学三年级的男生，成绩不好，有偷窃行为。服务对象有一个妹妹，与服务对象就读于同一所学校。父母由于忙于工作，无法管理和监督服务对象的学习。老师多次向家长指出服务对象的问题，希望父母能够多关心孩子的学习和成长。服务对象希望自己的学习成绩能够得到提高，与妹妹一样得到父母和老师的鼓励和表扬。服务对象转入现在就读的小学时，母亲曾经有两个月的时间辞职在家照顾兄妹二人，因为得到了母亲的细心指导和关注，服务对象的学习成绩以及行为表现都有明显的进步，屡次受到老师的表扬。但是，之后因为母亲重新找到工作，忙于上班，没有时间照顾服务对象，服务对象的成绩开始下滑，而且有了一些不好的行为表现，像偷窃、不听老师教育、上课经常讲话扰乱课堂秩序等，受到老师的批评。

服务对象的父亲是某公司的保安，晚上上班，白天睡觉，脾气暴躁，一听到服务对象在学校受到批评，就当着老师的面暴打孩子一顿。服务对象的母亲在工厂做钟点工，早上很早出门，晚上10点才回家。除了周末，服务对象几乎一天也见不到自己的父母。知道服务对象在学校表现不好后，服务对象的母亲就会特意抽出一天时间陪服务对象吃饭，对服务对象很关心，也很有耐心。据老师反映，服务对象主要是在一、二年级时因为在其他学校养成了不好的生活习惯才时常出现偷窃行为，到了三年级时偷窃行为已经大大减少。服务对象对班级组织的各种游乐活动很感兴趣，而且踊跃报名。但是，由于成绩不好，老师不允许他参加。老师在期中考试前和服务对象达成协议，只要服务对象成绩能进步到让老师满意的程度，就允许服务对象参加以后的游乐活动。服务对象也曾努力过，可惜由于基础较差，目前还未能如愿达到目标，感到有些气馁。老师对服务对象母亲的评价比较高，认为她很配合老师的工作，能够理解老师的用心，关心孩子的成长，为孩子的未来发展感到着急。相比之下，服务对象父亲的教育方式显得比较粗暴和野蛮。老师强调，服务对象是一个求知欲比较强的孩子，对画面的感知能力比较强，对枯燥的文字没有太大的兴趣。

在案例 4.2 中，除了服务对象希望改变、提高自己的学习成绩外，服务对象的父母还有老师同样也希望服务对象改变目前的状况。这样，社会工作者既可以从服务对象着手开展社会工作专业服务，也可以从服务对象的父母以及老师入手开展社会工作专业服务。当然，为了提高社会工作专业服务的效果，社会工作者也可以同时从服务对象、服务对象父母以及老师入手开展社会工作专业服务。服务介入的目标不能仅仅集中在服务对象学习成绩的提高上，因为如果没有父母和老师的配合，这样的服务介入目标很难实现。从案例 4.2 中我们可以发现，父母如果能够抽出更多的时间来监督服务对象，服务对象的学习成绩就会提高。很显然，服务对象的改变与父母的改变紧密联系在一起。因此，服务介入的目标不仅包括服务对象的改变，还包括父母的改变以及老师的改变，并且要让这几个方面相互促进。也就是说，服务介入的展开方式不是一种直线的方式，服务对象的改变要与父母以及老师的改变结合在一起，才能相互影响，一方的改变促进另一方的改变。自然，对社会工作者来说，他的关注焦点是如何发掘和调动服务对象以及父母和老师的能力，让他们之间形成一种相互支持的关系。

具体来说，社会工作者在运用循环服务策略时需要实现四个方面的转变：服务介入启动点、服务介入目标、服务介入展开方式以及社会工作者的介入焦点。

（1）服务介入启动点。从直接以服务对象作为服务介入启动点扩展为以服务对象和周围他人作为服务介入启动点。社会工作者不应把服务介入启动点限定在服务对象身上，他既可以从服务对象入手开展社会工作专业服务，也可以从周围他人着手开展社会工作专业服务，甚至可以同时从多人入手开展社会工作专业服务。至于在实际的社会工作专业服务活动中采取什么方式，完全取决于当时场景提供的机会。如果服务对象不合作或者认为自己根本不需要接受社会工作专业服务，这个时候，比较实际、有效的介入方式是以服务对象的周围他人作为服务介入的启动点，等周围他人改变了之后，再反过来要求服务对象做出相应的调整。当然，如果服务对象和周围他人都很配合，都很愿意改变，就可以同时以服务对象和周围他人作为服务介入的启动点，就像案例 4.2 中的情况。在这里，不仅仅是社会工作专业服务介入的范围扩大了，更为重要的是，社会工作者理解服务对象的视角发生了根本转变，不再把服务对象从他的生活中抽离出来，单独考察他的生活状况，而是把服务对象放到日常生活处境中，在服务对象与外部环境的互动交流中把握服务对象的生活状况。

（2）服务介入目标。不仅要把服务对象的改变作为服务介入的目标，同时也要把周围他人的改变作为服务介入的目标，并让服务对象的改变与周围他人的改变之间形成一种相互促进的关系。这样，服务介入目标就从服务对象的改变扩展为服务对象以及周围他人的改变。在循环服务策略下，服务对象的改变就不仅仅是服务对象个人的事情，它同时与周围他人的改变密切相关；同样，周围他人的改变也与服务对象的改变紧密相联。两者之间是一种支持关系。

（3）服务介入展开方式。服务介入展开方式从服务对象单个人的直线方式转变成服务对象与周围他人之间的循环互动方式。社会工作者可以借助服务对象与周围他人之间的循环互动关系，让服务对象的一个微小改变逐渐扩展成大的改变。当然，社会工作者也可以从周围他人入手，通过周围他人的微小改变以及周围他人与服务对象之间的循环互动关系，将周围他人的微小改变转变成服务对象的大的改变。事实上，服务对象在日常生活中通常与多个周围他人交往，如父母、亲戚、朋友等，他们之间可以形成非常复杂的互动循环关系。因此，服务介入的互动循环展开方式给社会工作者提供了非常广阔的服务介入空间和非常多样化的服务介入方式。

（4）社会工作者的介入焦点。在循环服务策略下，社会工作者的地位发生了明显的改变，从原来服务对象的指导者和主要影响者转变成服务对象改变的启动者和联结者，即启动服务对象的改变并与周围他人联结起来，或者启动周围他人的改变并与服务对象联结起来。值得注意的是，这种改变不仅仅是社会工作者地位的改变，同时也是社会工作专业服务理念的改变，更为注重发掘服务对象及周围他人的能力和资源。这样，社会工作者所需要掌握的最基本的维持服务对象改变的方法和技巧是服务介入的启动和联结。

四　服务介入的启动和联结

所谓服务介入的启动是指经过社会工作者有意识的介入或者利用外部环境的资源让服务介入的对象发生某种改变。需要注意的是，服务介入启动中的服务介入对象既可以是服务对象，也可以是周围他人。在循环服务策略下，服务对象已经不是原本意义上的与社会工作者相对应的需要帮助的对象，他可以随着服务介入场景或者服务介入时间的变化而变化，不再是固定的寻求帮助的对象，还包括周围他人，是社会工作者根据当时的服务介入场景确定的工作对象（以后章节中出现的服务对象和服务介入对象的区别依据的就是这一点）。所谓服务介入的联结是指经过社会工作者有意识的介入让服务对象的改变与周围他人的改变联结起来，形成相互支持的关系网络。我们来看一看下面这个案例。

案例 4.3　"看，我画的画！"

服务对象 8 岁，是小学二年级的女生，有一个妹妹，3 岁，在上幼儿园。服务对象的父亲前几年去深圳打工，两年才回一次家。服务对象的母亲靠看店和做手工维持两个小孩和自己的生活。虽然服务对象的父母在法律上并没有离婚，但其实家庭已经破裂。服务对象的父亲每月给家里 1000 元，加上母亲看店 600 元，还有一些做手工赚的钱，整个家庭的经济状况比较紧张。家里很简陋，环境很差，母亲和两个孩子都生活在很狭小的电话吧里。服务对象性格内向，喜欢听老师的话，但没有实际行动。老师认为，服务对象学习不好的原因是服务对象比较懒，同时也与家庭的环境和母亲的教育方式有关系。服务对象比较喜欢语文，还喜欢画画，家里的墙上都贴着她画的画；另外，她还喜欢看动画片。服务对象的母亲对服务对象不抱什么希望，最大的愿望是希望她能独立完成作业，减轻自己的负担。服务对象的母亲认为，服务对象成绩不好是因为她不能安心做作业，学习不专心，一会儿吃东西，一会儿上厕所，东走走，西走走。服务对象有时也会帮母亲打扫家里的卫生，像擦桌子、扫地等。相比之下，服务对象的母亲更喜欢自己的小女儿，认为她聪明、乖巧、记忆力强，能够背诵很多诗歌和故事，有的甚至连服务对象也做不到。

通过案例4.3可以发现，在案例中服务对象的周围他人主要包括服务对象的母亲、服务对象的妹妹以及服务对象的老师。当然，随着服务介入工作的深入，更多的周围他人会逐渐凸显出来。周围他人越多，意味着服务介入的启动点就越多。我们来分析一下，在目前的情况下案例4.3中的服务介入启动点有哪些。我们先从服务对象的母亲开始。母亲照顾两个孩子的日常起居，管理家庭的整个生活，对服务对象的学习非常关心。这样，服务对象母亲的服务介入启动点包括以下五点。

（1）发现和肯定母亲照顾服务对象日常起居的积极经验；

（2）发现和肯定母亲监督服务对象学习的积极经验；

（3）发现和肯定母亲照顾服务对象妹妹起居的积极经验；

（4）发现和肯定母亲监督服务对象妹妹学习的积极经验；

（5）发现和肯定母亲管理家庭的成功经验。

当然，还可以进一步列举出其他一些启动点。与上面五个服务介入启动点相对应的服务介入的联结对象分别为：（1）、（2）的联结对象是服务对象；（3）、（4）的联结对象是服务对象的妹妹；（5）的联结对象是服务对象以及服务对象的妹妹。在这里，社会工作者需要注意，不要把服务介入的启动点仅仅限定在服务对象身上，否则就会限制资源和能力发掘的范围。当然，社会工作者同时也要注意，对这些启动点要有所侧重。例如，可以把注意力主要集中在与服务对象学习有关的方面。

分析完母亲的服务介入启动点之后，我们接下来看一看服务对象，分析一下服务对象的服务介入启动点。

（1）喜欢语文的理由和成功经验；

（2）喜欢画画以及从中获得的愉快经验；

（3）喜欢看动画片以及交流的方式；

（4）每天能够坚持多长时间的学习以及其中的积极因素；

（5）打扫家里的卫生。

除了这五个方面的启动点之外，还可以列出其他一些启动点。服务介入启动点（1）可以与母亲和老师联结；服务介入启动点（2）、（3）可以和母亲（也可以与同龄伙伴）联结；服务介入启动点（4）可以和母亲以及老师联结；服务介入启动点（5）可以和母亲联结。

我们再来看一看服务对象的妹妹，从她入手可以有哪些服务介入的启动点。

（1）发现和肯定她聪明、乖巧、记忆力强等优势；

（2）发现和肯定她背诵很多诗歌和故事的成功经验。

与服务对象妹妹的这些服务介入启动点相对应，服务介入启动点（1）可以与母亲联结；服务介入启动点（2）可以和服务对象以及母亲联结。

除了服务对象的母亲和妹妹之外，服务对象的周围他人还包括服务对象的老师。对老师来说，服务介入的启动点主要包括以下两点。

（1）发现和肯定老师对服务对象的关心；

（2）发现和肯定老师教育服务对象的一些成功经验。

以上这两个服务介入启动点可以与服务对象以及母亲联结。

通过以上的分析可以发现，在案例 4.3 中，在第一次服务介入过程中就包括很多服务介入启动点以及服务介入的联结。这些服务介入启动点及其联结可以在一次服务介入过程中同时展开，也可以分阶段展开。通过这些服务介入启动点及其联结，社会工作者可以帮助服务对象迅速建立相互支持的网络，有效启动和维持服务对象的改变。实际上，随着社会工作专业服务活动的展开，服务介入的启动点及其联结会逐渐增多。社会工作者除了需要考虑本次服务介入的启动点及其联结之外，同时还需要考察怎样与上一次的服务介入活动配合起来，让整个社会工作专业服务介入活动联结成有机的整体。面对这样的处境，社会工作者一般坚持以下一些基本原则。

（1）每次服务介入活动最好只有一个介入焦点，便于把不同的服务介入启动点及其联结整合起来，也便于服务对象和周围他人配合。以案例4.3为例，社会工作者可以以服务对象的学习作为第一次服务介入的焦点，等服务对象的学习成绩有了一些提高之后，可以以服务对象与母亲之间的沟通交流作为服务介入的焦点；同样，也可以以服务对象与老师之间的沟通交流作为服务介入的焦点。但是，最好每一次服务介入活动保持一个服务介入焦点。

（2）在每次启动新的介入焦点之前最好有一个过渡，让不同的服务介入焦点能够自然地联结起来。这样，也便于服务对象和周围他人做好准备。例如，在上一次以学习为焦点的服务介入活动中加入一点服务对象完成家务的活动，然后再转向以服务对象与母亲之间的沟通交流作为介入焦点的活动。

简单地说，每一次服务介入活动最好只有一个服务介入焦点，并且让所有的服务介入焦点自然地联结起来，构成有机的整体。

面对服务对象，社会工作者可以采用直线服务策略与循环服务策略来启动和维持服务对象的改变。循环服务策略的核心是把服务对象放到与周围他人互动交流的处境中理解，把服务对象的改变与周围他人的改变联结起来，让它们相互影响、相互促进，以建立起相互支持的社会网络。在循环服务策略下，社会工作者所要具备的最基本的方法和技巧是服务介入的启动及其联结。

游戏活动："蝴蝶效应"

目标：观察人们之间的相互影响过程，体会相互影响过程中的循环影响方式。

步骤：在课余时间观察两个人相互冲突的场景，体会和分析冲突双方之间的影响方式以及每个参与者情绪和感受的变化过程。

课 外 案 例 练 习

请根据案例的具体情况找出循环服务介入的启动点及其联结。

服务介入的启动点	服务介入启动点之间的联结
服务对象	周围他人
1.	1.
2.	2.
3.	3.
……	……
周围他人	服务对象或者周围他人
1.	1.
2.	2.
3.	3.
……	……

课外案例练习

　　服务对象 12 岁，小学五年级的男生，比较喜欢数学。服务对象的父亲当过某公司的会计，经常在数学方面给服务对象一些指导。服务对象希望自己的成绩能够变得好一些，语文能考 85 分以上，数学能考 90 分以上；希望当自己的成绩变好时，妈妈对自己的奖励能够兑现。服务对象的父母开了一家通讯店，全家人都住在商店里。这对服务对象的日常生活安排产生了很大的影响。如果要上课，服务对象早晨 7 点就要起床，在家吃了早饭后由父亲送去上学；中午在学校食堂吃饭（以前中午也是由父亲带回家吃饭，但是现在服务对象喜欢食堂的饭菜，中午喜欢在学校吃）；傍晚由父亲接回家。通常回家后要等一段时间才能吃晚饭，在等待的时间里，服务对象要么看动画片，要么在巷子里闲逛。大概 19 点全家吃完晚饭，服务对象接着开始写作业，作业通常需要一个小时左右的时间就能完成，但是由于受到商店吵闹环境的影响，服务对象很容易分心，写完作业时已是 21 点左右，然后上床睡觉。由于商店外面太吵，再加上小时候养成的习惯，服务对象通常不愿意过早上床睡觉；即使被迫去睡觉，服务对象在床上也要到一两点钟才能睡着，第二天很难及时起床。周末不上课，服务对象的父母也就任由服务对象睡懒觉，通常到九十点钟才叫服务对象起床。服务对象一般上午不做作业，喜欢下午做作业。上午和晚上除了闲逛就是看动画片，或者和附近的小孩子一起玩，有时候也会打游戏。服务对象的父亲喜欢看书、读报，希望儿子的学习成绩能够提高，能够多读一些书。服务对象的母亲似乎对孩子的学习成绩更为关心，没有其他要求，只要服务对象每次考试分数高点就行了。服务对象有一个表哥，与服务对象同龄，今年也上五年级，成绩很优秀，经常辅导服务对象。

第二节　社会支持关系建立的方法和技巧

分析了多元社会支持关系建立的一般方法和技巧之后，我们可以发现，服务对象的改变与周围他人的改变紧密相联，社会工作专业服务既要关注服务对象和周围他人的个人发展，又要关注服务对象和周围他人之间社会支持关系的建立。个人发展和社会支持是多元社会支持关系建立过程中相互依赖、相互影响、不可或缺的两个方面。接下来，我们将进一步探讨社会支持关系建立和扩展的具体方法：首先从社会支持关系建立的方法和技巧入手，然后转向社会支持关系扩展的方法和技巧，最后总结社会支持关系建立和扩展的方法和技巧，即在社会支持关系中平衡共生和发展关系的方法和技巧。我们先来看一看社会支持关系建立的方法和技巧——从愿意合作的人着手、从容易做的切入、从微小的改变开始。

一　从愿意合作的人着手

在实际的社会工作专业服务活动中，当社会工作者面对服务对象以及周围他人时，通常会发现有很多可以介入的焦点。在这些众多的服务介入焦点中如何选择介入的启动点、有效推动服务对象改变，是社会工作者在实际工作中经常需要面对的困难。而有些时候，社会工作者会发现找不到可以介入的焦点，不知道怎样着手。尤其是初学的社会工作者经常遭遇这样的困境，发现自己所学的社会工作专业知识和理论很难运用于眼前的案例中，找不到可以着手的地方。我们来看一看下面这个案例。

案例4.4　"不喜欢你们到我家来"

服务对象是小学三年级的男生，10岁。据老师介绍，服务对象在学校经常欺负同学，学习成绩不好，特别是语文经常不及格，数学成绩相对好一点，但也不是很好。服务对象的主要问题是对学习好像没有什么兴趣。老师也提到，其实服务对象非常聪明，如果想学的话，应该可以学得很好。服务对象和他的姐姐还有爸爸、妈妈住在他舅舅家里，他们四个人住在一个面积不大的房间里。舅舅家还有两个孩子，都比服务对象大很多。服务对象在家的时候，比较怕自己的妈妈，因为妈妈管得比较严。服务对象的父母对服务对象好像不是很关心，只是希望自己的孩子能够变乖一点，学习成绩能够提高一些，不要让老师经常上门"告状"。服务对象的母亲在家庭中的地位比服务对象的父亲高一些，服务对象的母亲会用很高的声音说话，而服务对象的父亲说话的声音很小，显得有点懦弱；对服务对象的母亲决定的事情，服务对象的父亲只会露出无可奈何的表情，然后无声地接受。

社会工作者第一次进入服务对象的家里进行家访时，服务对象好像很反感，也不喜欢社会工作者一直提他的学习。社会工作者发现服务对象很喜欢表现自己，想让别人觉得他很强。比如，服务对象会拉着社会工作者去看他表演单杠。而如果社会工作者问其他问题的时候，服务对象基本上不会回答。最初入户观察访谈的时候，服务对象在他们家的那几个房间跑来跑去，不到客厅见社会工作者；后来社会工作者和服务对象单独在一起的时候，服务对象开始在他家里的两张床之间跳来跳去，一直不停地做着各式各样的动作，眼睛很少看社会工作者；等到社会工作者和服务对象稍微混熟一些，服务对象就开始用手或脚轻轻地踢打社会工作者，看见社会工作者没什么反应，就更加用力地踢打社会工作者；最后社会工作者制止了他，于是服务对象对着社会工作者很大声地吼道："不喜欢你们到我家来。"

面对这样的案例，如果从服务对象着手，就会发现不太容易，因为服务对象不仅不希望社会工作者谈论他的学习，而且似乎对社会工作者进行家访感到反感。面对这样的服务对象，社会工作者要在短时间内与他建立专业的合作关系并开展社会工作专业服务似乎非常困难。实际的工作也证明了这一点。社会工作者首先从服务对象着手开展社会工作专业服务，希望与服务对象建立专业的合作关系。结果，服务对象不仅不接受社会工作者的帮助，甚至直接表达对社会工作者的反感和不满："不喜欢你们到我家来。"

如果社会工作者希望拓展社会工作的发展空间，就需要直接走进服务对象的日常生活。这样，就自然会遭遇这样的处境：很多服务对象并不是主动来找社会工作者，而是社会工作者主动寻找他们。因此，像案例 4.4 中服务对象不愿意接受社会工作者帮助的情况就很难避免。面对这样的情况，社会工作者可以转变服务介入的方式，不从服务对象入手，而是从愿意合作的人着手（Anderson，1992：54－68）。把服务对象放到日常人际互动的处境中来理解，首先从愿意合作的人着手，然后转向服务对象。像案例4.4中，服务对象的父母希望孩子改变目前的状况，服务对象的老师也希望服务对象改善目前的学习状况，社会工作者就可以从这些愿意合作的人着手，看一看他们平时与服务对象是怎样沟通交流的，他们对服务对象有什么改变的要求，怎样可以为服务对象改善目前的状况提供更好的支持条件。做了这些工作之后，社会工作者再转向服务对象，就可以比较顺利地影响服务对象，因为这个时候社会工作者能够比较好地发掘和调动周围他人的能力来影响服务对象，而且通过影响周围他人的过程，社会工作者已经能够比较好地掌握服务对象与周围他人的互动交流方式。自然，这个时候再寻找针对服务对象的服务介入的启动点就比较容易一些。

当然，如果服务对象愿意与社会工作者合作，从服务对象着手也是可以的。不过，需要注意的是，这个时候也不要忽视周围他人中愿意合作的人。社会工作者可以同时从服务对象和周围他人着手开展社会工作专业服务。这样不仅可以扩展社会工作服务介入的范围，而且可以增强社会工作专业服务介入的效果。因此，我们可以总结社会支持关系建立的方法和技巧：从愿意合作的人着手，有多少人愿意合作，就从多少人着手来开展社会工作专业服务。

二　从容易做的切入

选择好了服务介入的对象之后，社会工作者接着就会面临从什么开始着手的问题。仅仅找到了愿意合作的服务介入的对象还是不够的，社会工作者仍旧没有办法确定具体的启动点进而着手开展社会工作专业服务活动。我们来仔细分析一下下面这段服务介入的对话，注意寻找服务介入的启动点。

社会工作者：刚刚听阿姨说他在转到这里上学前学习很自觉，可能是因为他渴望来这里，那您知不知道，他现在有没有什么比较渴望或者说想要做的事情呢？

服务对象的母亲：突然问我还真不是特别清楚。工作太忙了，也很少听他的想法。

社会工作者：那以后下棋、聊天的时候，阿姨可以多问问、多听听孩子的想法。他要是做自己想要做的事情的时候，可能会更有干劲，也更自觉，就像他想要转到这里一样。上次和他聊天的时候，他跟我说想要考外国语学校呢。

服务对象的母亲：噢，我知道，他是想考外国语学校。外国语学校在这里算很好的了。他们学校每年考进外国语学校的人都是排在前几名的。我妹妹的女儿也想要考外国语学校，我们经常在讲这个，所以有这个考外国语学校的氛围。

社会工作者：他和你妹妹的女儿玩得好吗？他们经常一起玩吗？

服务对象的母亲：没怎么玩。他也没经常去那边玩，过去也是一个人在那边看电视。

社会工作者：阿姨，你觉得怎样才能把他考外国语学校的动力激发出来，就像他以前要转进这里的学校一样？

服务对象的母亲：这我也不知道。现在他能按时完成作业我就很高兴了。

社会工作者：阿姨，你看能不能把他的这个考外国语学校的愿望和他平时的具体表现（比如，按时完成作业）联系起来，把大目标和小计划结合起来，也许会更有效果。

服务对象的母亲：怎么把这个结合起来呢？

社会工作者：他不是很想考外国语学校吗？我觉得这就是个不错的聊天话题。阿姨可以和他聊聊他想考外国语学校的愿望，问问他具体的计划，多肯定鼓励他，也多听听他自己的想法。阿姨也可以给他点意见，和他一起看看怎么做会更好地达到他的这个愿望。在这个大目标下，阿姨可以和他一起制订一些小的计划，比如这一周都按时完成作业，也可以让他给你念他喜欢的英语课文，如果念得好的话，阿姨可以陪他下盘棋或者陪他做其他他想要做的事情。

在上面这段服务介入的对话中，社会工作者一直帮助服务对象的母亲寻找服务对象容易做的事情。首先，社会工作者问服务对象的母亲："他现在有没有什么比较渴望或者说想要做的事情呢？"希望找到服务对象自

己喜欢或者愿意做的事情。当服务对象的母亲表示自己不是特别清楚时，社会工作者进一步说："他跟我说想要考外国语学校呢。"帮助服务对象的母亲把注意的焦点集中在服务对象愿意做的事情上。接着，为了把服务对象愿意做的事情变成容易做的事情，社会工作者坚持要服务对象的母亲思考"怎样才能把他考外国语学校的动力激发出来"。服务对象母亲的回答是："这我也不知道。现在他能按时完成作业我就很高兴了。"因此，社会工作者接着帮助服务对象的母亲把考外国语学校的动力与完成作业联系起来。通过这些提问，我们可以发现，社会工作者一直希望找到服务对象容易做的事情，并以此作为服务介入的启动点（O'hanlon & Weiner-Davis，1989：39）。

从上面的案例分析中我们可以发现，所谓容易做的，不仅是对服务对象来说那些他愿意而且容易做到的事情，也是对服务对象的周围他人而言的，也是周围他人比较容易做到的事情。如果服务对象很容易做到，而周围他人做起来比较困难，这样的服务介入启动点也不是好的启动点，因为服务对象的任何改变都需要周围他人配合，如果周围他人很难做到，就会妨碍服务对象的发展。此外，社会工作者甚至还需要考察，对自己来说是否容易做到。如果社会工作者很容易做到，这意味着社会工作者很容易通过自己的努力影响服务对象和周围他人。可见，一个好的服务介入启动点，无论对服务对象还是周围他人或社会工作者来说，都是容易做的。

从容易做的切入，并不意味着不理会服务对象面临的困难和挑战，而是把服务对象"问题"的解决视为一个过程，从容易做的开始，通过解决"问题"中容易的部分为其他部分"问题"的解决提供更为有利的条件。这样，就可以借助做一件件容易的事情最终解决面临的"问题"。就一般情况而言，服务对象的"问题"是多年积累形成的，受到多种因素的影响，要想一下子解决"问题"不是一件容易的事。服务对象的"问题"积累得越多，服务对象就越想立即消除它。这个时候，社会工作者一定不要让服务对象的想法左右自己的行为，要把自己的注意力集中在容易做的方面，逐渐把复杂的"问题"简单化。简单地说，从容易做的切入包含着两层含义：①从服务对象、周围他人以及社会工作者容易做的事情着手；②把服务对象的复杂"问题"简化为一件件容易做的事情的过程。

三　从微小的改变开始

对服务对象来说，任何一种改变都是一种挑战，都会伴随着各种紧张的情绪。在实际的社会工作专业服务活动中，社会工作者经常遇到这样的案例：服务对象非常了解自己需要做什么以及怎样做才能改善目前的状况，但总是犹豫不决，无法采取有效的行动。服务对象的改变不仅与他做什么有关，同时也与他以往生活方式相联。显然，一种改变越微小，越容易在以往生活方式的基础上发展起来，服务对象也就越容易做到。我们来看一看下面这段服务介入对话。

社会工作者：那看来这周他很自觉地完成作业了。阿姨你只检查了他一次作业，其他几次作业都是他自己独立完成的。阿姨以前是每天都检查他的作业吗？

服务对象的母亲：差不多吧。我有空就会检查他的作业。我很怕他不完成作业，他不完成作业，老师就会打电话来。这周太忙了，实在没时间。以前我都是用电话遥控他的，提醒他在什么时间该干什么事情。这周没空，电话也没怎么打了。

社会工作者：阿姨要工作，又要顾着孩子的作业，压力会很大。我看他这周在阿姨没电话遥控的情况下表现得很独立。阿姨以后也许可以试着在检查作业方面适当放松要求，这样也可以培养他的独立性。

服务对象的母亲：这周没检查作业，作业倒都交了，老师还表扬他了。我也觉得挺奇怪的。其实他从小就很独立，我很忙，他都是自己去上学的。以前在外地念书的时候，他很多次都是考 99.5 分，都是粗心错了。后来我告诉他要转到这里来念书，每次考试都要考 100 分才可以转。也不知道怎么回事，那时我都没空管他学习，他自己就每次都考 100 分，包括平时考试和期末考试，每次都是 100 分，我想可能是他心里有来这里上学的渴望吧。现在就不行了，我帮他检查作业，他都没有完成。

社会工作者：那阿姨你以后看看能不能试着在检查作业方面放松点要求，比如，可以一周检查一两次作业，让他学着独立地完成作业。可以再试一周看看，看他的表现怎么样。

在上面这段服务介入对话中，服务对象的母亲首先讲述了自己的新发现，虽然这周因为忙没有时间检查服务对象的作业，但是服务对象的作业反而都交了。社会工作者在回应了服务对象母亲的感受之后，接着建议服务对象的母亲："阿姨以后也许可以试着在检查作业方面适当放松要求"，服务对象的母亲对于这样的建议还是有点担心，社会工作者于是建议服务对象的母亲："可以再试一周看看，看他的表现怎么样。"显然，社会工作者在这段服务介入对话过程中一直在寻找微小的改变，并且把微小的改变作为服务介入的启动点。

在推动服务对象发生改变的过程中，社会工作者需要牢记，服务对象的任何一点改变都与他过去的生活经历和感受紧密相联。社会工作者所要做的，不是在服务对象的生活之外加给服务对象新的要求和生活方式，而是在服务对象原有生活方式的基础上找到更为有效的面对和处理生活挑战的方法和技巧。服务对象所要求的改变越微小，越与他原有的生活方式相关联，服务介入的效果就越好，也越有持久性（O'hanlon & Weiner-Davis，1989：41－42）。

从微小的改变开始还有一个重要的好处：服务对象发生微小改变之后，可以影响周围他人做出相应的微小的调整，周围他人微小的调整又可以反过来进一步推动服务对象发生进一步的改变。这样，相互影响、相互作用之后，服务对象和周围他人都能发生相应的改变。这样的服务介入策略与直接推动服务对象发生明显的改变不同。如果从服务对象着手要求服务对象发生明显的改变，这样的服务介入策略虽然能够保证服务对象的生活状况发生明显的改变，但是由于周围他人并没有发生相应的改变，服务对象的改变也就很难在自己的日常生活中得到周围他人的有力支持，因而服务对象的改变就很难维持下去，甚至可能与周围他人产生更大的冲突。可见，从微小的改变开始不仅要求社会工作者把微小的改变作为社会工作专业服务介入的启动点，还要求社会工作者把社会工作专业服务介入的焦点从服务对象本身的改变转向服务对象与周围他人沟通交流方式的改变。

总之，社会支持关系建立的方法和技巧包括从愿意合作的人着手、从容易做的切入、从微小的改变开始三个方面。这三个方面的方法和技巧的核心，是要求社会工作者把发掘和调动服务对象和周围他人的能力作为社会工作专业服务介入的重点。

游戏活动："从微小的改变开始"

目标：学会从微小的改变开始，体会社会支持关系建立的方法和技巧。

步骤：

（1）每两位同学一组；

（2）一位扮演说话者，另一位扮演欣赏者，欣赏者寻找和肯定说话者在谈话中表现出来的优点和长处；

（2）听老师指令，开始扮演角色，3 ~ 5 分钟；

（3）相互转换角色，再扮演 3 ~ 5 分钟；

（4）交流各自的体会。

课 外 案 例 练 习

1. 请根据社会支持关系建立的方法和技巧指出下面案例中需要改进的方面以及改进的具体方法。

课外案例练习 1

社会工作者：你对我们上周制订的计划怎么看？

服务对象的父亲：计划很好，可就是很难让他执行。

社会工作者：那他上两周按照计划做得怎么样？

服务对象的父亲：做得很不好，叫他读英语都没有读，课后也不怎么复习。

社会工作者：有什么办法可以让他做得更好呢？

服务对象的父亲：没什么办法，我们都太忙了。而且你也看到了，我讲他基本都不听，还跟我犟嘴。

社会工作者：真的没有办法吗？你看，这孩子今年才 11 岁，如果这么小都管不了他，那么等他再长大一点到十五六岁怎么办？

服务对象的父亲：这个也只有靠他自己，我一向主张靠他自学。

课外案例练习 2

社会工作者：很多时候学习都是要靠自觉的，可能是他还没意识到生活的压力和责任什么的，比如说，能做什么工作、能赚多少钱等。

服务对象的父亲：能有什么压力，又没有饿到他。他每天就知道玩，根本就不会往这方面想。

社会工作者：学习首先就要靠态度，如果他内心想学习了，他就会克服一些困难。要是能让他意识到压力和责任，他应该会努力的。不妨试试看。

服务对象的母亲：可以，只要能帮助他就好。

社会工作者：他是比较内向的孩子，不喜欢向别人说自己的不足，也怕别人说他不够好。能不能给你提个建议：孩子总想得到鼓励，哪怕是一点点的成绩，给他一些鼓励，让他对自己更有信心。

服务对象的父亲：这个我还没有注意到，我以后会注意的。

2. 请根据社会支持关系建立的方法和技巧设计下面案例中社会工作专业服务介入的方法。

课外案例练习 3

服务对象是小学五年级的男生，12 岁，各门功课都不及格，上课从不听讲，也不做作业，喜欢捣乱，经常和同学打架，欺负同学。让老师生气的是，服务对象喜欢说谎话，10 句话中 8 句是假话。为了不妨碍其他同学上课，老师经常把服务对象请出教室，或者到办公室补作业，或者到教室外罚站。服务对象非常敏感，不愿意别人提及他家里的情况。据班主任介绍，服务对象至今没有户口，寄读在学校。服务对象的母亲生下他后离开父子俩，到现在都没有联系；此后，服务对象的父亲由于精神受到刺激犯罪被判刑；服务对象从小由奶奶带大。现在服务对象的父亲已经出狱，但没有工作，而且脾气不好，容易发火，经常打骂孩子。目前，一家三口人仅靠奶奶 600 块退休金生活。服务对象从不让别人去他家，包括老师，只有在他父亲不在家的时候，才允许老师家访，让奶奶从楼上下来在外面谈话；奶奶也嘱咐老师，有什么事情不要告诉他爸爸，否则服务对象会被暴打一顿。服务对象个头矮小，又黑又瘦，衣服很脏、不整洁。

第三节　多元社会支持关系建立的方法和技巧

通过上一节的介绍和分析我们知道，有效维持服务对象改变的方式是采用循环服务策略，目的是帮助服务对象与周围他人建立一种相互支持的社会关系，把社会工作者的推动力逐渐转变成服务对象以及周围他人自身能力的调动和发挥，其基础是对服务介入中社会关系的基本类型的考察和理解，即什么样的社会关系才有利于服务对象以及周围他人的改变和发展。

一　服务介入中社会关系的基本类型

任何一种社会工作专业服务方式都包含着社会工作者对健康的社会关系的理解和解释，因为社会工作者的专业服务介入活动离不开对怎样有利于服务对象发展的思考。虽然社会工作专业服务模式有多种类型，但我们可以根据服务介入中的社会关系把它们简要概括为三种基本的类型：以服务对象为中心、系统平衡和共生发展。

以服务对象为中心，即以服务对象的改变为中心，强调整个社会工作专业服务介入活动就是帮助服务对象消除问题或者促进服务对象发展。社会工作者的关注焦点是通过社会工作者的服务介入活动看服务对象是否发生了改变。如果改变了，这样的服务介入活动就是成功的；如果没有发生改变甚至情况变得更糟，这样的服务介入活动就是失败的。社会工作专业服务活动是否成功，依据的就是服务对象是否发生了改变。为了达到这个目标，社会工作者把服务对象的周围他人视为服务对象改变的条件和资源，让周围他人做出某种改变，从而为服务对象的改变创造有利条件。①简单地说，服务介入中的以服务对象为中心的社会关系强调：服务对象的改变是整个社会工作专业服务介入活动的中心，周围他人是服务对象改变的手段。（见图 4 - 3）

系统平衡注重服务对象与周围他人之间的平衡关系，认为整个社会工

---

① 服务介入中的以服务对象为中心的社会关系可以分为两类：一类注重服务对象问题的消除，另一类注重服务对象自身的发展。以实证主义为基础的社会工作专业服务模式关注服务对象问题的消除，以人本主义或者存在主义为基础的社会工作专业服务模式关注服务对象自身的发展（参见 Turner, 1996）。

图 4 - 3 服务介入中以服务对象为中心的社会关系

作专业服务介入活动的目标是帮助服务对象把不平衡的社会关系（冲突的社会关系）转变成平衡的社会关系。服务对象的问题被视为系统不平衡的表现，不是服务对象有问题，而是整个系统不平衡导致服务对象以问题的方式表现（Boscolo，Cecchin，Hoffman，& Penn，1987：4）。社会工作专业服务介入活动能否成功取决于服务对象所处的系统能否维持平衡。这样，服务对象与周围他人的关系就不是以谁为中心，而是兼顾两者的需要，让两者维持某种平衡关系。因此，服务介入中系统平衡的社会关系可以简要概括为：维持服务对象与周围他人之间的平衡是整个社会工作专业服务介入活动的中心，[①] 如图 4 - 4 所示。

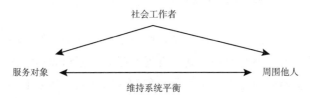

图 4 - 4 服务介入中系统平衡的社会关系

共生发展，即服务对象的发展与周围他人的发展相互影响、紧密关联，但无论是服务对象还是周围他人都有自己的发展方向和要求。也就是说，服务对象和周围他人借助日常的互动交流，根据自己的经验和发展要求，在相互影响的过程中选择自己的发展方向，发展方向的选择又会反过来影响服务对象与周围他人之间的沟通交流。因此，服务对象与周围他人的互动交流有两个重要的特征——共生性和发展性。所谓共生性是指服务对象的发展和变化会影响周围他人，同样，周围他人的发展和变化也会影响服务对象，相互之间是一种共生依赖的关系，谁也不可能单独生存（Heron，1996：11）。发展性是指无论服务对象还是周围他人都有自己的

———————————

① 结构式家庭治疗模式是服务介入中强调系统平衡的社会关系的代表（参见高刘宝慈、朱亮基，1997：177～212）。

生活经验，都有自己的发展选择，没有哪个人的发展途径和方向与他人重合（Reason & Bradbury, 2001）。因此，无论服务对象还是周围他人在日常生活中都有两个方面的要求：共生和发展，既与他人相联，又有自己的发展选择（Heron & Reason, 1997: 247 - 294）。显然，在这样的理解下，整个社会工作专业服务活动的中心是发掘和调动服务对象以及周围他人的能力，让他们在相互支持中扩展自己的发展空间，在扩展自己发展空间的过程中增强相互之间的支持。服务对象与周围他人之间的关系如图 4 - 5 所示。

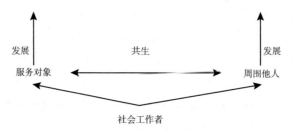

图 4 - 5   服务介入中共生发展的社会关系

通过上面的分析可以发现，循环服务策略所依据和倡导的服务介入中的社会关系是第三种类型——共生发展，强调发掘和调动服务对象以及周围他人本身所拥有的能力，让服务对象和周围他人在共生中寻求发展，在发展中寻求共生。

二   共生与发展

其实，在每一次互动交流中，服务对象都面临两个方面的要求：与周围他人建立相互支持的关系和寻求自己的发展空间。两者之间只有保持平衡才能让服务对象与周围他人建立一种和谐的关系。如果过分注重共生关系，过分强调服务对象与周围他人建立相互支持的关系，就会限制服务对象自身的发展，反过来又会影响相互支持关系的建立；如果过分关注个人的发展空间，过分强调服务对象自身的表现和发展，那么就会导致服务对象与周围他人相互冲突的现象，最终反而限制了服务对象自身的发展。[1] 共生与发展之间存在着非常微妙的关系，正确理解和掌握两者之间的平衡

---

[1]   共生和发展的关系在社会处境中涉及权力的影响，因此，社会工作也就有了社会性，需要秉持社会公正的价值理念。详细内容请参阅 Fook（2002）。

关系对社会工作者来说十分重要，它可以指导社会工作者有效启动和维持服务对象的改变。我们来看一看下面这段服务介入过程中的对话，注意理解其中的共生与发展关系。

社会工作者：我教过两个孩子，都是小学生，成绩都有所进步。

服务对象的母亲：那总算来对人了。唉，我真的不知道该怎么教她学习。现在小学生的书本都很深，有很多内容我都看不懂，但是她又整天不懂就问我，实在不知道怎么办，我的学历又不高。唉……

（说话期间，表露出很无奈的样子。）

社会工作者：不要紧，我们来了就是看我们能帮孩子什么。最重要的是要让小孩学会怎样自主学习，妈妈总不能从小学跟到高中一直陪读吧！这样对小孩将来的发展也不好。

服务对象的母亲：对啊，这样教她也不是办法。再说我现在也没有办法辅导她，她的书我都看不懂，很深。

我们来分析一下上面这段服务介入对话。服务对象的母亲描述了自己面临的困难："现在小学生的书本都很深"、"实在不知道怎么办"、"我的学历又不高"，社会工作者这样回答服务对象的母亲："我们来了就是看我们能帮助孩子什么。"在这里，社会工作者没有发现，服务对象的母亲在讲述自己在教育孩子的过程中面对困难有担心、退缩等消极的感受。社会工作者在回答时强调"我们"能够帮助服务对象。这样，不是在给服务对象的母亲更多的支持，让她与孩子之间建立相互支持的关系，而是推动母亲放弃自己的责任和社会支持。接着，社会工作者进一步强调，"最重要的是要让小孩学会怎样自主学习"。这会给服务对象的母亲更强烈的鼓励，放弃对孩子的支持。因此，面对这样的案例，社会工作者比较合适的回答方式是：首先回应服务对象母亲的内心感受，然后强调社会工作者将和母亲一起面对孩子教育的问题，最后突出母亲在孩子教育中的作用以及平时一些有效的教育方式。

有时，我们过分注重服务对象与周围他人的一致性，看不到服务对象应有的发展空间。我们来看一看下面这段服务介入对话。

　　服务对象的母亲： 昨天买橙子的时候是他拿的，他就是随便拿。来，你吃这个，这个应该可以。我觉得他还是太不懂事了。

　　社会工作者： 什么样的不懂事？

　　服务对象的母亲： 就是看他做事情还有学习。其实现在到了三年级，他们班上很多同学都懂事了很多，上课晓得要认真听讲，下课也会自己做作业，不用老师和家长天天讲。他这学期上课时根本不听讲，还会到处走动，走到人家同学桌子边，去和人家说话；要不就是拿同学的玩具来玩。

　　社会工作者： 他还是不懂得学习的重要性。

　　服务对象的母亲： 是啊，回到家里要我们教他做作业，教他做他还不怎么听，总是说要先让他出去玩一下。等到他玩回来就要七点半了，再做作业时他又不懂得怎样做，还打瞌睡，结果都是要弄到十一点半才能上床睡觉。

　　在上面这段服务介入对话中，服务对象的母亲讲述了孩子的一些不同之处："他这学期上课时根本不听讲，还会到处走动，走到人家同学桌子边，去和人家说话；要不就是拿同学的玩具来玩。"服务对象的母亲还把孩子的表现与同学做了比较，觉得"他们班上很多同学都懂事了很多"，于是得出结论："我觉得他还是太不懂事了。"在这里，社会工作者需要注意，服务对象的母亲因为过分要求自己孩子的表现和他的同学相似，所以把服务对象与同学的不同之处视为"太不懂事"，看不到服务对象自身应有的发展空间。如果社会工作者肯定服务对象母亲的看法，就会导致限制服务对象自身发展的困境。社会工作者可以这样回应服务对象母亲的提问：每个母亲都希望孩子快些成长，可以理解，但每个孩子都有他自己的发展方式。接着，社会工作者就可以和服务对象的母亲一起寻找服务对象自身的发展方式。

　　在有些案例中，社会工作者需要同时处理共生和发展的关系，让服务对象与周围他人保持一种和谐的关系。我们来分析一下下面这段服务介入对话。

　　服务对象的母亲： 我们英语学得很不好，所以没办法帮他辅导英语，只能让他自己听听磁带。以前帮他请过英语老师，但那老师教了

一阵子就退休不教了。你们看，怎样帮他辅导英语会比较好呢？

服务对象的父亲：我是认为先保证数学和语文。

服务对象的母亲：可是，他的英语考得非常不好。

社会工作者：叔叔，人都有畏难心理，害怕薄弱科目。但越薄弱的科目越需要花时间学，学校很忌讳偏科的，各科都平衡会比较好。有进步了，他会喜欢学的，正如语文他考得好，他会比较爱学。

在上面这段服务介入对话中，服务对象的父母在孩子教育问题上出现了明显的分歧，服务对象的母亲希望社会工作者首先辅导孩子的英语，而服务对象的父亲则认为要"先保证数学和语文"。在实际的社会工作专业服务介入活动中，社会工作者经常会遭遇这样的冲突场景。面对这样的冲突场景，社会工作者很容易给出一个标准的答案，以便缓解或者消除这样的冲突。这样的处理方式虽然暂时缓解了冲突，但同时也加深了服务对象父母之间的矛盾，因为在服务对象的父母之间没有维持共生发展的平衡。在处理冲突场景时，社会工作者需要牢记，不是要给服务对象一个标准答案，而是让服务对象与周围他人建立一种共生发展的平衡。像上面这个案例，社会工作者可以这样回应服务对象的父母：先让服务对象的父母讲一讲自己的理由，接着寻找一些服务对象的父母都认同的方面，然后根据这些认同的方面设计一些具体的行动计划，推动服务对象的父母采取具体的行动。显然，在这个案例中，社会工作者首先需要采用发展的技巧，让服务对象的父母描述一下自己的理由，然后运用共生的技巧，帮助服务对象的父母寻找共同认可的方面，再通过具体的行动进一步调整共生发展的关系。因此，社会工作专业服务的目标不仅仅是减少服务对象与周围他人之间的冲突，更为重要的是，通过减少冲突的过程增进服务对象与周围他人之间的相互支持、扩展服务对象和周围他人的发展空间。

三 多元服务方式

仔细分析和比较了共生和发展的关系后，我们接着来看一看共生发展的社会关系所支持的社会工作专业服务方式。很显然，共生发展的社会关系所倡导的是一种多元的服务方式，即把服务对象和周围他人视为有不同发展方向的、相对独立的行动主体。这与以往的服务方式很不一样，以往服务方式只有一个关注中心（或者是服务对象或者是系统平衡），可称为单中心的服务方式。为了便于理解和比较，我们从单中心的服务方式开始讨论，并与共生发展的社会关系所倡导的多元服务方式进行比较。

所谓单中心服务方式是指整个社会工作专业服务只有一个关注中心，无论服务对象还是系统平衡，只强调一个判断标准、一个判断视角。它所追求的是一致性，例如，服务对象是否适应外部环境的要求、整个系统是否保持平衡等，关注服务对象或者系统是否能够达到所要求的标准。显然，这个判断标准是社会工作者的，是社会工作者经过专业的学习和训练获得的。而服务对象以及周围他人因为不具备专业的知识和训练，也就缺乏正确的判断能力。这样，服务对象以及周围他人就自然需要遵从社会工作者的专业指导和帮助。因此，在单中心服务方式指导下，社会工作者是整个社会工作专业服务活动的安排和组织者，当然也是服务对象以及周围他人生活的管理者和指导者。[1]很明显，这样的服务方式不认同服务对象以及周围他人具有自身的能力，不强调发掘服务对象以及周围他人自身所拥有的资源。我们可以把单中心服务方式简要概括为以下四个方面。

（1）只有一个判断标准和视角；

（2）追求服务对象与外部环境的一致性；

（3）社会工作者是专家；

（4）社会工作者管理和指导服务对象以及周围他人的生活。

多元服务方式与单中心服务方式不同，认为无论服务对象还是周围他人，都与社会工作者一样有自己的生活经验和判断标准，都会根据自己所处的日常生活场景在回应外部环境的要求过程中做出自己的选择，寻求自己的发展方向。虽然服务对象和周围他人缺乏社会工作者所具有的社会工作专业知识和技能，但并不意味着服务对象和周围他人没有自己的长处、缺乏判断自己生活中对与错的能力。实际上，服务对象和周围他人都是自己生活的专家。在多元服务方式的指导下，社会工作者追求的是发掘和调动服务对象以及周围他人的能力，让服务对象和周围他人在相互支持中寻求个人的发展，在个人发展中寻求相互之间的支持，即共生发展的社会关系。这样，在整个社会工作专业服务活动中存在多个中心，每个

---

① 有关单中心服务方式的批评，可以参见 Payne（1997：174 – 178）。

活动主体都是一个中心。在多元服务方式中，社会工作者不是组织和安排整个社会工作专业服务活动，也不是服务对象以及周围他人生活的管理者和指导者，而是把自己置身于服务对象以及周围他人的处境中，与服务对象以及周围他人一起面对和应对日常生活中的挑战，是服务对象和周围他人的合作者和支持者。我们可以把多元服务方式的要点概括为以下四个方面。

（1）每个行动主体都有自己的生活经验和判断标准；

（2）追求服务对象与外部环境的和谐；

（3）社会工作者与服务对象和周围他人一样，是社会的一员；

（4）社会工作者发掘和调动服务对象和周围他人所拥有的能力。

社会工作者从运用单中心服务方式转变为运用多元服务方式，简单地说，就是从站在服务对象的前面指导和管理服务对象和周围他人的生活转变成站在服务对象的后面发掘和调动服务对象以及周围他人的能力。在多元服务方式指导下，社会工作者的这种转变如图4-6所示。

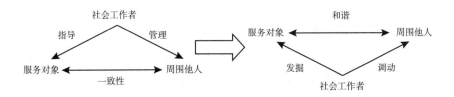

图4-6　从单中心服务方式转变为多元服务方式

当然，这种转变不是简单的位置移动，其核心是对社会工作专业服务方式的理解，强调帮助服务对象和周围他人发展出一种既相互支持又具有个人发展空间的和谐生活方式。

四　多元社会支持关系建立的基本方法和技巧

介绍了多元服务方式之后，我们将继续探讨建立多元社会支持关系的方法和技巧。多元社会支持关系建立的方法和技巧主要包括两个方面：发展中寻求共生和共生中寻求发展。所谓发展中寻求共生是指服务对象有自己的想法、感受、行为方式和要求等个人的发展空间，同时接纳周围他人与自己的不同，并且与周围他人建立相互支持的关系，不过分强调自己的独特发展空间。共生中寻求发展是指服务对象在与周围他人建立相互支持的关系中寻求自己的发展方式，不过分强调与周围他人的一致性。我们来看一看下面这段服务介入对话。

社会工作者：孩子最近有没有什么变化？

服务对象的父亲：没有，还是老样子。

社会工作者：孩子喜欢不喜欢玩电脑？你们有没有在这方面给他限制？

服务对象的父亲：没有限制，电脑就放在这里。他不喜欢，也没有时间。

社会工作者：那你们就省心了，其他的父母还要担心他们的孩子会对网络上瘾。听他妈妈说，他写作业很慢，是这样吗？

服务对象的父亲：还好啦，现在好多了。以前一年级的时候，一个晚上都不够写作业的。

社会工作者：我听他妈妈说，他小时候在其他小学上了一阵子，那里的老师把他教坏了，没有养成好的习惯。

服务对象的父亲：不是。他本来就不会念书，什么老师搞坏的，胡说。上幼儿园的时候就会玩，一年级的时候当然就不会学习了，基础太差了。以前成绩更差，很少及格，现在好多了。

社会工作者：那这里面你的功劳不小。他妈妈在学习方面有没有管他？

服务对象的父亲：没有，都是我在管。还好，孩子跟着我，要是跟着她就完了，她就是要孩子做什么就得做，不然就打（笑）。

社会工作者：还好，有个好爸爸。

从整个服务介入对话中我们可以看到，服务对象的父亲和母亲在教育孩子方面产生了比较大的分歧。服务对象的母亲认为，"他（服务对象）写作业很慢"，原因是"他小时候在其他小学上了一阵子，那里的老师把他教坏了，没有养成好的习惯"。而服务对象的父亲却有自己的看法，他认为服务对象基础太差，现在好多了。服务对象的父亲强调："还好，孩子跟着我，要是跟着她就完了，她就是要孩子做什么就得做，不然就打。"显然，面对这样的案例，社会工作者除了需要让服务对象的父亲认

识到他与服务对象的母亲有不同的看法和感受之外，还需要帮助服务对象的父亲接纳服务对象母亲的不同看法和感受，建立相互支持的关系。如果仍旧强调服务对象父亲的重要性，就会增加服务对象父母之间的紧张和冲突。社会工作者可以这样回应服务对象的父亲：照顾好孩子一定很不容易，母亲对孩子来说同样也很重要，不知道您有什么方法让孩子的母亲更了解孩子一些？通过这些提问，让服务对象的父亲更为关注怎样与服务对象的母亲一起照顾好孩子，而不是抱怨服务对象的母亲。

因此，当服务对象与周围他人发生冲突时，作为社会工作者不是要掩盖、忽视这种冲突，而是需要借助冲突增进服务对象与周围他人之间的相互理解，从而逐渐减少相互之间的冲突。面对冲突，社会工作者通常有两种解决方式：直接减少服务对象与周围他人之间的差异，或者增进服务对象与周围他人在差异中的理解。显然，直接减少服务对象与周围他人之间的差异只能收到暂时的、表面的效果，社会工作专业服务所要追求的是差异中的理解，建立一种共生发展的社会关系。我们再来看一看下面这段服务介入对话。

过了一会儿，时间快到了。社会工作者提醒服务对象时间快到了，妈妈也跟孩子说：你要说话算话啊。服务对象不说话，过了几分钟，时间到了，他关了电视。

社会工作者： 我们先来看看上次给你的书，你给我们讲讲你读的内容。

服务对象： 打钩的都是我读的，我今天读了两篇。

社会工作者： 很厉害嘛，那给我们读读，也让妈妈听听。

（服务对象开始读书给社会工作者听，读的内容是介绍火流星和木星的。）

社会工作者： 给我们讲讲你刚才读的那段讲了什么，给我们当当小老师。火流星有什么特别的地方吗？

（服务对象顺着问题，找文章里的内容开始介绍，比如火流星很明亮、像条巨大的火龙、有沙沙的声音，个头大，白天也能看得到，等等。）

社会工作者： 嗯，好棒！你以后可以给我们当老师了，我们每次来你都教我们吧！你再读给妈妈听，好不好？

（这个时候，服务对象的父亲到外面的店铺里去了。孩子点点头，开始读书给妈妈听。）

服务对象的母亲：你今天真棒，妈妈发现你读书时的断句断得非常好，逗号就短暂地停顿，句号就做稍微长的停顿，平常都没有这么好啊，今天怎么这么棒啊！

（服务对象很高兴，笑得很大声，而且点头，看上去很满意的样子。）

社会工作者：你看妈妈都夸奖你了，以后每个星期都读给爸爸妈妈听，当他们的小老师，好不好？

服务对象：好！

在上面这段服务介入的对话中，社会工作者首先让服务对象读书给社会工作者听，等服务对象的积极感受被调动起来之后，社会工作者接着转向服务对象的母亲，要求服务对象读书给母亲听："你再读给妈妈听，好不好？"让服务对象与母亲之间建立相互支持的关系。这是社会工作专业服务中经常运用的方法：首先调动服务对象的积极感受，接着帮助服务对象与周围他人建立相互支持的关系。社会工作者的提问并没有停留于此，而是继续要求服务对象，"以后每个星期都读给爸爸妈妈听"。在这里，有两点需要社会工作者特别注意。第一，帮助服务对象与周围他人建立相互支持的关系。社会工作者不要把自己作为服务介入活动的中心，因为一种有效的影响和维持服务对象改变的方式是帮助服务对象与周围他人建立相互支持的关系，发掘和调动服务对象和周围他人的能力。改变的因素离服务对象的生活越近，对服务对象的影响就越大，服务介入的效果就越好。第二，推动服务对象在与周围他人的支持中寻求发展。社会工作者的服务介入不能仅仅停留在社会支持关系的建立上，而要把它作为一种动态的过程：

发展——支持——发展……

跟随服务对象的发展节奏，社会工作者不断调整服务介入的方式，保持发展和共生之间的动态平衡。因此，我们可以把发展中寻求共生的服务方法简要概括为以下三点。

（1）调动服务对象个人发展的愿望，或者提问服务对象与周围他人的差异；

（2）改善服务对象与周围他人之间相互支持的关系；

（3）推动服务对象在社会支持中寻求个人的发展。

介绍了发展中寻求共生的方法后，我们再来看一看共生中寻求发展的方法。我们先仔细读一读下面这段服务介入的对话。

服务对象：我现在就是希望她能够天天离开学校，这样的话，我们宿舍里面三个人的生活也会比较和谐。我们也都习惯于那样的生活了，她在的时候反而会觉得特别别扭。

社会工作者：那她现在在宿舍里还是会那样沉默吗？你们还是很少交流吗？

服务对象：对啊，她基本上是不怎么讲话的，我和那个关系比较好的都不怎么理她。她自己好像也开始意识到了，所以她没事就找另一个女生说话，那个女生也很讨厌她，只是那个女生不表现出来而已。现在我们的晚上聊天她也会参与进来，只是好像我们都说不到一起去，她的表达能力不是很好，有些时候她说的话我们都听不懂，所以我们也都不是特别爱搭理她。

社会工作者：噢，你最近这几天感觉调整得怎么样了呢？

在上面这段服务介入的对话中，服务对象描述了她与同宿舍同学之间的冲突："我现在就是希望她能够天天离开学校，这样的话，我们宿舍里面三个人的生活也会比较和谐。"显然，在对话过程中服务对象非常关注宿舍同学之间关系的和谐。这样的关注，让服务对象很难包容别人的不同。此时，作为社会工作者，要把服务对象的部分注意力从关注同宿舍同学之间的关系转向关注个人的发展，从而增强服务对象的包容性，减少同学之间的相互冲突。因此，面对这样的案例，社会工作者可以采用共生中寻求发展的方法，其提问的方式可以分为以下三个步骤。

（1）提问服务对象与周围他人之间的关联；

（2）调动服务对象的发展愿望；

（3）改善服务对象与周围他人之间相互支持的关系。

值得一提的是，无论发展中寻求共生的方法和还是共生中寻求发展的方法，都源于服务对象与周围他人之间的冲突。在这里，社会工作者需要留意服务对象在冲突中的趋向：是强调个人的发展还是注重人与人之间的一致？如果是因为强调个人的发展而导致的冲突，就需要采用发展中寻求共生的方法，帮助服务对象改善与周围他人之间相互支持的关系；如果是因为注重人与人之间的一致而导致的冲突，就需要运用共生中寻求发展的方法，调动服务对象的发展愿望。当然，无论发展中寻求共生还是共生中寻求发展，只是服务介入的起点不同而已，其核心都是希望社会工作者跟随服务对象的发展步伐，帮助服务对象和周围他人建立一种多元社会支持关系。

游戏活动："我的家"

目标：了解自己与其他家庭成员之间的关系，体会家庭中的多元社会支持关系。

步骤：

（1）每个学生准备 4～5 枚一元的硬币，每个硬币代表一位家庭成员；

（2）根据自己希望的家庭生活方式在桌子上摆放硬币，硬币的位置以及相互之间的距离代表生活中家庭成员互动交流的方式；

（3）假设自己是另一个家庭成员，从其他家庭成员的角度摆放硬币，看一看自己的希望与其他家庭成员的希望有什么差别；

（4）完成之后，再转到另一个家庭成员的角度摆放硬币，比较相互之间的差别。

课 外 案 例 练 习

请根据多元社会支持关系建立的方法和技巧指出下面案例中需要改进的方面以及改进的具体方法。

课外案例练习 1

社会工作者：你能不能说说今天（周日）她做了些什么呢？

服务对象的母亲：今天啊，早上吃完饭后，她就一直想出去玩，后来被我逼着在家读书等你们来，背了一些古诗和单词。

社会工作者： 用强制的办法吗？

服务对象的母亲： 嗯，是的，你们上次说最好不要打孩子，我就很少打她了。但今天她实在不听话，我只好把她打回来读书了。

社会工作者： 不是吧，你平时是不是管她管得很紧啊？都不让她做一些自己想做的事情。

服务对象的母亲： 不会啊，我只是要她把作业做完，然后她自己就可以自由支配自己的时间了。

课外案例练习 2

社会工作者： 阿姨，你对孩子有什么具体的要求吗？你希望他在哪方面改变得多一些？

服务对象的母亲： 其实没有什么特别的要求，只是想他听话一点，作业能按时完成，不要老是被老师批评。

社会工作者： 阿姨，你觉得他这周表现得怎样呢？

服务对象的母亲： 好像还不错，以前每周他的老师都打电话过来说他表现不好、作业没做什么的。你说每周都有人来和你说自己的孩子怎样不好，你多难受啊！这周他的老师都没打电话过来，我真是提心吊胆。

社会工作者： 呵呵，那看来他这周真的表现不错。你这周怎么辅导、监督他学习的？

服务对象的母亲： 其实也没有什么。这周我都很忙，晚上很晚才回来，就帮他看看作业有没有错，问他一下作业是不是做完了。

社会工作者： 其实这样就很好了。这些作业他都可以自己完成的，只需要稍微监督一下就好了。多给他一些鼓励。

服务对象： 就是，妈妈很久都没有给我奖励了。

课外案例练习 3

服务对象的母亲： 我们也不知道怎么样才能让他的学习态度转变？

社会工作者： 首先要知道他喜欢什么，如果买的东西不是他想要的，那他就不会积极争取。

服务对象的母亲： 他一般是喜欢一些玩具。

社会工作者：没关系啊，他这个年龄（11 岁）的男孩子就是喜欢玩具，很正常。我建议你们这周就可以和他好好聊一聊，具体问问他最近想要什么玩具，或者想吃什么东西，想看什么书，写下来，跟他一起制定一个奖励规则，不是我们说了算，而是他也同意的，这样他才有动力参与到这个规则中。

服务对象的母亲：嗯，很好。

社会工作者：你们一般是什么时候买玩具给他的呢？是在他表现好还是……

服务对象的母亲：一般是他想要什么东西，他爸爸就会买给他。

社会工作者：不管他表现好不好，是吗？

服务对象的母亲：嗯。他爸爸太宠他了，所以他在我这要不到的东西，他爸爸会给他买。

社会工作者：这就是问题所在了。试着想想，如果有一样东西我很喜欢，但是不管我表现好还是不好，我都可以得到它，你说我会努力表现好吗？我当然会无所谓了。你说是不是这样呢？

服务对象的母亲：是啊，我也跟他爸爸说过好几次，但是他爸爸总是不听。

第四节　社会支持关系扩展的方法和技巧

在服务对象已经建立的社会支持关系的基础上延伸和加强原有的社会支持关系的方法和技巧被称为社会支持关系扩展的方法和技巧。它与社会支持关系建立的方法和技巧的不同之处在于，社会支持关系建立的方法和技巧是帮助服务对象和周围他人建立新的社会支持关系，而社会支持关系扩展的方法和技巧则是帮助服务对象和周围他人巩固和发展已有的社会支持关系。当然，在实际的社会工作专业服务活动中，有时两者是很难区分的，因为任何社会支持关系的建立都要有一定的基础条件。因此，所谓社会支持关系的建立和扩展是相对而言的，如果社会工作专业服务活动关注的焦点是新的社会支持关系，那就是社会支持关系的建立；如果关注的焦点是调整原来的社会支持关系，那就是社会支持关系的扩展。我们在这一节内容中将重点介绍社会支持关系扩展的方法和技巧，涉及循环提问、拓展发展空间和对位提问。

一 循环提问

当服务对象与周围他人或者周围他人与周围他人之间出现矛盾冲突时，社会工作者可以同时问冲突的双方，让冲突双方认识和了解共同认可的基础。[1] 这样的提问方式被称为循环提问。循环提问的核心是帮助冲突双方重新找到相互合作的基础，并以此为基点，推动冲突双方改善相互之间的互动交流状况。我们来看一看下面这段服务介入对话。

社会工作者：孩子的父亲还没来，你就谈谈孩子这几天学习计划执行的情况。先说好的吧！

服务对象的母亲：电视看得比以前少了，每天大约 2 个小时。早上起不来，前天最早 8 点钟起床。

社会工作者：先说好的吧！

服务对象的母亲：自己起床叠好被子，还帮助家里干点家务。睡觉比以前早，10 点半之前就睡了。这几天孩子的情绪不稳定……

（服务对象的父亲进入心理咨询室，坐下。）

社会工作者：今天请你来是为了和你商量怎样更好地帮助孩子，让孩子能够继续上学。你能不能谈一谈，如果让你教育孩子，你会怎样做？

服务对象的父亲：我们在孩子面前一点威信都没有，尤其他母亲，只要孩子一不高兴，就会打他。

社会工作者：我想知道，如果由你负责管教孩子，你会怎样做？怎样做才能对孩子有效？

服务对象的父亲：首先要让孩子受到惩罚，他如果打人，我们就跑出去，饿他几天，让他感到害怕，下次就不会发生了。有一次，我跑了，可他母亲没有跑，我只好回来了。现在孩子当着我的面打他母亲，显然是对我的挑战。

服务对象的母亲：你跑出去就完事啦？你……

社会工作者：先听孩子父亲讲，待会儿你有机会讲的。

服务对象的父亲：不要惹他。孩子母亲整天唠叨，都是她激怒了孩子。我和孩子一起在家的时候，他很少发火。他母亲说这说那，哪

---

[1] 循环提问技巧可以参阅 Hoffman（1985：381-396）。

有孩子不发火的？

服务对象的母亲：你才看了两个月，这几年都是我在照顾孩子。你吃了饭，什么事都不管。

社会工作者：好吧，你只说你怎么管孩子，别的不要提。

服务对象的父亲：我们教育孩子的方法不统一，相互揭短，在孩子面前我们一点威信都没有了。我发现孩子在中午吃饭和晚上睡觉的时候容易发火，中午发火是因为饭菜不合胃口，所以我就带孩子上市场，让他挑菜。可他母亲总是担心这担心那的，烧出来的饭菜孩子不喜欢吃，就容易发火。晚上我和孩子睡下了，可他母亲弄这弄那，吵得孩子睡不着。你说，有这么多家务事吗？明天不能干吗？

服务对象的母亲：你自己不做家务，还嫌人家。

社会工作者：（对着服务对象的母亲）你说说孩子近两个星期的变化。

服务对象的母亲：打人的严重行为减少了 60%，他自己对攻击行为也很矛盾……

社会工作者：如果他发火了，你怎样处理的？

服务对象的母亲：我会拍拍他的背，或者摸摸他的耳朵，鼓励他："你不是坏孩子。"一旦孩子动手打人了，就没有办法了。

社会工作者：我听了你们说的，觉得你们的一些想法很接近。你们都认为首先要让孩子有信心……

（接着，社会工作者帮助服务对象的父母整理、确定他们在教育孩子上一些共同认可的方面，并把这些方面作为服务对象父母进一步行动的计划。）

在上面这段服务介入的对话中，服务对象的母亲与父亲在教育孩子方面出现了比较大的分歧。为了减少相互之间的指责和推诿，社会工作者首先要求服务对象的父母分别介绍自己管理和教育孩子的方法，为双方充分表达自己的想法和意见提供必要的条件。在对话过程中，服务对象的母亲几次打断谈话，岔开话题，但是社会工作者立即将谈话的内容拉回正题。拉回正题的目的有两个：一是给服务对象的父母充分的表达机会；二是让服务对象的父母学习如何倾听不同的意见和想法。在这段谈话结束的时候，社会工作者总结双方的谈话内容，寻找和确定双方都认同的想法，把

服务对象父母的注意焦点集中在双方共同认可的基点上，并且以此为基础，为服务对象的父母设计具体的行动计划，希望在行动中进一步调整相互之间的沟通交流方式。

显然，在运用循环提问的方法和技巧时，社会工作者需要注意以下三个方面：

（1）给冲突双方充分表达自己意见和想法的空间；

（2）在冲突双方的谈话中寻找共同认可的基点；

（3）根据共同认可的基点设计具体的行动计划。

二　拓展发展空间

服务对象的发展与周围他人紧密相关，当社会工作者的提问同时涉及服务对象和周围他人时，就需要面对怎样拓展服务对象和周围他人发展空间的挑战。此时，因为服务对象与周围他人处于矛盾冲突的状态，强调任何一方的要求都会影响另一方的发展。怎样在服务对象与周围他人发生冲突的情况下平衡双方的发展要求，同时带动冲突双方共同发展，这样的服务介入方法和技巧被称为拓展发展空间。我们来看一看下面这段服务介入对话，用心体会拓展发展空间的服务介入方法和技巧。

服务对象的母亲：她不自觉，今天早晨把我气死了。我去叫她的时候，发现她昨天晚上一直在听收音机。

社会工作者：听收音机？

服务对象的母亲：是啊，耳朵上塞着。

社会工作者：（问服务对象）听什么台呢？

（服务对象不作声，不抬头，小声嘟哝着，在草稿上演算数学。）

服务对象的母亲：听那些节目嘛！

社会工作者：听英语吧？

服务对象的母亲：不是，就是那些晚上讲故事什么的。

社会工作者：偶尔听听嘛，小孩子学习那么紧，放松放松也是可以的，他们现在学习那么紧。

服务对象的母亲：学习是很紧啊，但是就剩三个月了。

社会工作者：今天是周末嘛。再说电台一般有一个时间段是英语节目，她可能是听完英语就睡着忘关了。

服务对象的母亲：她是不自觉，所以现在也没有什么志愿。我上次去她班里，看到后面黑板上填志愿，她填了三个，我真的气死了。

服务对象：（很不服气）人家不是填了？

服务对象的母亲：你填了三个。你要是想考好的话，就要下定决心定好一个目标，朝着这个目标努力。

（服务对象自己小声嘀咕，没有抬头。）

通过分析上面这段服务介入的对话就可以发现，服务对象的母亲因为昨天晚上服务对象一直在听收音机，所以与服务对象发生激烈的冲突。服务对象母亲的感受是："她不自觉，今天早晨把我气死了。"但是，服务对象并没有机会表达自己的感受，只是"不作声"。当服务对象的母亲谈到服务对象没有什么志愿时，服务对象很不服气地反驳母亲。显然，在整个对话过程中，服务对象的母亲一直处于主导的位置，服务对象只有在自己很不满意的时候，才以反抗的方式表达自己的想法和感受。这样的互动交流方式既不利于服务对象的发展，也不利于服务对象母亲的发展。可惜，社会工作者并没有意识到这一点，只是劝解服务对象的母亲。面对这样的案例，社会工作者可以运用拓展发展空间的服务介入方法和技巧，问服务对象：你有什么想法？或者你是怎么想的？给服务对象更多的机会表达自己的感受和想法，让服务对象的母亲了解孩子内心的感受，拓展服务对象和服务对象母亲的发展空间。

在上面这个案例中，服务对象缺乏表达的机会。但有时候，社会工作者会遇到这样的案例：因为给予服务对象太多的机会，所以服务对象的周围他人忽视了自己的要求。我们来分析下面这段服务介入对话。

社会工作者：你下午去学围棋了吗？

服务对象：去了。

社会工作者：学得开不开心？

服务对象：开心。

服务对象的父亲：我陪他下，他很想学。

社会工作者：啊，是叔叔你陪他下的啊？他没有跟小朋友们一起下呢？

服务对象的父亲：没有，他们老师说他学得比较慢，有点跟不上其他小朋友，让我跟他下。人家会的小朋友自己也要学的。老师也跟他下过，不过他更喜欢跟我下。老师也是建议我先跟他下，因为他现在还不太会。其实我自己也不太会，我原来根本没接触过围棋。

社会工作者：那叔叔你刚好也可以跟他一起学喽！

服务对象的父亲：是啊，不过说实话，我对围棋是没有什么兴趣啦！

社会工作者：呵呵，那叔叔能够陪他，很好啊！最主要的是他自己想学，不是我们逼他学。

服务对象的父亲：是啊！

在上面这段服务介入对话中，服务对象的父亲为了服务对象的发展陪服务对象学围棋。其实，服务对象的父亲自己对围棋没有什么兴趣。在这里，服务对象的要求与服务对象父亲的兴趣发生了冲突，服务对象的父亲并没有坚持自己的兴趣，而是给予服务对象的要求更多的关注，陪服务对象下围棋。这个时候，社会工作者既要给予服务对象的父亲必要的支持，同时也需要提醒服务对象的父亲适当关注自己的兴趣，因为人的要求是没有办法被忽视或者压制的，我们骗不了自己，只能给自己的要求适当的引导。面对这样的处境，社会工作者可以这样回应服务对象的父亲：您真是很关心孩子的发展，但同时也要注意调整自己。您心情愉快了，孩子的心情才能愉快。这样，就可以让服务对象的父亲关注自己的要求，既扩展自己的发展空间，同时也扩展服务对象的发展空间。

简单地说，当服务对象与周围他人发生冲突而且一方缺乏表达自己意愿的机会时，社会工作者就可以采用拓展发展空间的服务介入方法和技巧，平衡冲突双方的发展要求，扩展冲突双方的发展空间。

三　对位提问

常用的社会支持关系扩展的方法和技巧之一是对位提问，即当冲突的一方不在场时，社会工作者可以根据服务介入对象的谈话内容假设与他相冲突的另一方的想法和意见，让服务介入的对象面对他们之间的冲突，这样的提问方法和技巧被称为对位提问。对位提问的目的是帮助冲突的一方在对方不在场的情况下扩展发展的空间。我们来看一看下面这段服务介入过程中发生的事情。

社会工作者在上一次服务介入过程中与服务对象及其母亲制订了学习计划和奖励计划。在这次服务介入过程中意外地发现服务对象的母亲和服务对象都不在家，只有服务对象的父亲在家。社会工作者认为这次去像是在收集一些信息，因为无法见到服务对象，所以没有开展可以推动服务对象继续改变的服务活动。社会工作者认为，虽然在这次服务介入过程中自己肯定了服务对象的父亲对孩子的辅导及其为孩子制定的时间表，可不知道服务对象的想法，特别是他又去打架了。整个服务介入过程中服务对象的父亲一直在说自己怎样怎样教育孩子，忽视了母亲的作用，而社会工作者很少询问服务对象的父亲所知道的服务对象的母亲在教育孩子上付出的努力。

面对服务对象不在场的处境，是否意味着就没有办法开展社会工作专业服务来继续推动服务对象改变呢？事实上，当社会工作者走进服务对象的日常生活处境时，就会遭遇像上面案例提到的处境：服务对象或周围他人不在场。面对这样的处境，社会工作者首先需要转变服务介入的焦点，把关注的焦点从服务对象的发展转向服务对象与周围他人的互动交流。这样，即使服务对象或者周围他人不在场，社会工作者仍旧可以通过服务介入的对象影响与之有关联的周围他人。不过，这要求社会工作者把服务介入的对象放回到日常的人际互动过程中，从与服务介入对象的谈话中了解他与周围他人之间的沟通交流过程。例如，在上面的案例中，虽然服务对象和母亲不在家，但是服务对象的父亲在家，而且一直在说自己怎样教育孩子。显然，教育服务对象不仅与服务对象的父亲有关系，也与服务对象的母亲有关系。服务对象的父亲教育孩子的想法和方式一定受到服务对象母亲的影响。因此，服务对象的父亲教育孩子的想法和方式与服务对象的母亲相对应，只不过服务对象的母亲教育孩子的想法和方式处于隐蔽的状态。这个时候，社会工作者就可以运用对位提问的方法和技巧，让服务对象的父亲看到自己教育孩子的想法和方式与服务对象母亲的不同之处，从而以此为基础扩展相互之间的社会支持关系。社会工作者可以这样问服务对象的父亲：您这样教育孩子，孩子的母亲有自己的想法吗？如果她的想法和您不同，您怎样实现自己的想法？通过这些提问就可以帮助服务对象的父亲把注意的焦点集中在怎样面对和处理自己与别人的冲突上，而不仅仅是个人意见和想法的表达。

值得注意的是，在运用对位提问的方法和技巧时，社会工作者的提问不能仅仅停留在帮助服务对象面对和处理自己与别人的冲突上，同时还需要在相互之间的冲突中找到共同的基点，并以此为基础扩展服务对象与周围他人之间的社会支持关系。

通过这一节的学习我们可以了解到，当社会工作者面对服务对象与周围他人或者周围他人与周围他人相互冲突的场景时，可以采用社会支持关系扩展的方法和技巧（主要包括循环提问、拓展发展空间以及对位提问三种常见的服务介入的方法和技巧）。

> **游戏活动："我们不同，但仍可以相互支持"**
> **目标**：学习如何与他人建立和扩展相互之间的社会支持关系。
> **步骤**：
> （1）每位同学准备好一张白纸和一支笔；
> （2）对折白纸，左边上方写上"冲突中的对话"，右边上方写上"社会支持性对话"；
> （3）在左边写上三段与别人冲突时的对话；
> （4）对应左边的对话，在右边把冲突中的对话转变成社会支持性对话；
> （5）比较两种对话的区别。

课 外 案 例 练 习

请根据社会支持关系扩展的方法和技巧指出下面案例中需要改进的方面以及改进的具体方法。

课外案例练习 | 1

社会工作者：叔叔，你对小朋友到家里来是不是有什么顾忌呢？

服务对象的父亲：是啊，因为他不怎么懂得跟人家玩。

社会工作者： 你是担心更多的人知道他不懂得跟人家玩，是吗？

服务对象的父亲： 因为在一起玩，一比就比出来了嘛！

服务对象的母亲： 他经常说，"别人家的小孩都很好，放着不管也玩得好好的，他怎么就不行……"我现在都不爱跟他讲了。

社会工作者： 是吗？叔叔，你当着他的面说的吗？

课外案例练习 2

社会工作者： 红色的那辆是你组装的，白色的那辆是奶奶帮他组装的吗？

服务对象的父亲： 没有，两辆都是我帮他组装的。他动手能力比较差，以前我们大人也是动手能力比较差，所以也没怎么教他。

社会工作者： 那借这个机会你可以教教他啊。其实比赛结果不重要，最重要的是在这个过程中让他自己动手操作，学到一些东西。

服务对象的母亲： 让他有成就感。

社会工作者： 对了，阿姨这点说得非常对。让孩子参与进来，让他自己也动手完成一部分，他会觉得自己也参与了，自己也能够组装，他会更有成就感的。

服务对象的母亲： 对啊。

服务对象的父亲： 是，是。

社会工作者： 你可以组装一部分，然后教他组装另一部分；或者像你现在已经组装好了，你可以让他自己再组装一次看看啊，比如把这个轮胎卸下来啊。

服务对象的父亲： 嗯，好的。

（社会工作者指的是一个轮胎，没想到服务对象的父亲很快、很激动地把四个轮胎全部卸了下来。）

服务对象的父亲： 孩子，轮胎掉了，你能不能把它装上去啊，爸爸不知道怎么装，你教教我吧！

（于是，服务对象就拿起轮胎开始装，装上后还使劲地往下按。）

课外案例练习 3

服务对象的母亲： 对啊，买外面这件的时候是那个人（卖衣服的）买好了飞机票，急着要走，所以削价。她（服务对象）当时说，想要买另外一件粉红色的。那件粉红色的和这个一样，也是有这个花，但是要80多块，这件买了好像只要了三四十块。

社会工作者： 那很便宜。

服务对象的母亲： 对啊，就是他急着走削价嘛！我说都一样，就是颜色不一样。

服务对象： （对着母亲小声嘀咕）不一样，款式不一样。

服务对象的母亲： 哪里不一样？不也是这个灰色的格子吗？我说这件便宜那么多还是买这件，后来她也同意了。

社会工作者： 要她点头。

服务对象的母亲： 对啊，她不同意我都不敢买。那年买了一套裙子，80多块，到现在都不穿，放在那里，只有我穿，又是红色的，我都不怎么穿得出去。

第五节　在社会支持关系中平衡共生和发展关系的方法与技巧

介绍了社会支持关系建立和扩展的方法和技巧之后，我们可以发现，无论社会支持关系建立的方法和技巧还是社会支持关系扩展的方法和技巧，都是为了帮助服务对象和周围他人形成一种共生发展的人际沟通交流方式，都是在处理共生和发展之间的平衡关系。为了帮助社会工作者更好地从整体上把握社会支持关系建立和扩展的方法与技巧，接下来，我们将把讨论的重点放在如何在整合社会支持关系建立和扩展的方法与技巧的基础上，保证社会工作专业服务活动从整体上平衡共生和发展的关系。

一　对社会支持关系建立和扩展的方法与技巧的总结

在上面几节中，我们分别介绍了社会支持关系建立和扩展的方法与技巧。社会支持关系建立的方法和技巧包括从愿意合作的人着手、从容易做的切入、从微小的改变开始，社会支持关系扩展的方法和技巧包括循环提问、拓展发展空间以及对位提问。在了解了社会支持关系建立和扩展的方法与技巧之后，社会工作者接着面临的挑战是：怎样将社会支持关系建立和扩展的方法与技巧自然地联结起来并将其运用于实际的社会工作专业服务介入活动中。我们先来看一看如何运用社会支持关系建立的方法和技巧（见图4-7）。

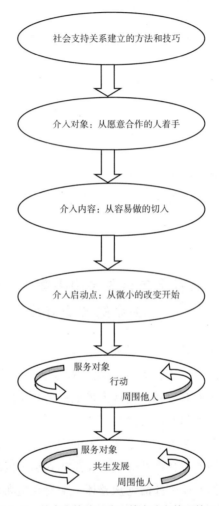

图4-7　社会支持关系建立的方法和技巧的运用

从图4-7中可以发现，社会支持关系建立的方法和技巧的运用可以分为五个具体的步骤。第一个步骤，选择服务介入的对象，采用的方法和技巧是从愿意合作的人着手。第二个步骤，确定服务介入的内容，运用的方法和技巧是从容易做的切入。第三个步骤，明确服务介入的启动点，采用的方法和技巧是从微小的改变开始。第四个步骤，通过发现服务对象或周围他人的启动点，推动服务对象采取具体的行动。在这里需要注意的是，无论服务对象的行动还是周围他人的行动，都是在日常的人际互动中出现的，涉及服务对象与周围他人之间的沟通交流。第五个步骤，通过调整服务对象与周围他人的沟通交流，帮助服务对象与周围他人建立共生发展的平衡关系。

　　除了社会支持关系建立的方法和技巧之外，社会工作者还可以运用社会支持关系扩展的方法和技巧帮助服务对象和周围他人建立共生发展的平衡关系。下面，我们来探讨一下如何运用社会支持关系扩展的方法和技巧（见图4-8）。

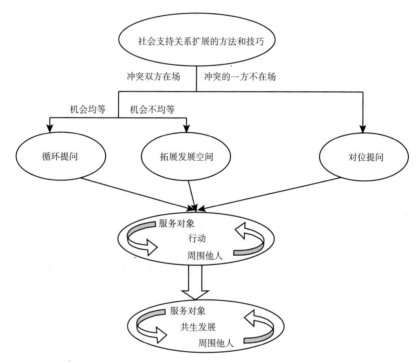

图4-8　社会支持关系扩展的方法和技巧的运用

　　从图4-8中可以看到，社会支持关系扩展的方法和技巧的运用可以分为三个具体的步骤。第一个步骤，首先确定冲突双方是否在场。如果冲突的一方不在场，社会工作者就可以运用对位提问的方法和技巧；如果冲突的双方都在场，就需要进一步明确冲突双方表达自己意见和感受的机会是否均等。如果机会均等，社会工作者就可以运用循环提问的方法和技巧寻找冲突双方共同认可的基点；如果机会不均等，社会工作者就需要采用拓展发展空间的方法和技巧扩展冲突双方的发展空间。第二个步骤，推动服务对象或者周围他人采取具体的行动，调整冲突双方的沟通交流方式。第三个步骤，借助冲突双方沟通交流方式的调整，帮助服务对象与周围他人建立共生发展的平衡关系。

介绍到这里，细心的读者就会发现，在服务对象能力的发掘和运用以及服务对象心理的调适和整合两章内容的总结部分，最后的步骤都是推动服务对象采取具体的行动，而在这里，最后的步骤是帮助服务对象与周围他人建立共生发展的平衡关系。其实，前两章所讲的推动服务对象采取具体的行动也是放在服务对象与周围他人互动交流的日常生活处境中来考察的，包含服务对象与周围他人建立共生发展平衡关系的要求，只是因为那时没有介绍共生发展的社会支持关系的概念，所以没有把行动延展开来。在实际的社会工作专业服务活动中，无论是服务对象能力的发掘和运用，还是服务对象心理的调适和整合以及服务对象社会支持关系的建立和扩展，都包含帮助服务对象与周围他人建立共生发展平衡关系的要求。

二　社会支持关系建立和扩展的方法与技巧的整合

在实际的社会工作专业服务介入活动中，社会支持关系建立和扩展的方法和技巧是综合在一起使用的，不可以截然分开。无论社会支持关系建立的方法和技巧的运用还是社会支持关系扩展的方法和技巧的使用，都是为了帮助服务对象与周围他人建立共生发展的平衡关系。因此，社会工作者需要根据服务对象与周围他人沟通交流的具体情况选择运用社会支持关系建立和扩展的方法与技巧。我们来看一看下面这段服务介入的对话，注意不同社会支持关系建立和扩展的方法与技巧的运用。

服务对象与母亲发生了争吵，社会工作者赶到现场后，首先倾听服务对象及其母亲的讲述，然后转向服务对象。

社会工作者：母亲说你的同学都上高中了，你还待在家里。你感到很不高兴，是吗？

服务对象：她还说我只会给他们添麻烦。

社会工作者：是吗？

服务对象的母亲：你一早起来就要钱，想买可乐。不给你，你就伸手到我口袋里掏。我已经说过多少次了，这对身体不好。

社会工作者：母亲是担心你的身体健康。你怎么和母亲说的？

服务对象：我向她要钱，她不给，我就伸手到她口袋里拿。

社会工作者：你很想喝，是吗？你和母亲说：我很想喝。你说一下（服务对象向母亲说了一遍）。以后遇到这样的情况，你把自己的想法说出来，好吗？

服务对象：好的。

社会工作者：我能理解，不让孩子喝可乐是希望孩子能够健康成长。但孩子的行为改变需要一个过程，只能慢慢地改变一些不好的习惯。

服务对象的母亲：这个星期以来每天都要喝可乐。跟他说了很多次，还是不改。

社会工作者：我知道，做母亲的都希望孩子能够健康成长。但你想一下，孩子现在只能待在家里，想上学，心里着急。人压力大了，就要表现出来。

服务对象的母亲：你不知道我的压力也很大，孩子这个样子，他父亲也不管……

社会工作者：嗯，是的，不容易！孩子慢慢能够上学，那样的话，对他自己和你们都会好一些。

服务对象的母亲：他能够上学最好了。

社会工作者：千万不要刺激孩子，每个人都有自尊心，这样做对孩子状况的改善也没有好处。

服务对象的母亲：我知道，我已经向他道歉了。孩子自己也在竭力克制，要是在以前，如果不给，就立即动手了。

社会工作者：哦，真是不错！

（拍拍孩子的手背）

在上面这个案例中，社会工作者倾听了服务对象以及服务对象母亲的讲述之后，转向服务对象，首先问服务对象。这样做是因为服务对象相对处于弱势，能够表达自己意见和感受的机会比较少，首先问服务对象就可以给服务对象更大的空间表达自己内心的想法和感受。在这里，社会工作者运用了社会支持关系扩展中的拓展发展空间的服务介入方法和技巧。社

会工作者这样问服务对象："母亲说你的同学都上高中了，你还待在家里。你感到不高兴，是吗？"从服务对象的感受入手，很容易得到服务对象的认可，是服务对象容易做的，也是社会工作者容易做的。显然，此时，社会工作者运用了社会支持关系建立中的从容易做的切入的方法和技巧。在回应服务对象母亲的感受时，社会工作者仍旧运用了这种服务介入的方法和技巧。"你和母亲说：我很想喝。你说一下。"此时，社会工作者运用了从微小的改变开始的方法和技巧，以便推动服务对象采取具体的行动，改善与母亲之间的沟通交流状况。接着，社会工作者采用了社会支持关系扩展中的循环提问的方法和技巧，帮助服务对象及其母亲寻找共同认可的基点："孩子慢慢能够上学，那样的话，对他自己和你们都会好一些。"社会工作者的提问并没有停留于此，而是进一步要求服务对象的母亲采取具体的行动改善与服务对象之间的沟通交流状况，"千万不要刺激孩子"。当服务对象的母亲肯定服务对象的进步时，社会工作者及时回应服务对象的感受，强化服务对象改变的意愿，以便调整服务对象与母亲之间共生发展的平衡关系。

通过分析上面这个案例可以发现，社会支持关系建立和扩展的方法与技巧需要根据服务对象和周围他人的互动交流状况加以综合运用，社会工作者不可以把自己局限于某一类或某一种社会支持关系建立和扩展的方法与技巧。而且通常情况下，在运用社会支持关系建立和扩展的方法和技巧时，都会涉及能力的发掘和运用以及心理的调适与整合的方法和技巧。像上面这个案例中强化服务对象改变的意愿，就是很好的例子。

显然，社会支持关系建立和扩展的方法与技巧的整合涉及服务对象和周围他人之间的动态平衡关系。所谓动态是指无论服务对象还是周围他人，其中任何一个人的改变都会影响其他成员。也就是说，虽然社会工作专业服务介入的着手点是某个服务介入的对象（服务对象或者周围他人），但服务介入活动所带来的影响却不会局限在这个人身上，而是与周围他人紧密相联。因此，社会工作专业服务的介入焦点不是某个服务介入的对象，而是由服务介入的对象所涉及的沟通交流方式。过分突出服务对象的改变，不仅会影响周围他人的发展，反过来也会影响服务对象的改变。服务对象的改变只有与周围他人的改变相配合时，才能相互影响、相互促进。服务对象与周围他人永远处于一种相互影响的动态变化过程中。所谓平衡是指服务对象的发展与周围他人的发展紧密相联，相互之间维持一种平衡的关系。过分强调服务对象的发展或者周围他人的发展，都会破坏这种平衡的关系，加深服务对象与周围他人之间的冲突，从而阻碍服务对象或周围他人的发展。维持服务对象的发展与周围他人的发展之间的动态平衡，并不是说服务对象或者周围他人不需要改变，而是服务对象的改变只有与周围他人的改变相配合时，才能建立一种积极的社会支持关系，才能维持服务对象和周围他人的持久改变。因此，维持服务对象与周围他人之间的动态平衡关系的核心，是帮助服务对象与周围他人建立一种共生发展的平衡关系。服务介入的对象与周围他人之间的动态平衡关系如图4-9所示。

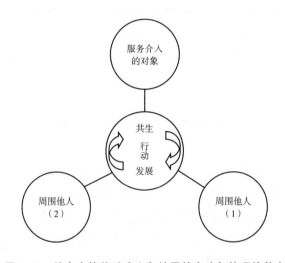

图4-9　社会支持关系建立和扩展的方法与技巧的整合

从图4-9中可以发现，服务介入的对象与周围他人借助具体的行动紧密关联在一起，即服务介入的对象通过具体的行动影响周围他人，同样，周围他人也可以借助行动影响服务介入的对象，在行动中呈现服务介入的对象与周围他人之间共生发展的平衡关系。需要注意的是，共生发展的平衡关系并不是一个固定不变的标准，而是服务介入的对象与周围他人通过具体行动相互影响过程中的一种动态的平衡。社会工作者需要采取一种动态的视角，跟随服务介入对象的步伐，在服务介入的对象与周围他人互动交流的过程中促进双方共生发展的平衡关系的建立。

当社会工作者面对服务对象与周围他人发生相互冲突的场景时，首先需要判断谁愿意合作、什么事情容易做、有哪些微小的改变，由此确定服务介入的对象、内容和启动点，并根据服务介入的对象在与周围他人冲突时的关注取向（是关注相互之间的共生关系还是个人发展），确定服务介入的方式和步骤。例如，如果服务介入的对象关注与周围他人之间的共生关系，社会工作者就可以从共生关系出发，强调服务介入对象的个人发展，接着再转向共生关系。具体的服务介入方式和步骤可以表示为：

社会工作者——→共生关系——→个人发展——→共生关系——→……

如果服务介入的对象在与周围他人的互动交流中关注自己个人的发展，社会工作者就可以从个人发展开始，强调服务介入的对象与周围他人的共生关系，接着再转向服务介入对象的个人发展。具体的服务介入方式和步骤可以表示为：

社会工作者——→个人发展——→共生关系——→个人发展——→……

简单地说，社会工作者在面对服务对象与周围他人相互冲突的场景时，可以根据服务介入对象的取向选择服务介入的方式，如果服务介入的对象关注共生关系，就从共生关系着手，然后转向个人的发展；如果服务介入对象关注个人发展，就从个人发展开始，接着转向共生关系，让共生关系和个人发展通过具体的行动不断循环。总之，社会工作者在运用社会支持关系建立和扩展的方法与技巧时，需要采用共生关系和个人发展的循环方式，而不是直线的方式。

维持服务对象的改变有两种基本的策略——直线服务策略和循环服务策略。循环服务策略要求社会工作者把服务对象放回到与周围他人具体的人际互动交流的处境中理解，认为服务对象的改变与周围他人的改变相互影响、相互促进，社会工作者只是服务对象改变的启动者和联结者。循环服务策略的核心是希望社会工作者帮助服务对象与周围他人建立一种共生发展的平衡关系。社会工作者可以采取循环服务策略整合社会支持关系建立和扩展的方法与技巧，帮助服务对象与周围他人建立共生发展的平衡关系。社会支持关系建立的方法和技巧包括从愿意合作的人着手、从容易做的切入以及从微小的改变开始；社会支持关系扩展的方法和技巧包括循环提问、拓展发展空间以及对位提问。

本章关键概念

◇ 直线服务策略

◇ 循环服务策略

◇ 服务介入的启动和联结

◇ 共生

◇ 发展

◇ 多元的服务方式

◇ 社会支持关系的建立

◇ 社会支持关系的扩展

游戏活动："谁的高、谁的漂亮？"

目标：学习和体会如何与周围他人建立共生发展的平衡关系。

步骤：

（1）每10位学生一组，每位学生准备好统一的白纸一张；

（2）听老师指令，整个游戏活动过程中不允许说话；

（3）给每组学生5分钟的准备时间，要求每位学生把手里的白纸叠加起来，叠得又高又漂亮的获胜；

（4）叠纸开始，大约2分钟；

（5）比较一下谁的高、谁的漂亮。

课外案例练习

请根据社会支持关系建立和扩展的方法与技巧的整合指出下面案例中需要改进的方面以及改进的具体方法。

课外案例练习 1

社会工作者：阿姨，上次我们给她（服务对象）定了学习计划，她做到了哪些呀？

服务对象的母亲：前两天都做了，可后三天都没有做到。

服务对象：妈妈说，我全部做完叫她，不懂的再问她。可我不要这样，所以我就哭。

服务对象的母亲：她第一天做到了，做得很好，作业做得都是全对。可后两天都没有把作业带回来……

服务对象：后两天我生病了，所以没有做。再后来我的口算本被同学剪了。

（反驳母亲的说法，看上去有点生气。）

社会工作者：怎么会被剪了？

服务对象的母亲：她都不敢和老师说。老师说这两天开会，过两天调查。

社会工作者：不要急，阿姨。你刚刚都说了，她前两天做得很好，说明她能做好的。

课外案例练习 2

社会工作者：早上好呀！在看什么电视？那么早就起来看电视呀，吃早饭了没有？

服务对象：嗯……

社会工作者：我们先不要看了行不行？给我们讲讲你准备的故事好不好？

服务对象：让我看完。

（服务对象把身体挪动了一下，显得很艰苦的样子。）

社会工作者：那你准备看多久呢？

（服务对象继续看电视，不说话。）

服务对象的母亲：怎么这么没有礼貌啊，你要不要做个懂事的好孩子？

（服务对象还是不动。服务对象的母亲开始喊服务对象的父亲，让服务对象的父亲管孩子。）

服务对象的父亲：老师那么远过来，你怎么都不讲礼貌啊？快把电视关了，让老师给你看看作业。

服务对象：我就看一下电视嘛？

（服务对象感到了压力，显得有点不耐烦。）

社会工作者： 那你还想看多久啊？

服务对象： 10 分钟、11 分钟……

社会工作者： 好的，那咱们就看 11 分钟，看看现在几点了，9：32，看到 9：43 就好了。你跟我们讲讲，电视里演的是什么啊？

（服务对象开始给社会工作者介绍动画片的内容。）

课外案例练习 3

社会工作者：（对着服务对象的母亲）之前说想要定一个学习计划表，你们现在对孩子每天的学习有什么要求，孩子每天的学习是怎么安排的？

服务对象的母亲： 好的，我也觉得给孩子定个学习计划对孩子有帮助。我现在每天早上要孩子起来早读，读五遍课文、五遍乘法口诀；中午有时间也读；晚上要他 7 点半之前完成老师布置的作业和我布置的一些口算题，然后再预习第二天的功课。

社会工作者：（对着服务对象）我们来定个学习计划表，如果你能做好，我们给你奖励，好不好？

服务对象： 随便了。

社会工作者： 那你要什么奖励呢？

服务对象： 随便了，我不想要什么奖励。

社会工作者： 我们给你多一点时间玩电脑，好吗？

服务对象： 嗯。

社会工作者： 或者你想要什么奖励，你先想想，想好了告诉我们，怎么样？

服务对象： 我就想玩电脑游戏。

社会工作者： 那你想不想玩单机版的游戏，比网上的更好玩。如果你能做好计划，我下次来教你玩。

服务对象的母亲： 老师有单机版啊，一定更好玩的。你不想玩吗？

服务对象： 我想玩啊！

社会工作者： 那我们一起来把计划定好吧！妈妈要求你那么多，你能完成得了吗？

服务对象：（出乎我们意料）能啊！

社会工作者：你能保证每天都完成吗？

服务对象：（看了一眼妈妈）可以啊！

社会工作者：真棒！这样吧，每天能完成最好，要是一个星期有几天能做到也很不错了，如果每天一个项目完成了就自己在表格上打个钩，然后妈妈和爸爸也会检查完成的情况，他们如果也觉得完成了，也打个钩。这样一周下来，咱们看你完成的情况给你奖励。如果做得好，我们下次就带游戏来和你一起玩，好不好？

服务对象：好啊！

▎推荐阅读文献

Anderson, T. (1992). Reflections on reflecting with families. In S. McNamee & K. J. Gergen (eds.), *Therapy as social construction* (pp. 54 – 68). London：SAGE Publications，

Bahktin, M. (1981). *The dialogic imagination：Four Essays*. Austin：University of Texas Press.

Hoffman, L. (2002). *Family therapy：An intimate history*. New York：W. W. Norton & Company.

O'Hanlon, W. H., & Weiner-Davis, M. (1989). *In search of solution：A new direction in psychotherapy*. New York：W. W. Norton & Company.

Reason, P. (1993). Reflections on sacred experience and sacred science. *Journal of Management Inquiry*, 2 (3), 273 – 283.

Reason, P., & Bradbury, H. (2001). Inquiry and participation in search of a world worthy of human aspiration. In P. Reason and H. Bradbury (Ed.), *Handbook of action research：Participative inquiry and practice* (pp. 1 – 14). London：Sage.

第五章 社会工作专业服务三个基本维度的整合

本章要点 ≫

- 社会工作专业服务三个基本维度整合的层面
- 社会工作专业服务三个基本维度整合的策略
- 社会工作专业服务三个基本维度整合的方法
- 社会工作专业服务三个基本维度整合的核心

第一节 社会工作专业服务三个基本维度整合的层面

通过以上章节的学习我们可以得知，社会工作专业服务涉及三个基本维度：服务的宽度——能力建设、服务的深度——心理调适和服务的广度——社会支持。社会工作专业服务的水平不仅取决于这三个基本维度专业技巧的运用，也与三个基本维度之间的整合密切相联。在具体介绍了社会工作专业服务三个基本维度的服务方法和技巧之后，我们将把探索的重点转向怎样把社会工作专业服务的三个基本维度有机地整合起来，提高社会工作专业服务的水平。显然，社会工作专业服务三个基本维度的整合体现在两个层面——三个基本维度内部和三个基本维度之间。我们先来看一看三个基本维度内部的整合。

一 三个基本维度内部的整合

社会工作专业服务具有三个基本维度——服务的宽度、服务的深度和服务的广度。就服务的宽度来说，它包括"问题"中的能力、优势中的能力和日常生活安排中的能力三个方面。这三个方面的整合构成了服务对象日常生活的整体。把服务对象的日常生活分为三个不同的方面还有另一个重要的作用：让社会工作者在开展社会工作专业服务活动的过程中能够把服务对象三个方面的能力关联起来，形成相互支持、相互作用的能力建设的互动改变循环圈。如果从服务对象"问题"入手，发现了服务对象"问题"中的能力之后，就可以将其和服务对象优势中的能力和日常生活安排中的能力结合起来，让三者之间的改变相互促进，在不断的往复循环中推动服务对象持续地发生改变；同样，如果从服务对象优势中的能力或者日常生活安排中的能力着手，就可以将其和其他两个方面的能力联结起来，形成相互影响、相互促进的互动循环圈，保证服务对象整体能力的提高。

因此，在社会工作专业服务的服务宽度上，社会工作者除了需要学会运用能力建设发掘和运用的各种具体方法和技巧，同时还需要让服务对象三个方面的能力联结起来，从整体的视角发掘和调动服务对象的各种能力。服务对象能力建设的三个方面的互动改变循环圈如图 5 - 1 所示。

从图 5 - 1 中可以发现，在社会工作专业服务的服务宽度上存在着相互关联的三个方面："问题"中的能力、优势中的能力和日常生活安排中的能力。社会工作者在实际的社会工作专业服务中无论选择服务对象日常生活中的什么方面作为服务介入的内容，都需要将其与其他两个方面的内容联结起来，从整体上维持三个方面的动态平衡。

社会工作专业服务的服务深度涉及服务对象的信仰价值、意识和无意识三个不同层面的心理状况。这三个不同心理层面的划分让社会

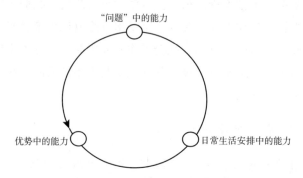

图 5 - 1 能力建设的互动改变循环圈

工作专业服务从关注服务对象心理状况的某一个层面或者某一个因素扩展到关注服务对象的整个心理状况，帮助社会工作者用一种整体的视角理解服务对象心理状况的变化，从整体上把握心理调适的方法和技巧。这样的划分同时也要求社会工作者在开展社会工作专业服务介入活动时，从整体的视角设计和安排服务对象不同心理层面之间的介入活动，将服务对象内部心理不同层面的改变整合起来，形成心理调适的互动改变循环圈。也就是说，如果服务对象有改变发展的愿望，社会工作者就需要将其及时转变为具体的行动计划和实际的行动，在行动中调整服务对象的各种感受和想法，把信仰价值层面的改变和意识以及无意识层面的改变联结起来，使其相互支持，在不断的相互促进的过程中推动服务对象发生持续的改变。

显然，社会工作者如果希望快速有效地影响服务对象，就需要将服务对象内部心理的三个不同层面的改变联结起来，形成相互促进的互动改变循环圈。社会工作专业服务的心理调适的互动改变循环圈如图5-2所示。

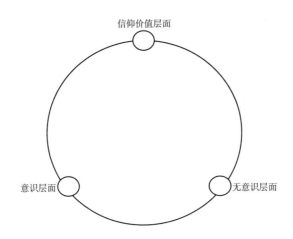

信仰价值层面

意识层面　　　　无意识层面

图5-2　心理调适的互动改变循环圈

从图5-2中可以看到，社会工作专业服务在服务深度上有三个不同的内部心理层面——信仰价值、意识和无意识。这三个不同的内部心理层面相互影响、相互作用，共同影响服务对象的变化。作为社会工作者，需要同时关注服务对象不同心理层面的变化，将不同心理层面的改变联结起来，形成互动改变的循环圈，从整体上把握服务对象不同心理层面之间的平衡关系。

社会工作专业服务的服务广度涉及服务介入对象与周围他人社会支持关系的建立和扩展。这样，就能保证社会工作专业服务介入活动不仅仅关注于服务介入对象，同时还把服务介入对象的改变与周围他人的改变联结起来，把服务介入对象的改变与外部环境的改变整合起来，从整体上促进和维持服务对象的改变。把社会工作专业服务介入的焦点从服务对象转向服务介入对象和周围他人，不仅仅是服务视野的改变，更为重要的是，它要求社会工作者从整体互动的视角理解服务介入对象与周围他人之间的社会支持关系，使服务介入对象的改变与周围他人的改变相互促进、相互支持，形成相互影响的互动改变循环圈。

因此，作为社会工作者，帮助服务对象建立和扩展社会支持关系的关键，是让服务介入对象的改变与周围他人的改变联结起来，形成社会支持的互动改变循环圈（见图5-3）。

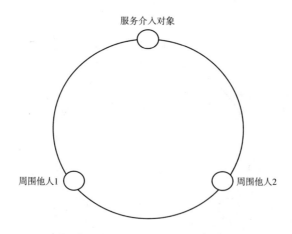

图5-3 社会支持的互动改变循环圈

从图5-3中可以发现，社会工作专业的服务广度涉及三个方面的因素——服务介入对象、周围他人1和周围他人2。这三个方面的因素彼此关联、相互影响。社会工作者在社会工作专业服务活动中只有从整体的视角理解服务介入对象与周围他人之间的互动交流关系，才能真正把握三者之间的动态平衡关系，从整体上推动服务介入对象和周围他人发生有效的改变。

二　三个基本维度之间的整合

除了三个基本维度内部各因素之间可以形成相互影响、相互促进的互动改变循环圈之外，各个基本维度之间也不是相互割裂的，其中任何一个维度的变化都会影响其他两个维度。如果服务对象的能力增强了，对内部心理调适和外部社会支持关系的要求就会提高；同样，如果服务对象的心理调适或者社会支持关系改善了，就会要求其他两个维度发生相应的调整。否则，如果社会工作者仅仅关注社会工作专业服务一个基本维度的改变，就会破坏三个基本维度之间的平衡关系，最终妨碍服务对象的改变。社会工作专业服务的三个基本维度是紧密关联的，相互之间不可分割。我们来看一看下面这个案例。

案例5.1　"妈妈为什么离开我们?"

服务对象是小学三年级的男生，10岁，性格比较内向，学习成绩比较差，经常完不成作业，受到老师的批评。老师认为服务对象学习不好的原因主要有两个方面：一方面，学习基础比较差，上课不认真听讲；另一方面，学习缺乏家长的监督，无法及时完成作业。由于服务对象的学习成绩不好，再加上长得比较胖，同学们都不太喜欢他，经常嘲笑他、欺负他。遇到这样的情况，服务对象不会主动告诉老师，而是通过打架来解决问题。服务对象觉得自己很笨，什么事都做不好，经常完不成作业，看到书头就晕。服务对象的父母离异，父亲做生意，比较忙，晚上工作，白天休息，没什么时间监督服务对象的学习。母亲离婚后去了外地，很少回来看他。服务对象现在与父亲生活在一起，日常生活起居由姑姑照顾。姑姑自己也有两个孩子。除了需要照顾自己的孩子之外，还要照顾服务对象，非常忙。因为服务对象比较贪玩而且不听话，姑姑经常骂他，这让服务对象感到很厌烦。

服务对象最大的愿望是想成为一名歌星，他很喜欢唱歌，还喜欢看漫画。每天放学回家首先翻看漫画书，吃完晚饭之后再做作业。由于服务对象经常完不成作业，姑姑一般不让他出去玩。服务对象最崇拜的人是他的表哥，今年19岁，在老家读书，擅长画画。服务对象非常喜欢他的表哥，每年放暑假都会去找表哥，一起放牛。服务对象觉得自己做得最好的事，就是帮助过别人。有一次邻居家被盗了，服务对象把那位邻居请到家里吃饭，他觉得很开心。服务对象的父母离婚后，父亲的家人对此记恨在心，经常在服务对象面前说服务对象母亲的不是，服务对象感觉很难受。服务对象也记恨母亲，怪她抛弃了自己，有时候会问父亲："妈妈为什么离开我们？"

仔细分析案例 5.1 就可以发现，服务对象在学习方面面临缺乏学习兴趣、基础比较差、经常完不成作业等困难，这些困难与服务对象父母的离异、同学的嘲笑、老师的批评联系在一起，同时又与服务对象的内向性格相关联。如果社会工作者希望通过发掘服务对象的兴趣爱好（喜欢读漫画书、喜欢唱歌、喜欢帮助他人等）增强服务对象的改变愿望，就需要帮助服务对象制订日常的学习计划，调整服务对象的日常生活和学习习惯，同时在学习计划的执行过程中需要周围他人（姑姑、父亲、老师等）的监督和配合。显然，服务对象的改变不可能仅仅集中在能力建设的维度，同时与心理调适和社会支持关系的建立与扩展联系在一起。当服务对象的学习成绩有了明显的提高时，周围他人对服务对象的信心就会增强，服务对象对学习的兴趣也会增强，服务对象也就更愿意主动学习、主动与同学交往。因此，社会工作专业服务的能力建设、心理调适和社会支持三个基本维度是紧密关联的，社会工作专业服务介入活动其实就是三个基本维度相互关联、相互促进的过程。一项好的社会工作专业服务就是将三个基本维度联结起来，从能力建设、心理调适、社会支持三维立体的整体视角建立三个基本维度之间的互动改变循环圈，使社会工作专业服务的三个基本维度相互支持、相互促进，形成有机的整体。

社会工作专业服务三个基本维度之间的互动改变循环圈涉及能力建设的服务宽度、心理调适的服务深度和社会支持的服务广度三个方面，如图 5-4 所示。

分析图 5-4 可以发现，社会工作专业服务的整合不仅涉及各基本维度内部不同因素之间的联结和整合，也涉及三个基本维度之间的联结和整合，使社会工作专业服务从单一的服务转变为三维空间的立体服务，以提高社会工作专业服务的水平。

三　三个基本维度整合的两个层面

社会工作专业服务是一种三维空间的立体服务，包括三个基本维

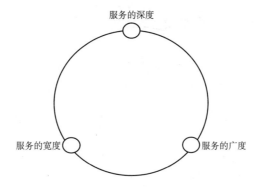

图 5 - 4　三个基本维度之间的互动改变循环圈

度：能力建设的服务宽度、心理调适的服务深度和社会支持的服务广度。也就是说，社会工作者的任何一次社会工作专业服务介入活动，都会带来服务对象在三个基本维度上的变化。只有三个基本维度有机结合，才能保证社会工作专业服务简洁、快速、灵活、有效。

　　如果从三个基本维度出发理解社会工作专业服务，在实际的社会工作专业服务活动中，社会工作者的专业服务介入活动就会同时涉及两个层面的互动改变循环圈。第一个层面的互动改变循环圈是社会工作者在某个维度上介入形成的循环圈。例如，社会工作者如果在能力建设的服务宽度上介入，就会涉及"问题"中的能力、优势中的能力以及日常生活安排中的能力三者之间的相互影响；如果从心理调适的服务深度介入，就会涉及信仰价值层面、意识层面和无意识层面三者之间的相互作用；如果从社会支持的服务广度介入，就会涉及相应的服务介入对象、周围他人 1 和周围他人 2 三者之间的相互影响。第二个层面的互动改变循环圈是三个基本维度之间形成的循环圈。如果以能力建设的服务宽度介入为例，除了在服务宽度上形成"问题"中的能力、优势中的能力以及日常生活安排中的能力三者之间的互动改变循环圈外，同时能力建设的服务宽度与心理调适的服务深度以及社会支持的服务广度之间也会形成互动改变循环圈。在实际的社会工作专业服务活动中，社会工作者选择什么样的服务介入方法和技巧取决于两个层面互动改变循环圈的变化。如果以能力建设的服务宽度介入为例，两个层面互动改变循环圈之间的关系如图 5 - 5 所示。

　　从图 5 - 5 中可以发现，社会工作者如果从服务宽度的优势中的能力

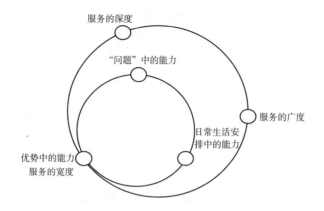

图 5 - 5 两个层面的互动改变循环圈

入手开展社会工作专业服务，在发挥服务对象优势中的能力的过程中，与服务宽度中的其他两个因素（日常生活安排中的能力和"问题"中的能力）紧密相联，形成相互影响的互动改变循环圈；同时，优势中的能力的服务宽度又与社会支持的服务广度和心理调适的服务深度相联系，构成相互作用的互动改变循环圈。第一个层面的互动改变循环圈是某个基本维度内的互动改变循环圈，第二个层面的互动改变循环圈是三个基本维度之间的互动改变循环圈。也就是说，任何一次社会工作专业服务介入活动都会导致两个层面互动改变循环圈的变化，社会工作者不仅需要维持某个基本维度内的动态平衡，也需要维持三个基本维度之间的动态平衡。

讲了社会工作专业服务的三个基本维度及其相互之间的关系之后，接下来，我们看一看下面这个案例，注意把两个层面的互动改变循环圈结合在一起考察。

案例 5.2 "为什么父亲会做这样的事情？"

服务对象 24 岁，男，高中毕业，未婚，被诊断患有抑郁症。服务对象曾做过保险公司的推销员，现已辞职，无业。社会工作者见到服务对象时发现，服务对象有很深的内疚感并有担心、悲观、忧郁等感受，对工作和事情缺乏热情和动力；服务对象自己感到精神空虚，情绪低落。服务对象的身体健康状况良好，无头疼、恶心和心慌等症状。服务对象认为自己的问题出在心理上，心理负担沉重，有压抑感。服务对象与别人合伙租了一套房子，大约 40 平方米，居住在比较新的、大型综合性小区里。小区周围环境不错，运动、休闲购物比较方便。服务对象自己还购买了电脑。由于有积蓄，服务对象虽然辞职在家，但仍能养活自己，不用家庭支持。服务对象的母亲和哥哥居住在农村。服务对象说，他与哥哥联系比较多，经常通话，但与母亲交往比较少，除了每年回家看一看外很少交流。另外，服务对象还与十多位同事和同学有联系，但关系不深。

　　服务对象这样描述自己的状况：自己属于敏感内向型的人，注重理性逻辑思考，害怕和缺乏行动，时常陷入逻辑推理中；喜欢追求完美，对自己要求很严格，注重事情的细节，害怕出现任何差错，经常责备自己；目前感到自己的情绪低落，对工作和其他事情缺乏兴趣和动力，时常出现厌倦、绝望的感受，感到自己的精神、心理和身体都很脆弱，缺乏应有的自信心；总觉得自己内心有某种力量没有发挥出来，无法达到自己比较满意的状况。不喜欢与别人交往，在与别人交流时总是存在一种戒备心理；对别人期望很高，也很容易对别人失望；对处理好与他人的关系没有信心，感到自己无法与别人进行有效的沟通交流。

　　在社会工作专业服务介入过程中，服务对象一直提及深藏在内心的疑问：为什么父亲会做这样的事情？在服务对象6岁时，服务对象的父亲因刑事案件突然失踪，服务对象的母亲和哥哥因害怕躲了起来，家里只剩下他一人，服务对象感到特别无助、失望和迷茫。此后，因为服务对象的父亲害死了同村的几个人，家里因此承受非常大的压力，服务对象觉得缺乏安全感，同时又感到非常内疚，总觉得自己亏欠了别人。上学之后，服务对象一直希望自己能够按照老师的要求规范自己，不让母亲担心。服务对象的道德感很强，担心别人不喜欢自己，伤害了别人。由于服务对象自身的努力，从小学到初中一直受到老师的表扬，深受老师和同学喜欢。服务对象高中转到外地某城市就读，不再受到老师的关注，对自己开始缺乏信心，总担心事情做得不够完美，出现差错。高中毕业后留在本市工作，开始从事保险推销工作。之后，服务对象的情绪逐渐变得越来越低落，对工作缺乏兴趣，辞去工作。辞职后服务对象整天待在自己租的房间里，很少与别人交往，不愿意出门。

　　面对案例5.2，社会工作者首先决定从服务对象优势中的能力着手，在能力建设的服务宽度上展开社会工作专业服务。社会工作者选择了服务对象的一些兴趣爱好和成功的经验作为介入的启动点，如从小学到初中的成功经验、喜欢读书等，让服务对象采取具体的行动。在这里，就有两个层面的互动改变循环圈需要考察：一是能力建设的服务宽度内的互动改变循环圈；二是三个基本维度之间的互动改变循环圈。在能力建设的服务宽度内的互动改变循环圈中，优势中能力的调动可以带来"问题"中的能力和日常生活安排中的能力的变化，如通过行动可以减轻服务对象理性思维的压力，让服务对象更多地关注实际的经验感受，同时能够舒缓服务对象的紧张和抑郁情绪，调整服务对象日常生活的行为习惯。在三个基本维度之间的互动改变循环圈中，服务对象优势中能力的调动会带来行为、情绪、感受等方面的改变要求和机会，这是心理调适服务深度上的变化。在社会支持服务广度上的变化不明显。这样，社会工作者在完成了第一步社会工作专业服务介入之后，就会面临两个方面的选择：一是继续注重服务对象优势中能力的发挥，并与"问题"中的能力的发掘结合起来，服务介入的焦点仍旧集中在能力建设的服务宽度上；二是把服务介入焦点逐渐转向心理调适服务深度中的行为和情绪方面。当然，也可以把两个方面的选择结合起来。如果以心理调适服务深度中的行为和情绪作为第二步社会工作专业服务介入的焦点，在第二步社会工作专业服务介入之后，除了心理调适服务深度上三个不同心理层面的变化之外，社会支持的服务广度和能力建设的服务宽度都会发生相应的变化。因为服务对象行为和情绪的管理能力提高之后，人际交往的要求就会提高，社会支持的服务广度的要求就会显现出来；同时，行为和情绪的管理能力提高之后，服务对象"问题"中的能力、优势中的能力以及日常生活安排中的能力的改善要求也会增强。

社会工作者在开展社会工作专业服务过程中就是这样，他需要在两个层面的互动改变循环圈中选择和确定具体的服务介入焦点，并通过具体的服务介入焦点进一步带动两个层面的互动改变循环圈变化，在动态中维持两个层面互动改变循环圈的平衡。这样，三个基本维度的社会工作专业服务活动就能有机地整合起来，使社会工作专业服务活动简洁、快速、灵活、有效。

简单地说，社会工作专业服务有三个基本的维度——能力建设的服务宽度、心理调适的服务深度和社会支持的服务广度。社会工作者在社会工作专业服务活动中既需要维持每个基本维度内互动改变循环圈的平衡，也需要维持三个基本维度之间互动改变循环圈的平衡。

游戏活动：流动的生活

目标：学习运用三个基本维度设计服务介入的方案，理解两个层面互动改变循环圈之间的内在关联。

步骤：

（1）每位同学寻找一个案例，可以是报纸杂志上的，也可以是自己经历过的；

（2）从两个层面互动改变循环圈的视角设计社会工作专业服务介入方案（第一步服务介入的方法和第二步服务介入的方法）；

（3）注意体会两个层面互动改变循环圈之间的联结方式；

（4）注意分析第一步服务介入完成之后会出现什么变化、第二步服务介入需要什么改变。

课外案例练习

请根据社会工作专业服务中两个层面互动改变循环圈的原理以及下面案例的具体情况设计社会工作专业服务介入方案（包括第一步和第二步的服务介入方法）。

课外案例练习 1

服务对象是小学二年级的女生，7 岁，比同班同学小 1 岁。服务对象的父亲在外地工作，经常不在家。服务对象与母亲生活在一起，平时的生活起居和学习由母亲负责。但服务对象的母亲经常抱怨自己的文化水平不高，无法指导孩子的学习。据服务对象的班主任反映，服务对象是一个性格很内向而且很乖的女孩，虽然成绩比较差，但上课从来不捣乱，就害怕老师不喜欢她。服务对象进入二年级之后，成绩有了明显的提高，语文从一年级的六十几分提高到现在的八十几分，数学从一年级的及格边缘提高到现在的八十几分。服务对象与同学的交往都算正常，但没有什么特别好的朋友。经历了第一次见面的害羞、腼腆之后，社会工作者发现，在家里，服务对象是一个比较活泼的小女孩，好撒娇，也喜欢玩，特别喜欢看动画片。

　　服务对象的班主任认为，服务对象学习不好是因为思维比较慢，智力开发相对比较迟。而服务对象的母亲强调，自己不懂得怎样教育小孩，自己的文化水平比较低，没有办法帮助孩子培养正确的学习方法。服务对象自己希望可以经常出去玩，看动画片，每周去一次麦当劳；还希望老师喜欢她，不留她在学校做作业。服务对象的生活比较有规律，平时早晨 7 点起床，晚上 9 点之前睡觉，周末由母亲带出去游玩，寻找写日记的素材。服务对象在学习生字方面比较困难，很容易忘记刚刚学过的生字，而且学习习惯也不是很好，急于求成，怕麻烦。服务对象的母亲希望服务对象的学习成绩和自主性能够进一步提高，不要一有问题就问妈妈，学习上能够独立一点。服务对象的班主任则希望服务对象在以后的学习中更有信心，学习有所进步，性格能够更开朗，大方一些。

课外案例练习 2

　　服务对象是小学二年级的男生，8 岁，学习成绩比较差。服务对象和父母生活在一起，家庭的经济状况不错。服务对象的父亲做生意，工作很忙；服务对象的母亲在丈夫的公司工作，虽然工作轻松一点，但需要照顾服务对象的生活和学习。服务对象的奶奶也经常过来帮助照顾孩子，对服务对象很溺爱。据服务对象的老师和父母反映，服务对象学习不好的原因是服务对象的注意力不集中、依赖性强、学习被动。如果对老师的提问有把握的话，服务对象也会积极发言。服务对象的母亲说，服务对象会主动和不认识的小朋友一起玩，不怕生，和同龄孩子玩得很好，比较善于交朋友。

　　服务对象的母亲工作很忙，还要分出精力照顾孩子，辅导孩子的功课，压力很大。服务对象的母亲说，她教育孩子的时候，经常要说好几遍，但是孩子不会认真听，只有当她威胁说要打他的时候，服务对象才会听话一小会儿；服务对象的母亲认为，孩子现在的功课很难，有一些题目她都不会做，无法有效地辅导孩子。服务对象的母亲希望孩子在学习时能够集中注意力，主动完成作业，提高完成作业的速度和准确率。服务对象的父亲认为服务对象的依赖性太强，希望他能够独立一些，尤其是能够独立地学习；服务对象的奶奶则希望孩子能够好好读书，听老师的话。服务对象自己觉得，学习数学比较困难，无法独立完成作业，考试经常不及格；语文相比数学要好一些，但在短文阅读方面感到比较困难。如果服务对象的母亲多教一些，服务对象就会懂得多一些。比如，服务对象最近几次考试考得不好，就是因为服务对象的母亲没有那么多的时间给他讲解。社会工作者发现，当问及服务对象学习方面的情况时，服务对象就会不耐烦，不爱说话；当社会工作者给服务对象讲解问题时，感觉服务对象对于作业做得好坏并不在意，而是急于完成作业。

第二节　社会工作专业服务三个基本维度整合的策略

通过上一节的学习我们可以发现，社会工作专业服务三个基本维度的整合不仅涉及三个基本维度内部互动改变循环圈的形成，还包括三个基本维度之间互动改变循环圈的建立，而且这两个层面的循环圈是紧密关联在一起的。这样的复杂方式一定会让初学的社会工作者感到困惑。不过，初学的社会工作者不用担心，在实际的社会工作专业服务中，只要注重培养社会工作专业服务的整体感和力量感，就能慢慢地在实际的社会工作专业服务介入活动中掌握和运用两个层面互动改变循环圈的原理。仔细观察社会工作专业服务活动就会发现，影响社会工作专业服务顺利开展的主要是两个层面的整合因素——策略层面的整体感和方法层面的力量感。简单地说，就是社会工作专业服务既要有整体的安排，又要有具体的介入焦点。我们先来探讨一下怎样实现社会工作专业服务介入策略层面的整体感，它包括四个方面的整合要求：①社会工作者的服务介入与周围他人日常支持的整合；②社会工作者服务介入的整合；③辅导面谈内与辅导面谈外的整合；④上一次服务介入与下一次服务介入的整合。

一　社会工作者的服务介入与周围他人日常支持的整合

初学的社会工作者都有一个愿望，希望自己的服务介入活动能够给服务对象带来明显的改变。但过分强调社会工作者的作用，就会忽视周围他人对服务对象的影响。尤其是周围他人在日常生活中给服务对象提供重要的支持和帮助，是服务对象改变的重要力量。因此，社会工作者在制订社会工作专业服务介入计划时，需要拓宽自己的视野，把专业服务介入视为影响服务对象改变的一个方面的因素，主动将其与周围他人的日常支持结合起来，使社会工作者的服务介入真正走进服务对象的日常生活中，把服务介入活动从社会工作者的服务介入扩展为对服务对象整个日常生活的介入。① 这样，社会工作专业服务介入活动不仅包括社会工作者的专业服务介入，还包括周围他人的日常支持，是服务对象在日常生活中各种影响因素的整合。正因如此，社会工作专业服务具有超越社会工作者自身的影响力。当然，在实际的社会工作专业服务中要将服务对象周围他人的所有影响整合起来，不是一件容易的事情，但至少要保证社会工作者的服务介入与周围他人的日常支持整合起来，这样才能有效地推动服务对象快速发生改变。

我们来看一看下面这个案例，注意分析社会工作者的服务介入怎样与周围他人的日常支持整合起来。

案例 5.3　"你们能陪我去散步吗？"

服务对象患有精神疾病，34 岁，女，未婚。高中毕业后不久，服务对象有一次在街上受到过往汽车的惊吓得了精神疾病。之后住院接受药物治疗，病情时好时坏，一直持续到现在。社会工作者入户访谈的前一个月，服务对象从医院回到家里，除了继续服药之外，同时还接受心理治疗。目前，服务对象的病情有了明显好转，例如，强迫行为明显减弱，每天能够看 1 个小时左右的电视节目，每天都要散步 2 个小时，日常生活更加规律。但是，服务对象仍有一些明显的症状：时常感到别人说她坏话、指责她；散步也非常规律，每天在固定的时间出门，如果耽误了，整个一天的情绪就会变得非常暴躁；有时情绪不好，就会打骂自己的母亲。服务对象的日常生活起居由母亲照顾，母亲除了负责服务对象的吃穿外，还要陪服务对象散步。因为母亲年纪大了，再加上身体不好，经常跟不上服务对象的步伐。母女俩经常为此吵架。据母亲介绍，服务对象得病之前性格就比较内向，从不主动与别人交往，朋友很少，再加上得病之后长期住院，现在除了每天与父母说说话之外，几乎很少与别人交流。

---

① 把服务介入活动深入服务对象的日常生活中，与服务对象的日常生活支持联结起来，这是精神疾病患者康复服务中新的发展趋向。读者可以参阅 Mezzina（2005）。

社会工作者初次进入服务对象的家庭进行入户访谈时发现，服务对象非常健谈，在 1 个小时的谈话过程中服务对象不停地说，社会工作者很难插上话。在社会工作者起身准备离开之前，服务对象向社会工作者提出了一个要求："你们能陪我去散步吗？"

是接受服务对象的请求还是拒绝服务对象的请求？在当时的处境下社会工作者很容易答应服务对象的要求，陪她一起去散步。因为服务对象的母亲腿脚不方便，而且散步对服务对象来说是有益的，社会工作者又能做到。社会工作者在答应服务对象的要求时，一定要问自己：这样做能否和服务对象的日常支持整合起来？是加强了服务对象的日常支持还是削弱了服务对象的日常支持？不能仅仅关注服务对象的要求以及自己的能力。显然，如果社会工作者替代服务对象母亲的角色陪服务对象散步，这样的安排不利于服务对象加强与母亲之间的社会支持。虽然服务对象与母亲经常为散步的快慢吵架，但这是推动服务对象改变的重要影响因素；如果社会工作者主动替代了服务对象母亲的角色，就会削弱服务对象的改变动力，同时也会削弱服务对象母亲的日常支持。

显然，社会工作专业服务介入的重点是借助社会工作者的服务介入活动加强服务对象日常生活中的社会支持，让社会工作专业服务介入具有整体的介入效果，而不仅仅局限于社会工作者自身。如果社会工作者拥有这样的整体视角，在答应服务对象的要求时，就会把关注的焦点集中在怎样通过自己的服务介入活动（陪服务对象散步的过程）加强母亲与服务对象之间的社会支持。例如，询问服务对象与母亲散步存在的困难，并且与服务对象及其母亲一起面对和处理困难。

把社会工作者的服务介入与周围他人的日常支持整合起来，这是保证社会工作专业服务快速有效的策略之一，它要求社会工作者跳出自己的"专家"视野，从服务对象的日常生活出发，以加强服务对象的日常支持的整体视角安排社会工作专业服务介入活动。除了需要关注服务对象的周围他人的日常支持之外，在一些案例中还要关注服务对象接受的一些特殊的帮助，像案例 5.3，服务对象在接受社会工作专业服务时，同时还坚持心理治疗。因此，社会工作者在制订社会工作专业服务介入计划时就需要考察心理治疗开展的情况，将社会工作者的服务介入与周围他人的日常支持以及心理咨询人员的心理治疗结合起来。

二　社会工作者服务介入的整合

面对寻求帮助的服务对象，社会工作者通常可以发现很多需要改进的方面。把这些需要改进的方面整合起来，从整体上设计安排社会工作专业服务介入活动，这样的整合就能保证社会工作者的服务介入不仅仅局限于某个局部的介入焦点，同时还能够让不同的服务介入焦点联结起来，从整体上推动服务对象发生改变。初学的社会工作者在面对服务对象时，通常希望立即看到服务对象发生某种改变，尤其当服务对象或者周围他人对社会工作者抱有很大的希望时，社会工作者很难抵制这样的诱惑，容易把关注的焦点集中在那些容易推动服务对象发生改变的方面，而那些需要服务对象逐渐学会面对的内心深处的困扰，或者不被周围他人关注的生活内容，却常常被社会工作者忽视。这样，随着社会工作专业服务介入活动的推进，服务介入的效果就会变得越来越不稳定，甚至可能出现倒退的现象。将服务对象需要改进的方面整合起来，进行整体安排，这是保证社会工作专业服务介入活动顺利开展的重要条件。在实际的社会工作专业服务介入活动中，社会工作者在着手推动服务对象发生某种改变时，首先需要问自己，是否了解服务对象需要改变的整体状况。我们来看一看下面这个案例，注意分析怎样把服务对象需要改进的不同方面整合起来。

案例 5.4　"我跳绳可好了！"

服务对象是小学三年级的女生，9 岁。据服务对象的班主任反映，服务对象的智商不是很高，接受能力比较差，也不爱主动发言，不爱动脑筋，思维的连贯性比较差，学习成绩不好。但服务对象遵守课堂纪律，坐姿端正，字也写得很工整。服务对象的父亲自己开了公司，平时很忙，几乎没有什么时间辅导服务对象的学习。服务对象的母亲在丈夫的公司上班，平时负责服务对象的学习。服务对象有一个姐姐和一个弟弟。据服务对象的父亲说，服务对象是在计划生育实行比较严格的时候出生的，服务对象在两三岁的时候很少出门，可能这对服务对象的智力发展有所影响，导致服务对象的综合素质比同龄人差一些。服务对象的父母为此感到很内疚，他们对服务对象的要求不高，只希望她能巩固好基础知识，跟上班级的学习。

服务对象很喜欢体育，尤其喜欢跳绳和游泳，跳绳能跳一百多下，最多的一次能跳两百多下，也喜欢跑步，平时经常与弟弟一起玩扑克牌。服务对象学过古筝，会弹很多曲子。服务对象自己说，她比较喜欢语文和英语，感觉数学有点难。服务对象的数学不好，尤其是应用题，甚至都看不懂题目的意思。服务对象的语文阅读也不是很好。服务对象的母亲说，服务对象的语文都是她自己独立完成的，数学如果遇到不会的地方她才辅导一下。在学校，服务对象有一位很要好的同班同学，俩人经常一起玩游戏。

　　面对这样的服务对象，社会工作者很容易把服务介入的焦点集中在服务对象的学习上，尤其是数学的学习，希望通过功课的辅导改善服务对象的学习状况，达到其父母和老师的要求，进而改善服务对象的其他生活方面。这样的服务介入安排显然忽视了服务对象学习之外的生活，像"服务对象很喜欢体育，尤其喜欢跳绳和游泳，跳绳能跳一百多下，最多的一次能跳两百多下，也喜欢跑步，平时经常与弟弟一起玩扑克牌。服务对象学过古筝，会弹很多曲子"，这些重要的信息被忽视了。虽然这些方面没有受到老师及其父母的重视，但也是服务对象日常生活中的重要内容，是推动服务对象改变的重要方面。即使是学习方面的内容，对服务对象来说也是有差别的，服务对象喜欢语文和英语，感觉数学有点难。因此，需要将这些不同的服务介入焦点整合在一起考察，从整体上设计安排社会工作专业服务介入活动，让不同的服务介入彼此有机地联结起来，相互促进。

　　通常情况下，社会工作专业服务介入活动的开展并不是直线的方式。有的时候实务处境更为有利一些，服务对象和周围他人更愿意配合；有的时候实务处境更为不利一些，社会工作者的专业服务介入活动会遇到一些阻碍。面对不同的实务处境，社会工作者需要根据实际情况调整服务介入计划，实务处境有利的时候，加快服务介入的步伐；实务处境不利的时候，放慢服务介入的步伐。这样的调整非常必要，但同时也向社会工作者提出了重要的挑战：在变动的实务处境中保持社会工作专业服务介入的整体感。在实务处境比较有利的时候，社会工作者需要牢记，此时对服务对象和周围他人来说，由于看到了进步，很容易忽视对困扰的预防。如果处境变得不利，就会遭受挫折的打击。当实务处境不利的时候，服务对象和周围他人会逐渐失去耐心，此时社会工作者需要提醒自己，不利的实务处境是培养服务对象和周围他人学会面对和处理自己困扰的重要时机，帮助服务对象和周围他人在困扰中看到自己的能力和希望是应对不利的实务处境的关键。

三 辅导面谈内与辅导面谈外的整合

初次参与社会工作专业服务的社会工作者经常问的问题是：怎样安排好辅导面谈内的时间帮助服务对象消除困扰。这样的服务策略把服务介入的焦点集中在有限的辅导面谈时间上，希望通过社会工作者的专业服务消除或者减轻服务对象日常生活中的困扰。依据这样的思路，社会工作者的服务介入就限定在与服务对象直接接触的辅导面谈范围内，社会工作者的服务介入是否有效，完全取决于是否能够在有限的时间内推动服务对象发生改变。与社会工作者服务介入的有限时间形成鲜明对比的是，服务对象面临的困扰通常是长时间的积累形成的，有的甚至影响了服务对象几十年。要在非常有限的服务介入时间内减轻或消除长期形成的困扰，难免让很多初学的社会工作者产生疑虑：社会工作是否真的有效？实际上，社会工作者的服务介入不仅仅集中在辅导面谈的时间内，还包括辅导面谈外的时间，是服务对象的整个日常生活。同时，社会工作者的服务介入也不是通过辅导面谈内的影响减轻服务对象的困扰，而是借助有限的、直接接触的辅导面谈走进服务对象的日常生活，从服务对象的视角出发来发掘服务对象的能力和资源，帮助服务对象更好地面对/应对日常生活中的压力和挑战。因此，社会工作者的服务介入需要将辅导面谈内与辅导面谈外整合起来，以服务对象的日常生活为基础，充分调动服务对象及周围他人的能力和资源。

怎样将辅导面谈内与辅导面谈外整合起来？社会工作者首先需要放下自己的"专家"身份，从服务对象的角度体会服务对象在日常生活中面临的压力和挑战，让服务对象的日常生活经验自然、顺畅地融入辅导面谈中。例如，社会工作者在实际的社会工作专业服务介入中经常运用的方法是：让服务对象自己观察日常生活中发生的变化、总结日常生活中的经验，并且通过社会工作者的肯定，使服务对象将积极改变维持下去。我们来看一看下面这段辅导面谈中的服务介入对话。

社会工作者： 你们能不能谈一谈孩子这几天一些好的变化？

服务对象的父亲： 孩子昨天帮我洗了袜子，发火的时间也短了。

服务对象的母亲：这几天他提醒父亲给母亲买生日蛋糕，生日的那天，自己吃得很少，让母亲多吃一点。上个星期有两天7点多就起床了，开始喜欢做一些家务。

社会工作者：太好了！（转向服务对象）你说说上个星期学习计划完成得怎么样？先说好的吧！

服务对象：没什么。

社会工作者：英语读了没有？

服务对象：读了，30分钟。

社会工作者：很好！你的计划是35分钟。其他的学习呢？

服务对象：看了10分钟就不想再看了。

社会工作者：看电视呢？

服务对象：电视不好看，没看。每天看碟片30分钟。

社会工作者：几点钟睡觉？

服务对象：11点钟。

社会工作者：有没有发火？

服务对象：有。时间短了，次数少了。

社会工作者：你估计一下比以前减少了多少？

服务对象：不好说，70%吧！

　　仔细分析上面这段服务介入对话就可以发现，社会工作者的提问，像"你们能不能谈一谈孩子这几天一些好的变化""你说说上个星期学习计划完成得怎么样"等，都是帮助服务对象及其父母把日常生活中的观察引入辅导面谈中，打破辅导面谈的限制，使社会工作者的服务介入真正走进服务对象的日常生活中。同时，这样的引入能够让社会工作者与服务对象一起发掘日常生活中的成功经验，维持服务对象在日常生活中的积极改变。

　　除了让服务对象直接总结日常生活中的成功经验之外，社会工作者还经常采用另外两种方法让辅导面谈内与辅导面谈外整合起来：一种是让服务对象或者周围他人在接下来的辅导面谈外的一段时间内观察服务对象在日常生活中的变化，寻找更好的改变方式；另一种是在辅导面谈中设计好新的行动计划，要求服务对象或者周围他人在接下来的辅导面谈外的一段时间内尝试。我们来看一看下面这段服务介入对话，注意辅导面谈内与辅导面谈外如何整合。

服务对象的父亲：这孩子记性不太好，而且注意力不集中。背课文你要投到里面去才记得住，他现在太容易分心了。

社会工作者：是啊，注意力不集中的话，背书是没有什么效率的。能不能给他约定一下，让他集中注意力？比如一个小时内背完，就让他玩会儿。

服务对象的父亲：没用啊，我们忙着店里的事情，又不能老盯着他。他妈妈有时候督促他一下，会被他气死，一篇课文读了十几遍，还是那样背不下来。

社会工作者：你们也很不容易啊，这么忙，还对孩子的学习这么上心。背课文对孩子语文成绩的提高很有帮助，背诵的时候就能理解课文的意思了，另外对阅读理解也有很大的帮助。你们能不能注意观察孩子在这方面的表现？看看具体有什么困难，下周我们来的时候，可以一起看一看怎样改进。

服务对象的父亲：好的。

在上面这段服务介入对话中，服务对象的父亲首先提出让他们感到困扰的问题：服务对象很容易分心、背课文记不住。在暂时找不到解决办法之后，社会工作者要求服务对象的父亲在接下来的日常生活中注意观察服务对象在背诵课文方面面临的具体困难。在这里，社会工作者借助要求服务对象的父亲观察服务对象在日常生活中的变化将辅导面谈内与辅导面谈外整合起来。如果社会工作者能够与服务对象的父亲找到解决"问题"的具体办法，就可以通过尝试新的行动计划的方式，把辅导面谈的内容扩展至服务对象的日常生活中。

四　上一次服务介入与下一次服务介入的整合

初学的社会工作者在开展社会工作专业服务介入活动时，通常自觉或者不自觉地假设：所谓社会工作专业服务介入就是推动服务对象发生改变再加上及时肯定服务对象的进步。因此，只要服务对象发生了改变，剩下的就是肯定服务对象的进步。这样，服务对象就能自觉地维持这种改变。事实上，服务对象的任何改变都需要一个过程，从开始出现某种改变到能够维持这种改变，通常需要经过几次服务介入

的努力。一般而言，如果在社会工作者的努力下，服务对象在上一次
服务介入过程中出现了某种改变，接下来的服务介入，社会工作者就
需要将服务对象的这种改变范围扩展开来，让这种改变变得更为容
易，出现的次数增加；如果服务对象的改变变得更为容易，社会工作
者在接下来的服务介入中就需要将服务对象的改变日常化，变成服务
对象日常生活的一部分。这里有一个基本的要求，将上一次服务介入
与下一次服务介入整合起来，保证社会工作专业服务介入的连续性。
通常情况下，社会工作者会采用改变—扩展—日常化的服务介入策略
处理每次服务介入之间的关系，即如果服务对象出现了改变，接下来
的任务就是扩展这种改变的范围；如果服务对象的改变范围扩
展了，接下来就要将服务对象的改变日常化。我们来看一看下面这段
服务介入对话，注意分析上一次服务介入与下一次服务介入之间如何
整合。

服务对象的学习基础比较差，经过社会工作者几次服务介入的努
力之后有了一些改变。

社会工作者：他（服务对象）上周的表现怎么样啊？

服务对象的母亲：还可以，现在他有一些进步了！上周英语小测
试考了80多分。

社会工作者：哦，不错啊！他现在是比以前自觉多了！（转向服
务对象）不错啊，考了80多分。

服务对象：（笑）

社会工作者：（转向服务对象的母亲）这次怎么能考80多分？

服务对象的母亲：最近我每天都要求他读英语，还让他抄写单
词。以前他总是记不住英语单词，现在好一些了。

社会工作者：（转向服务对象）是这样吗？

服务对象：（笑）

社会工作者：这是很好的经验。如果再坚持，英语一定会学得更
好。

在上面这段社会工作专业服务介入对话中，当社会工作者了解到服务对象上周英语测试有了进步之后，首先肯定服务对象所取得的进步，"不错啊，考了80多分"，增强服务对象改变的愿望；接着，社会工作者进一步问服务对象的母亲："这次怎么能考80多分？"帮助服务对象的母亲总结成功经验；在服务介入对话的最后，社会工作者强调"这是很好的经验"，希望服务对象及其母亲继续努力，扩展服务对象的改变范围。

当然，社会工作专业服务介入活动的开展并不总是顺利的，有时受到意外或者其他因素的影响会出现波动甚至倒退的现象，服务对象的状况不仅没有改善，反而退步了。这样的处境对社会工作者来说是一个不小的挑战。通常情况下，社会工作者总是想方设法地激发服务对象的改变愿望，希望能够达到预定的服务介入目标。但是，社会工作者很快就会发现，这样的处理方式很容易导致社会工作者与服务对象对抗，破坏已经建立起来的信任关系，使以后的服务介入活动无法继续下去。面对这样的实务处境，社会工作者可以采用倒退—阻止—寻找改变契机的服务介入策略，即面对服务对象的倒退，首先要做的是阻止情况变得更糟，然后再寻找服务对象改变的契机。我们来分析一下下面这段服务介入的对话，注意体会社会工作者所采取的服务介入策略。

社会工作者：怎么这个星期他（服务对象）都没有增加星星啊？

服务对象的母亲：表现不好，都达不到给一个星星的要求。

（社会工作者忽然感到很失落，也很惊讶，担心的事情终于发生了，但是很快平静了下来，坐下来开始向服务对象的母亲了解具体的情况。）

社会工作者：这个星期他作业都写了吗？

服务对象的母亲：没有写作业，还要人家叫。写了一下子就跑出去玩，叫都叫不回来。

社会工作者：整个星期表现都不好吗？

服务对象的母亲：周一表现还好，从周二开始表现就不好了。

社会工作者：为什么会这样？

服务对象的母亲：上个周末他们开运动会，玩了之后心就很难静下来。

　　社会工作者：（转向服务对象）你参加了什么项目？

　　服务对象：跑步。

　　社会工作者：得奖了吗？

　　服务对象：得了第二名。

　　服务对象的母亲：他要是学习也这样用心就好了。

　　社会工作者：前面三周他作业完成得很不错，有进步。这周放松一下吧！

　　社会工作者：（转向服务对象）玩耍玩得开心，学习也要用心。下周开始要用心学习了。

　　服务对象：（点头）

　　服务对象在维持进步三周之后忽然出现了倒退的现象，社会工作者并没有指责服务对象，而是在了解了服务对象的基本情况后，采取了阻止情况变得更糟的方式，询问服务对象参加了什么体育项目，肯定服务对象学习之外的兴趣爱好，仍旧与服务对象维持必要的信任关系。在服务介入对话的最后，社会工作者鼓励服务对象"玩耍玩得开心"，同时要求服务对象"学习也要用心"，重新寻找服务对象改变的契机。

　　无论改变—扩展—日常化的服务介入策略还是倒退—阻止—寻找改变契机的服务介入策略，都有一个核心的要求，上一次服务介入要与下一次服务介入整合起来，让各服务介入之间联结起来，形成有机的整体。如果服务对象对目前状况很满意不愿意改变怎么办？社会工作者也不用着急，可以和服务对象一起探讨怎样维持目前这种让他感到满意的生活状况，从中寻找需要改进的方面和需要预防的方面。接着，社会工作者就可以运用上面介绍的两种服务介入策略，把各服务介入联结起来。

　　在实际的社会工作专业服务介入活动中，社会工作专业服务三个基本维度的整合体现为服务介入策略层面的整体感，包括社会工作者的服务介入与周围他人日常支持的整合、社会工作者服务介入的整合、辅导面谈内与辅导面谈外的整合以及上一次服务介入与下一次服务介入的整合四个方面。

游戏活动：整体的生活

目标：学习运用社会工作专业服务三个基市维度整合的策略分析实际案例，体会社会工作专业服务介入的整体感。

步骤：

（1）每位同学在网络或报刊上寻找一个有趣的案例（案例基市资料要完备一些）；

（2）运用社会工作专业服务三个基市维度整合的策略制订社会工作专业服务介入计划；

（3）注意体现社会工作专业服务介入的整体感；

（4）总结和反思自己在运用社会工作专业服务三个基市维度整合的策略时的经验和感受。

课 外 案 例 练 习

1. 请根据社会工作专业服务三个基本维度整合的策略以及案例的具体情况制订社会工作专业服务介入计划（注意两个方面的整合：社会工作者的服务介入与服务对象日常支持的整合以及社会工作者服务介入的整合）。

课外案例练习 1

服务对象是小学二年级的男生，9 岁，比同年级的同学大 1 岁（晚上学一年），学习成绩不好，经常受到老师的批评。服务对象和父母生活在一起。父母是双职工，平时工作很忙。母亲除了上班工作之外，还要照顾服务对象的日常起居。有时候，服务对象的爷爷奶奶也过来帮助照顾孩子。老师和服务对象的父母都认为，服务对象对学习缺乏兴趣，不主动，上课不专心，经常做小动作，有时甚至故意扰乱课堂秩序。母亲希望服务对象在学习上能够积极一些，做作业不需要家长催促，上课专心听讲，同时能够自主完成作业；父亲则认为服务对象学习太被动，太依赖母亲的指导，希望他能够独立一些。夫妻俩常因为孩子的学习问题争吵。

服务对象希望自己能够帮助母亲做些家务，希望能够成为动画片里的英雄人物；平时，服务对象喜欢唱歌、看电视、画画和参加体育活动，经常和同学踢足球、玩羽毛球，有时也和父亲一起打羽毛球；服务对象对语文和数学都不感兴趣，特别讨厌数学。在开学初的前两次语文考试中服务对象都取得了很好的成绩（分别是九十几分和八十几分），主要是因为母亲在暑假时帮助他做了较好的预习。当服务对象做作业的时候，母亲会在服务对象的身边辅导和监督；如果母亲不在服务对象的身边，服务对象就会不时地走动，很难集中注意力。服务对象的父亲工作比较忙，和服务对象在一起的时间比较少，对服务对象也不会像母亲那样严厉，比较空闲的时候会带服务对象出去玩（如打羽毛球、到海边玩、看展览等），所以服务对象与父亲比较亲近。

服务对象对语文和数学都没有兴趣，觉得数学比较难，考试经常不及格，无法独立完成作业；与数学相比，语文要好一些。当母亲监督得比较严的时候，服务对象就会懂得多一些；当母亲没有时间指导的时候，服务对象就会遇到比较大的困难。母亲认为服务对象做作业的时候太拖沓，不仅需要自己督促他完成，还要经常为他讲解，因此完成作业的时间拖得很长，没有时间预习。为此母亲感到很苦恼，认为这样恶性循环最终无法使服务对象提高成绩，而且服务对象变得很依赖自己。母亲还担心，服务对象的功课现在已经很难了，有一些题目她都不会做，以后很难继续指导孩子的学习。

2. 请根据社会工作专业服务三个基本维度整合的策略（辅导面谈内与辅导面谈外的整合、上一次服务介入与下一次服务介入的整合），指出下面案例中需要改进的方面以及改进的具体方法。

课外案例练习 2

服务对象的母亲：来，这个是茶，趁热喝。

社会工作者：好的，谢谢了。（眼角瞥到墙上新贴的一份贴满星星的表格）呀！真的开始评比了！

服务对象的母亲：是呀，这周已经开始了。

　　社会工作者：好大的星星，这个是？

　　服务对象的母亲：这个是他（服务对象）表现好获得的星星，这边还有他妹妹的表现情况。

　　社会工作者：嗯，从 6 号到 10 号的情况都有呢，一颗、两颗、三颗、四颗……（社会工作者数着星星）不同颜色的都有，不过总体来说服务对象比他妹妹多一颗。

　　社会工作者：（摸了摸服务对象的头）不错呀，这个星期表现得很好！

　　（服务对象露出很开心的表情）

　　服务对象的母亲：是呀，他这个星期还蛮不错的，作业都按时完成了。

　　社会工作者：老师布置的作业都完成了吗？

　　服务对象的母亲：基本上写完了，有一些没做完。

　　社会工作者：是不是因为那些比较难，所以没做完？

　　服务对象的母亲：（点点头）可能是吧。

课外案例练习 3

　　社会工作者：阿姨你们做得很好！除了奖励钱之外，还有没有其他的奖励呢？

　　服务对象的母亲：没有，他也喜欢奖励钱。得到钱之后，他可以去买自己喜欢的东西，不用再向我们要钱了。

　　社会工作者：嗯，很好。不过奖励也可以是多样化的，小孩子可能比较喜欢新奇，如果都是钱，过一段时间他也不一定觉得有吸引力了。有时也可以奖励他一个冰淇淋或者一碗扁食，这些也是他喜欢吃的，是吗？

　　服务对象的母亲：嗯，可以。我发现小孩子确实是蛮在乎这些的。我一回来，他就跟我说："妈妈，妈妈，我得到老师的奖励了！"

　　社会工作者：嗯，孩子确实需要鼓励，如果做好做坏一个样，就会失去动力。阿姨，你们真的非常用心，马上学，马上尝试，这点非常好！

　　服务对象的母亲：我们之前也不懂。

　　社会工作者：你是指哪方面不懂？

服务对象的母亲： 就是不知道要给他鼓励啊，你们说了，我们才知道的。

社会工作者： 关键是你们会结合孩子的具体情况来运用。

第三节　社会工作专业服务三个基本维度整合的方法

分析了社会工作专业服务三个基本维度整合的策略之后，我们接着继续探讨将社会工作专业服务三个基本维度整合起来的具体方法，帮助社会工作者在实际的社会工作专业服务中自然地综合运用三个基本维度的服务介入方法和技巧，使社会工作者的服务介入在方法层面具有力量感。这样，社会工作专业服务介入活动不仅具有策略层面的整体效果，还具有方法层面的具体效果，让社会工作专业服务介入活动不仅仅局限于专业服务的方法和技巧，也不仅仅局限于一般宏观的整体指导，同时还把服务对象的具体改变与社会工作专业服务介入的整体安排有机地联结起来。

一　社会工作专业服务三个基本维度整合的方法——整体的服务介入方式

在服务对象的日常生活中，当社会工作者面对服务对象开展专业社会工作服务时，他既可以从能力建设的服务宽度入手，也可以从心理调适的服务深度入手，当然也可以从社会支持的服务广度入手。因此，社会工作者在面对服务对象时，就可以不用把自己限制在某一专业服务的基本维度内，专注服务对象某一方面的变化，对社会工作专业服务介入方法的运用变得僵化，介入的范围比较狭窄。如果社会工作者能够将社会工作专业服务的三个基本维度整合起来，从整体的角度考察社会工作专业服务介入方法，就可以有比较大的介入空间，根据服务对象的实际情况，什么维度容易介入就从什么维度开始。如果服务对象不愿意配合，就可以从服务对象的周围他人着手，把周围他人作为服务介入的对象；如果服务对象有比较强烈的兴趣爱好或者有比较严重的困扰，就可以从服务对象的能力建设入手；如果服务对象有比较强烈的改变意愿或者行动的动机，就可以从服务对象的心理调适入手。总之，能力建设、心理调适和社会支持三个基本维度构成了社会工作专业服务介入的整体，它就像一个滚动的圆球，没有固定的服务介入方式，什么维度能够联结，就从什么维度开始。社会工作专业服务三个基本维度的整体服务介入方式如图5-6所示。

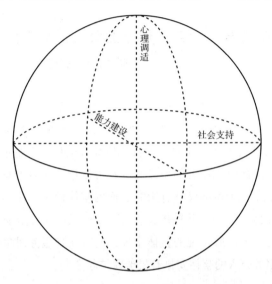

图 5-6 社会工作专业服务三个基本维度的整体服务介入方式

从图5-6中可以看到，社会工作者如果希望自己的社会工作专业服务介入简洁、快速、灵活、有效，就需要先放松自己，把社会工作专业服务介入活动视为三维变动的整体，让自己投入服务对象或者周围他人的处境中，在与服务对象或者周围他人的接触中选择最佳的服务介入方式，而不要预先设想好服务介入的维度。我们来分析一下下面这个案例。

案例 5.5 可爱的双胞胎

社会工作者第一次进入服务对象的家庭发现：服务对象是对双胞胎，10岁，小学四年级的男生。弟弟学习成绩相对好一些，想考班上前三名，平时学习比较用功，爱读书；哥哥贪玩一些，想在学习上取得更大的进步。两个人都喜欢看漫画（尤其喜欢看叮当）、玩电脑游戏（军棋、扑克牌、麻将）和踢足球（在小区的一块绿地上和小区里的伙伴们一起踢球）。

弟弟英语成绩最近有明显的提高，前不久英语考了88分，踢球也踢得比较好，画画也比较有天赋；哥哥"六一"期间获得了班级仅有的一个"进步之星"奖，还获得了学期数学进步奖。兄弟俩早上六点多起床，七点半到学校早读，八点十分开始上课；中午回家后，自己把妈妈做的饭菜热一下，吃了之后去上下午的课；放学回家后，或者做作业，或者去同学家玩；晚饭吃妈妈做的饭菜，有时候妈妈没来得及回来，就在小区里的小吃店里吃点东西。晚上偶尔看一会儿电视，九点准时睡觉。假期有时出去踢球，大部分时间在家里玩。

服务对象的父母因忙于生意经常不在家，母亲希望两个孩子都能取得好的成绩，但是又没有太大的信心，因为他们夫妻俩都很忙，整天围着生意转，没有太多的时间陪孩子。服务对象的父亲每天早上八点去工作，晚上十二点以后回家，经常忙得难以同孩子见面；服务对象的母亲早上也是八点去工作，晚上五点回家给孩子做饭，监督孩子做功课，只有周末的时候才有比较多的时间在家陪孩子。

服务对象与母亲交往较多，母亲在社会工作者面前经常疼爱地抚摩两个孩子。母亲说，两个孩子都很可爱，如果学习好点就更好了。母亲的话不太有权威。服务对象说，父亲有些时候比较严厉，让他们感到害怕。哥哥经常被老师批评，觉得老师更加偏爱好学生，非常不公平，因此有时上课听不懂也不好意思去问。

面对上面这个案例，社会工作者在进入服务对象的家庭之前，不要预先设想该怎样介入。社会工作者首先需要学会放松自己，把自身置于服务对象及其父母的处境中，用心倾听服务对象及其父母的故事，注意观察他们之间的沟通交流方式。从案例5.5社会工作者的观察记录中我们可以发现，社会工作者可以选择介入的着手点有很多，例如，兄弟俩都希望学习上取得更大的进步，都喜欢看漫画、玩电脑游戏和踢足球，而且两人最近都有明显的进步。除此之外，兄弟俩在日常生活中有比较多的互动机会，母亲与兄弟俩的交往更多一些。显然，面对这样的案例，社会工作者首先可以从优势中的能力和兄弟俩之间的社会支持以及兄弟俩与母亲之间的社会支持等方面开展社会工作专业服务。当然，不仅第一次社会工作专业服务介入可以采用整体的服务介入方式，实际上，在整个社会工作专业服务活动中都需要运用整体的服务介入方式。

二　社会工作专业服务三个基本维度整合的方法——联动的服务介入方法

社会工作专业服务的三个基本维度不仅可以整合成一个有机的整体，让社会工作者能够在更广阔的空间设计服务介入的方式，而且社会工作专业服务的三个基本维度是紧密关联的，一个维度的变化可以带动另外两个维度的改变，就像一个滚动的球，彼此之间有着紧密的联系。也就是说，在实际的社会工作专业服务介入活动中，当社会工作者面对服务对象采用整体的服务介入方式推动服务对象改变时，就需要接着把三个基本维度联结起来。可以说，这是一种联动的服务介入方法，即什么维度能够联结，就从什么维度开始，接着把其他两个维度联结起来。这样，三个基本维度之间就能相互影响、相互促进，形成循环圈，让社会工作专业服务活动自然流畅。

社会工作者： 上一周你比较了两种不同实现目标的方法，有什么感受？

服务对象： 第一种只关注自己的目标，制订详细的计划，比较主观，与实际有距离，时间长了就会抱怨，感到悲观；第二种有了目标，根据实际情况制订计划，我感到比较实际一些。

社会工作者： 从实践的途径来说有什么不同？比方说，第一步做什么，第二步做什么？

服务对象： 第一种方法的第一步是确定目标，第二步是制订详细的计划，然后去做；第二种方法的第一步是确定环境的状况，看哪些是有利条件，第二步是怎么利用这些环境条件一步一步地实现自己的目标。

社会工作者： 第二种方法对人的品格有什么要求？

服务对象： 品格？没想过。

社会工作者： 我觉得，第二种方法需要更多的勇气和宽容。对于不同于自己的他人或者环境条件要去接受他，需要勇气和宽容。

服务对象： 是的。

社会工作者： 经常与你交往、对你影响比较大的人有哪些？

服务对象： 我哥哥、母亲，还有初中时的一位老师。

　　社会工作者：先说说你哥哥？

　　服务对象：我哥哥和我联系最多，以前总喜欢以哥哥甚至父亲的身份教训我。自从我上班工作以来，开始平等地和我交流，交换彼此的想法。现在，我们一周通两次电话，感觉可以。

　　社会工作者：你母亲呢？

　　服务对象：我感到很难和母亲平等交流，她总喜欢教训我。我也试图和她沟通，发现几乎不可能。在我的记忆中，很少有母爱那种温暖。

　　社会工作者：我想，你父亲不辞而别对你母亲的打击很大，不知道她是怎么熬过来的。你有没有试图把自己放在她的位置上体会一下她的感受？

　　服务对象：没有。她总是回避谈这件事。

　　社会工作者：你可以去体会一下你母亲的感受。你和那位老师现在还有来往吗？

　　服务对象：没有。学校毕业后，就没见过面。他对我影响比较大，他和其他老师不同，他像朋友一样谈学习和其他一些事情。这位老师工作非常认真，而且彬彬有礼，像个君子。

　　社会工作者：你可以和他保持联系，比如，教师节的时候给他打个电话，他一定会很高兴。

　　服务对象：好的。

　　我们来分析一下上面这段服务介入对话，社会工作者首先问服务对象："上周你比较了两种不同实现目标的方法，有什么感受？"显然，这是从心理调适服务深度中的意识层面着手影响服务对象。接着，社会工作者为了让服务对象意识层面的改变转化为具体的行动，就从行动层面进一步问服务对象："从实践的途径来说有什么不同？"希望服务对象不要把改变仅仅停留在意识层面，并且希望通过行动能够顺利地与其他两个基本维度的社会工作专业服务联结起来，让三个基本维度之间相互促进、相互循环。为了进一步维持服务对象的改变，社会工作者接着把社会工作专业服务介入的焦点转向服务对象与周围他人之间的社会支持，一方面，能够为服务对象的改变提供实践的机会，巩固心理调适的成果；另一方面，帮助服务对象建立和扩展与周围他人之间的社会支持关系，为服务对象的进一步改变提供更好的社会支持关系。这样，服务对象的改变就能在三个基本维度的

社会工作专业服务活动中扩展开来。

因此，在实际的社会工作专业服务活动中，社会工作者需要牢记，社会工作专业服务的三个基本维度是紧密关联在一起的，无法割裂开来，可能某次服务介入或者某个阶段的服务介入以某个基本维度的社会工作专业服务活动为主，但并不意味着整个社会工作专业服务活动只集中在某个基本维度的服务活动上。一次好的社会工作专业服务介入活动，要求社会工作者能够根据服务介入对象的实际情况让三个基本维度的社会工作专业服务活动自然而然地展开，从开始到结束联结成一个有机的整体。

三　社会工作专业服务三个基本维度整合的方法——综合的服务介入策略

在实际的社会工作专业服务活动中，社会工作者经常遇到这样的情况：服务介入对象提供给社会工作者的介入空间不仅仅集中在某个基本维度上，可能同时还包含两个或者三个基本维度。这个时候，社会工作者既可以从一个基本维度入手，也可以同时从几个基本维度着手。当然，如果能够处理好三个基本维度之间的关系，从三个基本维度着手，这样的服务介入策略的效果就要好得多。也就是说，社会工作者在制定社会工作专业服务介入策略时，不要拘泥于某个基本维度的社会工作专业服务活动，可以同时结合三个不同维度的社会工作专业服务活动。我们来看一看下面这个案例，注意怎样把不同基本维度的社会工作专业服务活动结合起来。

案例 5.6　"快，帮帮我！"

服务对象，女，30岁，未婚，长期精神分裂症患者。服务对象在16岁时的经历改变了她的整个生活。在16岁时，服务对象遭到强暴；此后，服务对象的学习成绩一落千丈，而且情绪变得极为不稳定、暴躁。在父母的严厉责备下，服务对象被迫到医院就诊，被诊断为抑郁症。高中转入重点中学，学习压力剧增，服务对象发现自己的注意力变得越来越难以集中，在父母的指导下，服务对象最终完成高中阶段的学习，考入艺术院校。在高考前夕，服务对象出现了严重的精神障碍，到医院检查，被诊断为躁郁症，情绪双向障碍。大学二年级，服务对象的病情加重进行住院治疗，被诊断为精神分裂症。此后，服务对象每半年就需要入住精神病院两个月。面对生活中的巨大压力，服务对象曾经三次自杀，幸好被及时发现抢救脱险。工作后，服务对象因担心别人背后说坏话、单位待遇不公正，先后辞去两份正式工作。现在，服务对象与父母住在一起，业余指导孩子学习钢琴，靠做家教维持自己的生计。服务对象曾去很多医院就诊，接受过多次心理辅导，但没有明显的效果，对自己的前景逐渐失去信心，经常出现性幻觉，自己想克服又无能为力，认为自己不道德、下流，是社会的渣滓。服务对象感到自己的生活非常痛苦，没有价值，经常有自杀的念头。当社会工作者与服务对象第一次见面时，服务对象告诉社会工作者，她现在感到上家教都很困难，经常出现的幻觉无法让她集中精力教好学生，她希望有人能够帮帮她，否则她又需要入住精神病院了。

服务对象的父母都是高级知识分子，家里经济条件比较好，住房也比较宽裕。服务对象的父亲对孩子管教非常严，总是教育孩子要对自己的行为负责，要有诚信。自从服务对象得病后，服务对象的父亲经常陪伴孩子。虽然现在退休了，但兼职工作仍比较忙，早晨七点钟出门，下午六点钟回家，晚上陪孩子聊天，直到孩子入睡后才去睡觉。服务对象的父亲感到自己非常劳累，除了照顾服务对象外，还要协调母女俩之间的冲突。因为服务对象的母亲性情比较直率，经常与服务对象发生直接的冲突。服务对象的母亲感到压力很大，在家时需要非常小心，怕激怒孩子。服务对象在家基本不做家务，平日三餐由母亲或者父亲负责。服务对象还有一个姐姐，现在离婚了住在别处，很少来往。服务对象的交往圈子比较窄，除了一个比较要好的姨妈可以经常聊聊天之外，几乎没有其他交往的人。

很显然，案例5.6中的服务对象有两个方面的困扰非常突出：一是服务对象的幻觉，妨碍了服务对象的正常生活，需要社会工作者着手解决幻觉出现的问题；二是服务对象看不到自己生活中积极的方面，觉得自己的生活非常痛苦，绝望悲观。当然，服务对象同时还面临其他方面的困扰，像缺乏社会支持、与父母之间的关系紧张等。但是，相比较而言，服务对象的幻觉和悲观痛苦的感受需要社会工作者首先着手处理，因为这两个方面的困扰如果不能得到缓解，服务对象的情况就会变得更加糟糕。仔细分析这两个方面就会发现，控制幻觉和减轻悲观痛苦的感受是紧密相联的，两者相互影响、相互促进，即控制幻觉可以减轻服务对象悲观痛苦的感受，悲观痛苦感受的减轻又可以帮助服务对象控制幻觉。基于这样的理解，社会工作者就以幻觉的控制和悲观痛苦感受的减轻作为社会工作专业服务开始阶段的服务介入焦点。幻觉的控制主要涉及心理调适的服务深度，悲观痛苦感受的减轻主要涉及能力建设的服务宽度。这样，社会工作者在面对案例 5.6 时，采用了能力建设和心理调适两个基本维度的综合服务介入策略。

随着服务对象控制自己幻觉能力的提高以及悲观痛苦感受的减轻，社会支持的要求就会增强，尤其服务对象与父母之间的相互支持关系显得越来越重要，是服务对象进一步改变的关键。于是，社会工作者在坚持能力建设和心理调适两个基本维度的综合服务介入策略的基础上，逐渐增加社会支持的内容。首先，以干家务活作为着手点，让服务对象负责部分家庭清洁工作。这样，除了为服务对象的改变提供更多的实践机会，维持已经实现的改变之外，可以以此为基础调整和改善服务对象与父母之间的沟通交流方式，减轻父母的压力，同时为服务对象的改变寻求更大的空间。这个时候，社会工作者所采用的服务介入策略同时包括能力建设、心理调适和社会支持三个基本维度的专业社会工作服务内容。

当然，此时服务介入的对象也不仅仅包括服务对象，同时还包括服务对象的父亲和母亲。这为进一步扩展社会工作专业服务提供了新的发展空间。也就是说，在接下来的社会工作专业服务活动中，社会工作者如果以服务对象的父亲或者母亲为服务介入对象，除了可以调整他们与服务对象的社会支持关系外，同时也可以根据实际情况增加能力建设和心理调适的社会工作专业服务的内容。社会工作专业服务就是这样，三个基本维度的服务内容密切相关、不可分割，作为社会工作者需要根据实际情况将三个基本维度的社会工作专业服务整合起来，采取一种综合的服务介入策略。

游戏活动：试一试

目标：学习运用社会工作专业服务三个基本维度的视角将社会工作不同的方法和技巧整合起来。

步骤：

（1）每位同学选择一个帮助的对象（最好是难度不要太大的案例）；

（2）运用社会工作专业服务三个基本维度的视角进行面谈；

（3）注意将社会工作专业服务三个基本维度的方法和技巧整合起来；

（4）尝试2～3次面谈；

（5）总结和反思自己在面谈过程中运用社会工作专业服务三个基本维度的方法和技巧的经验。

课 外 案 例 练 习

1. 请根据社会工作专业服务三个基本维度整合的方法指出下面案例中需要改进的方面以及改进的具体方法。

课外案例练习 1

社会工作者：你们有比赛是吗？

服务对象：老师说要明年比。

社会工作者：哦，要明年啊。

服务对象：把牙签插到前面这里就可以戳破气球。

社会工作者：哦，你同学有没有赛车呢？

（服务对象没回答，只顾着玩。）

社会工作者：你的同学有没有赛车啊？

服务对象：有。

社会工作者：他的赛车有没有你的快呢？

服务对象：没有，我的更快，比他的快。

社会工作者：哦，你的这么厉害啊，你们比过吗？

服务对象：他的没有我的快。

社会工作者：是吗？你们比赛过吗？

服务对象：没有，他的那个马达烧坏了，都冒烟了，所以就慢了。（服务对象很认真地说）

社会工作者：哦，这样子啊。你喜不喜欢玩赛车啊？

服务对象：喜欢啊！

社会工作者：下次叫那位同学过来，你把你的赛车开给他看，好吗？叫小朋友跟你一起玩好吗？

服务对象：嗯，好。我还有一个麦当劳的给表妹了。

社会工作者：哪一个表妹啊？

服务对象：就是……

社会工作者：你喜不喜欢跟表妹玩啊？

服务对象：我不想跟她玩。

社会工作者：为什么你不喜欢跟她一起玩呢？

（服务对象没回答，又在客厅里跑来跑去。后来服务对象的父亲说，他的表妹比较小气，有东西不跟他一起玩。）

课外案例练习 2

社会工作者：哇，你现在越来越勇敢了。这周字写得怎么样呢？你再把你的名字写一写，好吗？

服务对象：为什么要写我的名字啊？

社会工作者：今晚我们不做作业，只写你的名字，写好后我们就可以玩游戏了，好吗？

服务对象：我把名字写在车上，（指着摇摆车）这样车就不会丢了。

社会工作者：对了，你好聪明啊，把名字写在车上就不容易丢了。你的笔也同样可以做一下记号，同学就不会拿错或者拿走了。来，你先把名字写在纸上，再贴到车上吧！

服务对象：怎么贴到车上呢？

社会工作者：拿透明胶或者双面胶都可以啊，来，你的笔和纸呢？

服务对象的父亲：在这里。

社会工作者：你自己拿好吗？

（服务对象说着就去拿）

服务对象：爸爸，我的本子在哪里啊？

服务对象的父亲：在这里。

2. 请根据社会工作专业服务三个基本维度整合的方法设计下面案例的社会工作专业服务的整体服务介入方式。

课外案例练习 3

　　服务对象是小学四年级的男生，11 岁。服务对象的父亲高中毕业后在某公司工作，上班时间不固定。服务对象母亲的文化程度不高，现在是外企工厂的工人，经常加班，很晚才回家。服务对象的父母能够和服务对象在一起的时间不多。服务对象的家里还有曾祖母，今年八十几岁了，视力和听力都不好。据服务对象的班主任和父母反映：服务对象很聪明，但是缺少管教，很懒，不自觉，基础不好，上课没有认真听讲；虽然能够按时完成作业，但完成的质量很低；服务对象的成绩不稳定，文科成绩相对好一些，理科成绩较差。老师说，服务对象受到批评后，会做一些奇怪的动作。服务对象看了很多书，似乎什么都懂得一些，特别喜欢看《老夫子》，桌子上摆着《探险记》等漫画书。服务对象还喜欢彩画，爱玩溜溜球，一有时间就到学校附近的玩具店，用省下来的父母给他的点心钱买玩具。

　　班主任认为，服务对象的语文、科学等文科成绩较好，能够遵守学校纪律，积极参与班级活动，不会捣乱，老师课堂提的问题如果他懂得回答，就会积极发言。服务对象的父亲对服务对象的将来没有什么期望，只希望他的学习态度能好一点。据服务对象的父亲自己说：他和服务对象的母亲都很宠爱孩子，在管教孩子方面存在不同意见，孩子有时会借机钻空子。在学习方面，服务对象的母亲下班后（九点多）会帮服务对象看作业，通常因为错得太多，要求服务对象重新改写。服务对象的父母常常因为管教孩子的方法不同发生争执，服务对象的父亲说自己以前经历过，能够体会孩子读书的辛苦，不想逼他；但服务对象的母亲比较严厉，常常打骂孩子。

第四节　社会工作专业服务三个基本维度整合的核心

　　社会工作专业服务三个基本维度的整合不仅体现在策略层面的整体

感，还表现为方法层面的力量感。只有将两者有机结合起来，才能提供简洁、快速、灵活、有效的社会工作专业服务。如何实现两者之间的有机结合？这就要求社会工作者无论是在策略层面的安排上还是在方法层面的运用上，都需要围绕着社会工作专业服务的核心。接下来，我们看一看怎样将社会工作专业服务的三个基本维度整合起来，围绕着社会工作专业服务的核心形成一个有机的整体。[①]

一　社会工作专业服务三个基本维度整合的核心——行动为本

学习了社会工作专业服务的三个基本维度以及在两个层面的互动改变循环圈之间开展社会工作专业服务的方法之后，初学的社会工作者一定会感到有点困惑，因为它要求社会工作者在社会工作专业服务活动中始终关注每个基本维度内的以及三个基本维度之间的变化，而且还要将这两个层面的变化联结起来。这显然不是一件一蹴而就的事，需要社会工作者在实际的社会工作专业服务活动中反复练习、不断提高。将两个层面的互动改变循环圈联结和整合起来的关键是行动。通过行动就可以将服务对象在三个维度上的变化联结起来，并且借助行动又可以为服务对象在三个维度上的进一步变化提供新的机会和条件，即：

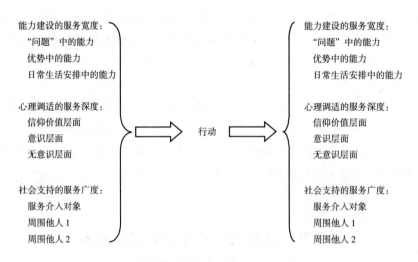

---

① 将社会工作专业服务的三个基本维度整合起来形成有机的整体，这方面的理论可以参阅蒙培元，1993：138～181；蒙培元，1998：第一编。

因此，在实际的社会工作专业服务过程中，无论对服务对象还是对周围他人，社会工作者始终需要关注他们的行动，想做什么、怎么做，这是整个社会工作专业服务的基点，因为只有找到更为有效的应对行动，人们的生活才能得到改善。① 在此基础上，社会工作者才能够考察他们能力建设的服务宽度、心理调适的服务深度和社会支持的服务广度。例如，服务对象目前不想面对问题，但有一些兴趣爱好和特长，此时社会工作者就可以从优势中的能力入手来增强服务对象的改变愿望和改变能力；如果服务对象已经有了改变问题处境的想法，甚至有了改变的行动尝试，社会工作者就可以从意识层面的行动计划和行动经验的梳理入手开始服务的介入；如果服务对象对改变没有兴趣，是被迫参与到服务中的，这个时候社会工作者就需要从愿意合作的周围他人入手开始服务的介入。当然，在实际生活中，社会工作者可以在两个或者三个维度上同时开展社会工作专业服务，以提升社会工作专业服务的灵活性和有效性。

我们来看一看下面这段社会工作服务介入对话，注意分析怎样通过具体的行动将社会工作专业服务的三个基本维度整合起来。

社会工作者：我们星期五到学校去找老师了，老师表扬了你。老师夸你最近进步非常大！

服务对象的父亲：呵呵，太好了！

社会工作者：老师说你这两周上课有好几次主动举手回答问题，而且很大声呢，是不是？

服务对象：是。

服务对象的母亲：那问题回答得对不对呢？

社会工作者：这个我没问，不过能够举手就是很好的，不管回答得对不对，举手就是很勇敢的！

服务对象的父亲：是，是。

社会工作者：这对他来说是个突破，是非常不容易的。

服务对象的父亲：是啊，我们也觉得很奇妙。

社会工作者：你上什么课举手呢？

---

① 社会工作与心理咨询不同，强调"人在情境中"，关注人与环境之间的互动，因此行动就成为人们联结环境和改善环境的唯一途径。

（服务对象没有回答）

社会工作者：老师说，你语文、数学课都举手，还有上什么课你会举手呢？

（服务对象又没有回答）

社会工作者：很多课都举手，你是怎么举手的啊，举多高啊？

（服务对象没有反应）

服务对象的父亲：姐姐问你是怎么举手的呢？

社会工作者：你手举多高呢？

服务对象：我举手了，老师有时候都不叫我。

社会工作者：是吗？那老师叫过你吗？

服务对象的父亲：有吗？老师是不是也叫过你？

服务对象：有。

服务对象的父亲：那也要轮流的啊。

社会工作者：是不是你手举得不够高呢？你手举多高啊？老师可能会叫那个手举得更高的。我们来比比看，谁举的手更高？

（社会工作者举手半臂高，服务对象举手一臂高；社会工作者也举一臂高，因为社会工作者的手比服务对象的长，所以比他的高；服务对象见状就站起来举手，社会工作者也跟着半站了起来。）

服务对象的父亲：呵呵。

社会工作者：哇，你确实举得很高啊，我都快赶不上了。对了，以后上课举手就举这么高，老师可能会叫那个举手更高的。你举高点，老师看你这么积极，更有可能叫你起来回答问题。下次你试试看，好不好？

服务对象：好！

分析上面这段服务介入对话可以发现，社会工作者非常注意服务对象在行动中表现出来的进步，并且在行动中寻找服务对象在三个基本维度上呈现的发展空间，推动服务对象进一步改变。社会工作者首先指出服务对象行动上的一些进步表现，"老师夸你最近进步非常大"、"老师说你这两周上课有好几次主动举手回答问题，而且很大声呢"。让服务对象与服务对象的母亲和父亲建立相互支持的关系，扩展服务对象社会支持的服务广度。社会工作者同时还肯定服务对象行动中的成功经验："举手就是很勇

敢的!"接着,社会工作者再将服务对象的改变转化为具体的行动,与服务对象一起比赛谁手举得更高。在这段服务介入对话的结尾,社会工作者要求服务对象:"下次你试试看,好不好?"推动服务对象进一步行动。显然,在整段服务介入对话中,社会工作者始终以行动为核心,围绕如何让行动更为有效扩展服务对象在三个维度上的发展机会,然后将服务对象的改变转化为具体的行动,进一步推动服务对象行动上的改变。社会工作者的服务介入策略是:

行动──→三个基本维度的扩展──→新的行动……

因此,可以说社会工作专业服务三个基本维度整合的核心是行动。无论是三个基本维度的扩展还是联结,都需要借助服务对象或周围他人的具体行动。这样,行动就成为整个社会工作专业服务的主线,无论三个基本维度如何变化,最终都需要回答一个问题:行动是否更为有效?值得注意的是,在推动服务对象行动过程中社会工作者需要注意以下几点。

(1) 在推动服务对象采取具体行动之前,需要了解服务对象喜欢做什么、喜欢怎样做;

(2) 在推动服务对象采取具体行动之前,最好示范具体的行动方式;

(3) 在推动服务对象采取具体行动的过程中,让服务对象学会关注行动的成效;

(4) 推动服务对象行动不是为了达到某个预定的目标,而是让服务对象以自己喜欢的方式与外部环境或者他人交流,调动服务对象自己以及周围他人的能力和资源;

(5) 在服务对象的行动中扩展服务对象在三个基本维度上的发展空间。

二　社会工作专业服务三个基本维度整合的核心──成长导向

服务对象的行动是有指向的,既可以关注服务对象的过去,也可以关注服务对象的现在,当然也可以关注服务对象的未来。只有当服务对象的行动指向未来的发展空间时,服务对象的成长才可能实现,社会工作专业服务的三个基本维度才能整合起来,因为只有关注服务对象未来的发展空间,社会工作专业服务介入才能注重服务对象能力的发掘和运用,即使是"问题"，也是强调"问题"中的能力，促进个人的成长和发展。同样，只有关注服务对象未来的发展空间，社会工作专业服务介入才能注重从整体的视角调适和整合服务对象的心理状况，强调实现内部和外部的和谐。社会支持也一样，也需要关注服务对象的未来发展空间，只有在未来发展空间中服务对象才能与周围他人建立和扩展相互之间的社会支持关系，形成共生发展的关系，找到适合自己成长的外部环境。因此，未来的成长是社会工作者指导服务对象采取具体行动的指向。只有这样，三个基本维度上的扩展才不只是为了扩展，而是通过扩展带给服务对象成长的快乐，让服务对象在生活的困境中看到希望，并且借助自己的行动尝试不断增加生活的希望。我们来看一看下面这段服务介入对话，注意社会工作者在服务介入中怎样使服务对象的注意力转向未来的成长。

社会工作者：昨天我们去学校，数学老师和语文老师表扬你了。两位老师都说，你有时候听课很认真，而且还会举手发言呢。

（服务对象露出开心的笑容）

服务对象的母亲：老师表扬了你啊?! 你怎么回来都没有说过？

（服务对象没有说话）

社会工作者：以后老师要是表扬你了，要记得回来告诉爸爸妈妈。这样爸爸妈妈也会为你开心，而且妈妈和爸爸也会表扬你的。

服务对象的母亲：是啊。

社会工作者：我们上周商量的那个学习计划表老师也看了，觉得挺好的，你如果做得好，老师也会表扬你的。

（服务对象不说话，露出了开心的神态。）

在上面这段社会工作专业服务介入对话中，社会工作者首先当着服务对象母亲的面指出服务对象的进步，希望通过服务对象改变的行动扩展服务对象与母亲之间的社会支持关系。社会工作者的提问并没有停留于此，当服务对象的母亲说："老师表扬了你啊?! 你怎么回来都没有说过？"在这里，社会工作者抓住机会把服务对象的注意力转向未来的成长，而不是责备服务对象。社会工作者这样回应服务对象及其母亲："以后老师要是表扬

你了，要记得回来告诉爸爸妈妈。"让服务对象更为关注未来怎样做。接下来，社会工作者在谈到学习计划表的时候，也运用了同样的策略，推动服务对象把注意的焦点转向未来可改变的成长空间。

通过分析上面这段服务介入对话我们可以发现，在实际的社会工作专业服务活动中，社会工作者不仅需要关注服务对象的行动，通过行动扩展服务对象在三个基本维度上的发展空间，还需要借助行动把服务对象的注意焦点转向未来的成长，即面对外部环境的要求时，让服务对象关注可以做什么、怎样做来改善目前的状况。社会工作者在强调未来的成长时，需要注意以下几个方面的要求。

（1）注重未来成长与注重行动相结合，通过行动指向未来的成长空间；

（2）在帮助服务对象关注未来成长的同时，包容服务对象的不同表现，不要把关注未来的成长作为一项标准强加给服务对象；

（3）关注未来的成长不是为了让服务对象达到社会工作者或社会所要求的改变的目标，而是在关注改变中扩展服务对象在三个基本维度上的发展空间，促进服务对象成长和改变。

三　社会工作专业服务三个基本维度整合的核心——多元生活方式

在推动服务对象行动的过程中，社会工作者会面临一个无法回避的挑战——行动的目的，即为什么要推动服务对象采取这样的行动。在整合社会工作专业服务三个基本维度的过程中所采取的行动与一般的行动不同，不是为了让服务对象通过具体的行动达到社会工作者或社会所要求的目标，而是希望借助行动让服务对象更充分地发掘和运用自己的能力、调适和整合内部的心理状况、建立和扩展社会支持关系。简单地说就是，希望服务对象通过具体行动更有效地融入自己的日常生活处境中，实现内部和外部的和谐，形成一种多元生活方式。这种多元生活方式在能力建设的服务宽度上表现为积极进取和包容限制之间的平衡，在心理调适的服务深度上表现为关注能做的和接纳不能做的之间的平衡，在社会支持的服务广度上则表现为共生和发展之间的平衡（见图5-7）。

需要注意的是，在实际的社会工作专业服务活动中，社会工作者不能把两个层面的行动目的割裂开来。对服务对象和周围他人来说，问题的消除或优势的发挥或困扰的预防，是行动的具体目标。但是，

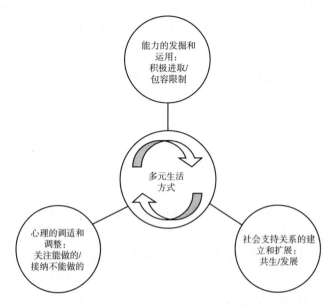

图 5 - 7 三个基本维度的多元生活方式

对社会工作者来说，不能仅仅把社会工作专业服务活动限定在这样的具体目标上，同时还需要把这些具体的行动目标与帮助服务对象建立多元生活方式结合起来。因为服务对象的生活是一个整体，除了与能力建设中具体的不同类型的能力相关之外，还与心理调适和社会支持相联系。只有从三个基本维度的整体视角理解服务对象的生活状况，才能快速、有效地帮助服务对象。

我们来看一看下面这段服务介入对话，注意分析社会工作者在推动服务对象行动过程中的目的。

社会工作者拿出制订好的学习计划表，跟服务对象的母亲谈话。

社会工作者： 这个是我们根据上周和你们商量做出的一个学习计划表，昨天我们到学校找老师谈了，老师也看了这个学习计划表，挺认可的，而且觉得您对孩子的学习很上心。

服务对象的母亲：（笑着）好啊，太麻烦你们了。这个孩子就是学习起来不够专心，太贪玩了。

社会工作者：其实孩子也有专心的时候，比如她听得懂的内容，就会听得很认真，而且还会举手发言呢。我们现在想通过这个学习计划表让孩子的学习有个比较好的安排，也培养孩子安排和控制自己学习的能力。

服务对象的母亲：嗯，好的。

社会工作者：所以您也可以在表上对孩子的表现进行评价，孩子首先对自己的完成情况打分，然后您再打分，这样孩子学起来就会更有动力。

服务对象的母亲：（笑着）好啊，你们大学生就是想得比我们好啊！孩子你做得到吧?!

服务对象：（开始笑笑，不说话，过了一阵说）能啊！

社会工作者：好，如果能完成，爸爸妈妈和老师（指社会工作者）会给你奖励的，所以你尽量做，好不好啊？

服务对象：好。

分析上面这段服务介入对话可以发现，社会工作者制订学习计划表的目的，除了"让孩子的学习有个比较好的安排"之外，还希望通过学习计划的执行扩展服务对象在三个基本维度上的发展空间。所以，社会工作者也要求服务对象的母亲在学习计划表上对服务对象的表现进行评价。仔细分析上面这段服务介入对话我们还可以发现，社会工作者在推动服务对象认同和执行学习计划时，过分强调自己所希望的改变。例如，社会工作者在这段服务介入对话的开始强调："老师也看了这个学习计划表，挺认可的，而且觉得您对孩子的学习很上心。"这样的表述容易让服务对象产生一定的压力，因而社会工作者接着就需要提供充分的机会让服务对象表达自己的想法。社会工作者为了让服务对象能够按照计划安排自己的学习，强调"爸爸妈妈和老师会给你奖励的"。这样的方式能够推动服务对象行动，但同时也容易忽视服务对象多元生活方式的培养。因此，社会工作者在关注服务对象多元生活方式培养的过程中，需要注意以下几点。

（1）在服务对象的行动中培养服务对象的多元生活方式；

（2）服务对象的多元生活方式表现为三个基本维度上发展空间的扩展；

（3）把服务对象的具体目标（"问题"的消除、优势的发挥、困扰的预防）与多元生活方式的培养整合起来。

通过以上的分析可以看到，把社会工作专业服务三个基本维度整合起来的核心，是借助具体的行动帮助服务对象关注未来的发展空间，建立一种多元生活方式。它遵循的是一种个别化、独特性的服务逻辑，即帮助服务对象融入自己的日常生活中，借助具体的行动带动日常生活场景改变，继而提升对生活的掌控感和满意感，是一种场景实践。

社会工作专业服务是一种三维空间的服务方式，涉及每个基本维度内和三个基本维度之间两个层面互动改变循环圈的平衡，在策略层面上体现为整体感，包括社会工作者的服务介入与周围他人日常支持的整合、社会工作者服务介入的整合、辅导面谈内与辅导面谈外的整合，以及上一次服务介入与下一次服务介入的整合四个方面；在方法层面上表现为力量感，包括整体的服务介入方式、联动的服务介入方法和综合的服务介入策略三个方面。社会工作专业服务三个基本维度整合的核心，是借助具体的行动帮助服务介入对象把注意焦点转向未来的发展空间，建立一种多元生活方式，采取的是一种场景实践的服务逻辑。

本章关键概念

◇ 能力建设的互动改变循环圈

◇ 心理调适的互动改变循环圈

◇ 社会支持的互动改变循环圈

◇ 三个基本维度之间的互动改变循环圈

◇ 两个层面的互动改变循环圈

◇ 社会工作者的服务介入与周围他人日常支持的整合

◇ 社会工作者服务介入的整合

◇ 辅导面谈内与辅导面谈外的整合

◇ 上一次服务介入与下一次服务介入的整合

◇ 整体的服务介入方式

◇ 联动的服务介入方法

◇ 综合的服务介入策略

◇ 社会工作专业服务三个基本维度整合的核心

◇ 场景实践

> **游戏活动：什么是社会工作**
>
> **目标：**学习理解社会工作的核心内涵。
>
> **步骤：**
>
> （1）寻找一个不了解社会工作的人；
>
> （2）用最简洁的语言向他讲解什么是社会工作；
>
> （3）看一看别人是否理解，有什么疑问。

课 外 案 例 练 习

请根据社会工作专业服务三个基本维度整合的方法指出下面案例中需要改进的方面以及改进的具体方法。

课外案例练习 1

服务对象的母亲：这几天每天都有一篇作文，要 400 个字。

社会工作者：每天都有啊！可能是要考试了，老师要让他们练一下吧。可是每天都写，有点多。

服务对象的母亲：是啊！天天都有，都要 400 个字，他都是看书上有没有可以抄一些，不够再自己想一想补上去，或者自己先写一点，不够再到书上抄一点，自己根本就没办法写出来。

社会工作者：是嘛！有进步。以前他写作文的时候，字数不够就算了，现在都争取要把它写到 400 个字，很好啊！

服务对象的母亲：对啊，像昨天中午我去睡觉，他一个人在那里写，硬是拼拼凑凑把作文写到了 400 字。以前他自己没交作业的时候也曾经跟我说："妈妈，其实我没交作业心里也是很难受的，我见到老师就跑，现在交了作业，见到老师就没那么害怕了。"

社会工作者：嗯，其实孩子也有他自己的苦衷，我小时候也有这种感觉。（朝向服务对象）完成作业的感觉好不好？不用再害怕老师了吧。

服务对象：（笑了笑）嗯。

课外案例练习 2

　　服务对象的母亲：他以前星期六都要睡到十点多，今天七点半就醒过来了，八点钟我叫他起床。

　　社会工作者：是吗？是不是期末考快到了，要好好复习啊？

　　服务对象：（笑了笑，没说话。）

　　（社会工作者看了一下服务对象的听写本，发现有一些字是因为少了笔画错了。）

　　社会工作者：你看，他是有点粗心，要是能细心点就好了。但是，字比以前写得工整了不少。

　　服务对象的母亲：是的，有的小孩子很细心，可他就是很粗心。

　　服务对象：我不是很细心。

　　社会工作者：不是很细心，怎么说呢？是不是还是有点细心的。

　　服务对象：就是还会有点粗心。

　　社会工作者：那能不能做到完全细心呢？

课外案例练习 3

　　服务对象的母亲：我们以前开店对孩子也是有影响的，他做作业一被吵就容易分心了，习惯就不好了。

　　社会工作者：对，这可能是一个因素，但习惯也是可以变的。

　　服务对象的母亲：再说他也是那种比较调皮的孩子，喜欢玩，不太容易安静下来学习。

　　社会工作者：没有啦，比我小时候好多了。

　　服务对象：（笑了笑，没有说话。）

　　社会工作者：他现在在家里会好一些吧！特别是您现在都在家里。

　　服务对象的母亲：是啊，他现在做作业也比较认真了，慢慢好一点了。以前作业就做一点点，然后和我说做完了。现在我和他说要把作业做完，他说那当然了，做不完，老师要检查的，现在他有点责任心了。他说，以前没有写完作业，看到老师就害怕，就会跑。我问他"现在还会吗"，他说"不会了"。

　　社会工作者：挺好的，有很大的进步！

推荐阅读文献

Gray, M. , & Webb, S. A. （Eds. ）（2009）. *Social work theories and methods*. London: Sage.

Orme, J. （2001）. *Gender and community care: Social work and social care perspectives*. Basingstoke: Palgrave Macmillan.

Howe, D. （2009）. *A brief introduction to social work theory*. Basingstoke: Palgrave Macmillan.

Mosely, J. E. （2016）. "Yes, macro practice matters: Embracing the complexity of real-world social work. " *Human service organization: Management, leadership & government*, 21 （2）, 4 – 6.

参考文献

东尼·杨，1996，《心理辅导——问题解决法》，樊建芳译，鹭江出版社。

Corsini, R. J., & Wedding, D., 2000, 《当代心理治疗的理论及实务》，朱玲億等译，台北：心理出版社股份有限公司。

弗洛伊德，1986，《弗洛伊德后期著作选》，林尘等译，上海人民出版社。

高刘宝慈、黄陈碧苑等，1988，《个案工作——理论及案例》，香港：集贤社。

Gardner, R. A., 2003, 《故事治疗——说故事在儿童心理治疗上的运用》，徐孟弘等译，台北：五南图书出版公司。

吉尔·佛瑞德门、金恩·康姆斯，2000，《叙事治疗——解构并重写生命的故事》，易之新译，台北：张老师文化事业股份有限公司。

卡尔·罗杰斯，1990，《成为一个人——一个治疗者对心理治疗的观点》，宋文里译，台北：桂冠图书股份有限公司。

Kaduson, H. G., & Schaefer, C. E., 2004, 《儿童游戏治疗法》，林维君译，台北：Hurng-Chih Book C., Ltd.。

林孟平，1993，《小组辅导与心理治疗》，香港：商务印书馆有限公司。

罗洛·梅，1996，《罗洛·梅文集》，冯川译，中国言实出版社。

童敏，2007，《东西方融合：社会工作服务的专业化和本土化》，《厦门大学学报》（社会科学版）第4期。

王小章、郭本禹，1998，《潜意识的诠释》，社会科学文献出版社。

阮曾媛琪，2000，《从社会工作的两极化看社会工作的本质》，载何国良、王思斌主编《华人社会社会工作本质的初探》，香港：八方文化企业公司。

Anderson, T. (1992). Reflections on reflecting with families. In S. McNamee & K. J. Gergen (eds.), *Therapy as social construction* (pp. 54 – 68). London: SAGE Publications, p. 62.

Anderson, T. (1993). "See and hear, and be seen and be heard." In S. Friedman, *The new language of change: Constructive collaboration in psychotherapy.* New York: The Guilford Press.

Berg, I. K. & de Shazer, S. (1993). "Making numbers talk: Language in therapy." In S. Friedman, *The new language of change: Constructive collaboration in psychotherapy.* New York: The Guilford Press.

Boscolo, L., Cecchin, G., Hoffman, L., & Penn, P. (1987). *Milan systemic family therapy: Conversations in theory and practice.* New York: Basic Books.

Canda, E. R. & Furman, L. D. (1999). *Spiritual diversity in social work practice: The heart of helping.* New York: The Free Press.

Cowley, A. (1993). Transpersonal social work: A theory for the 1990s. *Social Work*, 28 (5): 527 – 534.

de Shazer, S. (1994). *Words were originally magic.* New York: W. W. Norton & Company.

Doel, M. (2002). "Task-centered work." In Robert Adams, Lena Dominelli, and Malcolm Payne (2nd eds.), *Social work: Themes, issues and critical debates* (pp. 191 – 199). New York: Palgrave Macmillan, pp. 195 – 196.

Gergen, K. J. (1999). *An invitation to social construction.* London: SAGE Publications Ltd.

Heron, J. (1996). *Co-operative inquiry: Research into human condition.* London: Sage.

Heron, J. & Reason, P. (1997). A participatory inquiry paradigm. *Qualitative Inquiry*, 3 (3): 247 – 294.

Karasu, T. (1999). Spirituality psychology. *American Journal of Psychotherapy*, 53 (2): 143 – 162.

Nichols, M. P. & Schwartz, R. C. (2004). *Family therapy concepts and methods* (3Ed.). New York: Pearson Educations Inc.

O'Hanlon, W. H. & Weiner-Davis, M. (1989). *In search of solution: A new direction in psychotherapy.* New York: W. W. Norton & Company.

Orme, J. (2009). "Feminist social work." In M. Gray and S. A. Webb (eds.), *Social work theories and methods* (pp. 65 – 75). London: Sage, p. 72.

Payne, M. (1997). *Modern social work theory: A critical introduction* (2nd Ed.). London: Macmilliam.

Reason, P. & Bradbury, H. (2001). "Inquiry and participation in search of a world worthy of human aspiration." In P. Reason and H. Bradbury (Eds.), *Handbook of action research: Participative inquiry and practice* (pp. 1 – 14). London: Sage, p. 9.

Reid, W. J. (1992). *Task strategies: An empirical approach to clinical social work.* New York: Columbia University Press.

Reid, W. J. (1996). "Task-centered social work." In Francis J. Turner (4 ed.), *Social work treatment: Interlocking theoretical approaches* (pp. 617 – 640). New York: The Free Press, p. 618.

Rowan, J. (2003). Philosophical counseling and its logics. *Existential Analysis*, 14 (2): 295 – 306.

Saleebey, D. (1997). Introduction: Power in the people. In D. Saleebey (2nd ed.), *The strengths perspective in social work practice* (pp. 3 – 19). New York: Longman, p. 12.

Sands, R. & Nuccio, K. (1992). Postmodern feminist theory and social work. *Social Work*, 37 (6): 481 – 576.

Schön, D. (1983). *The reflective practitioner: How professionals think in action.* New York: Basic Books.

Turner, F. J. (3th ed.) (1996). *Social work treatment: Interlocking theoretical approaches.* New York: The Free Press, chapter 4 and 11.

White, M. (1988). *The process of questioning: A therapy of literary merit?* Dulwich Center Newsletter.

White, M. & Epston, D. (1990). *Narrative means to therapeutic ends.* New York: W. W. Norton & Company.

后　记

　　在香港理工大学应用社会科学系和北京大学社会学系老师的支持与鼓励下，从 2003 年起我开始关注如何在中国本土处境中开展社会工作专业实践活动的问题，希望总结出在中国本土开展社会工作专业实践活动的特征、方法、程序和技巧，为服务对象提供快捷有效的社会工作专业服务，在实务场景中推进中国社会工作发展。于是，我和一些学生志愿者一起进入厦门的康乐社区开始了中国本土社会工作专业实践活动的探索之旅，得到了多方（凯瑟特基金会、米索尔基金会、中国社会工作教育协会、康乐社区居委会、康乐小学、厦门大学社会学系以及社会学系社会工作专业的志愿者们）的支持。在此，我想特别强调的是，香港理工大学的阮曾媛琪教授、宋陈宝莲博士、叶锦成教授和北京大学的王思斌教授给予了直接指导和关心，厦门大学社会学系的张友琴教授更是给予了热情支持和帮助。没有这些老师的指导和关心，没有各方的支持和帮助，要在社区中开展中国本土社会工作专业实践活动并总结其经验是很难想象的。

　　本书自 2008 年 1 月正式出版以来，已经有十个年头，其间中国本土社会工作经历了"翻天覆地"的变化，不仅拥有了自己的专业服务机构和专业服务岗位，而且拥有了自己的专业服务领域，可以说，社会工作已经深深扎根在中国本土的处境中。中国本土社会工作如何走向专业化、如何探索出适合自己的专业化发展道路，已经成为摆在每个中国本土社会工作者面前的任务。本书的修订正是基于作者在这十年间的专业实践经历以及对以上问题的思考，具体而言，在第一章中补充了本土社会工作实务场景的特点，即明确了在日常生活场景中开展专业服务的要求；在第二章中增加了有关如何提高问题解决能力的讨论；在第五章中则引入了场景实践的概念，并以此为基础将问题解决视角、心理调适视角和社会支持视角三个维度整合起来，突出中国本土社会工作在场景实践中以行动为根本、以成长为导向、以多元生活方式为目标的专业服务核心。

本书的顺利修订离不开社会科学文献出版社杨桂凤女士的大力支持，在此一并致以诚挚的谢意！

由于时间仓促以及水平有限，书中还存在不少需要改进的方面，希望各位老师和同行不吝赐教。

童　敏

2019 年 1 月 7 日

图书在版编目（CIP）数据

社会工作实务基础：专业服务技巧的综合与运用/
童敏著 . -- 2 版 . -- 北京：社会科学文献出版社，
2019.4（2024.3 重印）
（社会工作硕士专业丛书. 实务系列）
ISBN 978 - 7 - 5201 - 4217 - 5

Ⅰ.①社… Ⅱ.①童… Ⅲ.①社会工作 - 基本知识 -
中国 Ⅳ.①D632

中国版本图书馆 CIP 数据核字（2019）第 022456 号

· 社会工作硕士专业丛书 · 实务系列 ·

社会工作实务基础（第 2 版）
——专业服务技巧的综合与运用

著　者/童　敏

出 版 人/冀祥德
责任编辑/杨桂凤
责任印制/王京美

出　　版/社会科学文献出版社·群学出版分社（010）59367002
　　　　　地址：北京市北三环中路甲 29 号院华龙大厦　邮编：100029
　　　　　网址：www. ssap. com. cn
发　　行/社会科学文献出版社（010）59367028
印　　装/三河市尚艺印装有限公司

规　　格/开　本：787mm × 1092mm　1/16
　　　　　印　张：19　字　数：319 千字
版　　次/2019 年 4 月第 2 版　2024 年 3 月第 4 次印刷
书　　号/ISBN 978 - 7 - 5201 - 4217 - 5
定　　价/59. 00 元

读者服务电话：4008918866